Ivanni Delgado

Como Llegamos Aquí

Una Mirada Iluminada al Pasado que Cambiará tu Futuro

Como Llegamos Aquí
Autor: Ivanni Delgado
www.howwegethere.com

Copyright © 2017 by Ivanni Delgado

Library of Congress Control Number: 2018933914

ISBN: 978-0-9910720-4-0

Publicado en USA por Carmen & Son, Houston, TX

www.carmen-usa.com

Síguenos en:

Primera Edición

Al Homo Sapiens
Por su grandiosa hazaña al traernos hasta aquí.

Quiero dedicar este libro al Homo Sapiens por su grandiosa hazaña de traernos hasta aquí, donde estamos hoy. Para lograr tan grandiosa proeza, este hombre sabio tuvo que pasar por todo tipo de adversidad, pues el mundo aún no estaba hecho, él lo tuvo que hacer. Y como resultado hoy nosotros los humanos modernos, gracias a este gran hombre, podemos llevar una vida muchísimo más cómoda.

Nosotros, los seres humanos evolucionamos del Homo Sapiens, quién a su vez evolucionó del Homo Erectus, y este evolucionó del Homo Habilis, quién había evolucionado de los homínidos y estos a su vez habían evolucionados de los primates, los cuales evolucionaron de los mamíferos.

El Homo Sapiens, fue el hombre sabio, quien, para lograr una mejor vida, perfeccionó las cosas que había heredado de sus ancestros como la fabricación de herramientas, el dominio del fuego y el lenguaje. El que con su pensamiento logró desarrollar un gran intelecto capaz de diseñar la estrategia y la planificación necesaria para conquistar el planeta. Este hombre sabio logró transmitir incansablemente su sabiduría de generación en generación por unos 200 mil años incluyendo nuestra generación, la de los seres humanos modernos, hace apenas solo menos de 7 mil años.

De la familia del Homo Sapiens, ahora solo quedamos nosotros. Es nuestra responsabilidad continuar el trabajo del Homo Sapiens para preservar la raza humana y llevar adelante nuestra civilización, la cual heredamos del hombre sabio que nos precedió. A lo largo de estos 7 mil años de nuestra civilización, hemos visto grandes progresos para el beneficio de todos. Sin embargo, en la actualidad sentimos que estamos pasando por uno de esos bajones, propios quizás de nuestra civilización.

Percibimos que vivimos en un mundo lleno de calamidades, con mucha incertidumbre sobre nuestra sociedad, su economía y la seguridad en general. Vemos con preocupación el futuro, no solo el de nosotros, la gente, sino también el de la propia humanidad. Por supuesto, tanta incertidumbre puede mermar las ganas de la gente de seguir adelante, pues algunos piensan que no es mucho lo que se puede hacer para mejorar nuestra situación. Sin embargo, después que conozcamos como llegamos aquí, nuestra percepción sobre la vida puede ser muy diferente. Sobre todo, cuando conozcamos al Homo Sapiens, nuestro ancestro responsable de habernos traído hasta aquí.

Hoy día, a pesar del sombrío panorama de la civilización humana, no sería nada justo que el hombre moderno, al no hacer nada, pusiera en peligro de desaparecer todo el esfuerzo sostenido de más de 7 millones de años de nuestros antepasados para construir el mundo en el que vivimos hoy. Debemos volvernos Homo Sapiens, hombres sabios otra vez.

La sabiduría consiste en acumular el conocimiento necesario para luego usarlo para mejorar nuestras vidas y la de los nuestros. Eso fue exactamente lo que hizo nuestro gran antepasado el Homo Sapiens. Debemos conocer nuestro pasado y aprender de él. Además, debemos aprender a vivir la vida bajo una nueva perspectiva para orientar nuestros pensamientos hacia lo que queremos obtener. También es importante recordar que el gran secreto del éxito de la raza humana ha sido el haber permanecido unida y trabajar juntos en equipo a lo largo de toda su existencia, cualidad esta que heredamos de las especies que nos precedieron.

CONTENIDO

AGRADECIMIENTO   7

INTRODUCCIÓN   9

1. EL UNIVERSO   17

1.1 Origen y Evolucion   19
1.2 El Big Bang   29
1.3 Evolución del Pensamiento sobre
     el Origen del Universo   36
1.4 El Sistema Solar   52
1.5 Destino del Universo   83

2. LA TIERRA   95

2.1 Origen y Evolución   96
2.2 El Planeta Azul de Hoy   110
2.3 Formación de los Recursos Naturales   119
2.4 Formación del Paisaje Actual   128
2.5 Destino de la Tierra   148

3. LA VIDA   151

3.1 Origen de la Vida   152
3.2 Los Primeros Organismos y Eventos que
     Impactaron la Vida en el Planeta   164
3.3 Los Primeros Animales   176
3.4 La Explosión Cámbrica   181
3.5 Evolución para la Supervivencia   188

4. LA VIDA CONQUISTA LA SUPERFICIE — 201

4.1 Eventos hacia la Conquista de la Superficie — 203
4.2 Los Reptiles y su Evolución — 211
4.3 Los Mamíferos — 221
4.4 Los Primates — 226
4.5 Evolución para la Supervivencia en la Superficie — 228

5. LOS SERES HUMANOS — 249

5.1 Los Primeros Homínidos: Los Australopitecos — 250
5.2 Los Homos — 256
5.3 Grandes Migraciones Humanas — 268
5.4 Evolución Humana — 274
5.5 Los Humanos Modernos — 303

ACERCA DEL AUTOR — 329

NOTAS — 331

AGRADECIMIENTO

Quiero agradecer a todas y cada una de las personas que han servido de alguna manera de inspiración para escribir este libro. A todos aquellos autores que han escrito sobre el tema de como llagamos a aquí. A todas aquellas instituciones como: "NASA", 'Discovery Science Channel™', 'History Channel™' y 'National Geographic Channel™', los cuales han servido de medio para llevar un mensaje de conocimiento a la gente. También quiero agradecer a toda mi familia por su gran apoyo en la culminación del libro.

INTRODUCCION

El ser humano desde su aparición había estado intrigado sobre todo cuanto existía en el mundo que le rodeaba. Incluso llegó a sentir la necesidad de establecer su lugar y propósito en ese mundo y fue tanto su curiosidad que llegó a convertirse en un gran observador, no solo de su mundo, sino de todo el universo. Siempre quiso saber cómo llegamos aquí. Sin embargo, hoy, vemos en una parte de la gente una gran apatía sobre la curiosidad que sentían nuestros antepasados por descubrir el origen y formación de todo lo que existe y que afecta el desenvolvimiento de la vida. También se ve en esa parte de la gente de hoy un gran desinterés en el conocimiento en general, especialmente en cuanto a nuestro pasado. Esta gente parece haber decidido dar las cosas que oye por hecho, sin pensar en alguna consecuencia o efecto que algunas de esas cosas puedan tener en su diario vivir.

Las causas de tanta indiferencia pueden ser varias, pero hemos podido notar que una de ellas ha sido la descontinuación de algunos proyectos que se habían iniciado con el fin de orientar a la gente sobre como llegamos a aquí. Otra de las causas puede haber sido la cantidad de tantos problemas políticos, económicos y sociales, así como de tanta incertidumbre en el mundo actual, lo que ha hecho que la gente pierda su interés en conocer lo que pasó antes de que llegáramos aquí. Y más bien, se han concentrado solamente en resolver sus propios problemas para sobrevivir.

Quizás todos esos problemas y la gran incertidumbre sobre el futuro de gran parte de la gente de hoy han creado todo un gran desgano de seguir adelante. Algunos de ellos viven sus vidas como aquellos primeros seres que vivieron confinados en el gran océano de la Tierra hace miles de millones de años: a la deriva comiendo algo para sobrevivir y luego morir. La vida para aquel entonces quizás todavía no tendría ningún sentido ni propósito, pero esa vida cambió a través de un largo y extraordinario proceso de evolución para hacer la nuestra mucho más interesante.

Nuestra vida de hoy es algo más que nacer y morir. Es pensar, crear y hacer cosas buenas para lograr vivir una vida mejor y disfrutarla. Nuestros antepasados inmediatos, los Homo Sapiens lograron vivir una vida mejor que la de sus antepasados, gracias a su gran talento. Nosotros evolucionamos de ellos para ser lo que somos hoy.

Sin embargo, cabe preguntar, ¿porque una gran parte de los seres humanos de hoy actúan con tanto desencanto y tanta indiferencia ante la vida? Al indagar sobre la respuesta se puede pensar que parte del problema es que la gente no conoce su historia, su increíble y fascinante historia. Así que me atreví a contársela basada en hechos para que nunca más se separe de su tan gloriosa odisea. Por esta razón decidí escribir este libro, *Como Llegamos Aquí*, para dar esa respuesta tan obligatoria en nuestras vidas con la esperanza de que los humanos de hoy conozcan su origen. Pues, pienso que al conocer la historia de cómo llegamos aquí, pudieran retomar la hazaña del Homo Sapiens para que juntos podamos todos progresar y llevar nuestra civilización por el buen camino para seguir preservando la raza humana.

Este libro dará continuidad al conocimiento de cómo llegamos aquí, empezando con el conocimiento de todo lo concerniente a la existencia del ser humano. Por ello empezaremos con la formación del universo mismo, ya que con el tiempo parte del material cósmico formado en él se transformó en materia orgánica para dar origen a la vida en la Tierra. Esa vida también evolucionaría para formar nuestra especie: Homo Sapiens.

Primeramente, nos enfocaremos en conocer el origen de donde vinimos. Claramente, esto nos lleva a meternos directo en el origen de nuestro universo y como se formó todo a partir del "Big Bang". Hoy gracias a la ciencia podemos encontrar respuestas sobre el origen de casi todo nuestro mundo y dónde y cómo encajamos nosotros en él. También podemos encontrar respuestas sobre nuestra propia aparición como seres humanos. Pues, además de todo lo que compone el universo como las estrellas, las galaxias, el sistema solar con el Sol, los planetas, las lunas, asteroides y cometas; nosotros también somos parte del universo.

Luego, para seguir dando continuidad al conocimiento de cómo llegamos aquí, nos enfocaremos en conocer nuestra propia evolución. Para ello partiremos del hecho de que la vida ha evolucionado durante un larguísimo proceso de evolución. Debemos entender que el proceso que ha llevado a nuestro material biológico del que estamos hechos a ser lo que somos es la evolución.

Durante siglos los hombres de ciencia han buscado la verdad sobre el ser humano. Pero esa verdad solo puede ser encontrada a través del conocimiento de los hechos, lo cual yace en el proceso llamado evolución, pues el ser humano es lo que la evolución ha hecho de él. La evolución es un proceso de cambios con el transcurso del tiempo.

A lo largo de la historia de la Tierra se ha encontrado una gran cantidad de evidencias que indican que todos los organismos vivos surgieron, en el curso de esa historia, a partir de formas anteriores más primitivas. Es decir que todas las especies descienden de otras especies, en otras palabras, todos los seres vivos comparten antecesores comunes de un pasado lejano.

Ahora, a lo largo del proceso evolutivo, las especies se van diversificando. Por ejemplo, cuando una pareja, es decir un macho y una hembra, de cualquier especie se aparea, la cría descendiente hereda en su ADN la información genética combinada de sus progenitores. Sin embargo, el ADN de la cría no es exactamente igual al de los padres, pues contiene algunas variaciones llamadas mutaciones, lo que produce la diversidad de la especie.

Las mutaciones también pueden ser generadas debido al ambiente en que se viva. Al pasar los genes de generación en generación de esa especie se incluyen esas mutaciones, las cuales algunas veces pueden ser problemáticas, pero en otros casos pueden ser beneficiosas, pues crean nuevas oportunidades para la adaptación de la vida a su medio ambiente. A esa preservación de las mutaciones favorables, es lo que Charles Darwin llamó *selección natural* o supervivencia de los más aptos. Las especies que no se adaptan a su ambiente, pues sencillamente desaparecen. A lo largo de todo el proceso evolutivo de la vida, un 99% de las especies que han existido se han extinguido. Los sobrevivientes son equipados con mutaciones que les han dado las características únicas para sobrevivir.

Para relatar la historia de cómo llegamos aquí, hemos organizado el libro en 5 capítulos, cada uno con 5 subcapítulos para un mejor entendimiento de nuestro origen y toda su evolución. Empezaremos con la formación del universo, ya que todo cuanto existe hoy, incluyendo el material del cual estamos hecho se formó en él. Luego estaremos narrando el origen, evolución y formación de nuestro planeta Tierra, el único lugar donde hasta ahora sabemos existe vida inteligente como nosotros. También estaremos abordando la formación y evolución de sus recursos y su paisaje. Después estaremos relatando el origen y evolución de la vida en la Tierra, desde las primeras células y toda su evolución hasta llegar a formar una gran variedad de vida en el gran océano de la Tierra. Seguiremos nuestra narración con la evolución de la vida que salió del gran océano para hacer vida en la superficie y continuar evolucionando en reptiles, mamíferos y primates para conquistar la superficie de la Tierra. Finalmente relataremos el origen y la evolución de los seres humanos hasta formar nuestra civilización y así terminaremos de contar la historia de cómo llegamos aquí.

En el primer capítulo titulado "El Universo," estaremos presentando el origen y evolución del universo, de acuerdo con la teoría del Big Bang derivada de la evolución del pensamiento científico, su expansión y la formación de todo cuanto existe en él. También estaremos presentando el sistema solar y su formación, así como la del Sol y la de los planetas. Veremos que, en unos de esos planetas llamado Tierra, existe vida inteligente, cuya máxima representación somos nosotros los seres humanos, lo que nos hace parte del universo también. Finalmente cerraremos nuestro primer capítulo con nuestro relato intrigante sobre la teoría del destino del universo.

En el segundo capítulo llamado "La Tierra," nos enfocamos sobre cómo se originó y evolucionó nuestro planeta. Veremos cómo se formó y como se transformó durante un largo período evolutivo en el planeta azul de hoy, único planeta conocido en albergar vida. También hablaremos sobre cómo se formaron los principales recursos naturales para que la vida y la civilización progresaran. Así como también estaremos hablando sobre la formación del paisaje actual del planeta para el apoyo disfrute de la vida y la civilización. Y para cerrar el capítulo presentamos como sería el futuro del planeta en teoría.

En el tercer capítulo titulado "La Vida," estaremos hablando sobre el origen y evolución de esta. Presentaremos la formación de las primeras formas de vida en la Tierra; los primeros organismos y eventos que impactaron su desarrollo; el surgimiento de los primeros animalitos, de los cuales evolucionarían todos los demás animales. También hablaremos sobre la Explosión Cámbrica, la cual cambio la vida para siempre. Y finalmente hablaremos sobre la evolución de los mecanismos en las criaturas para la supervivencia dentro del gran océano de la Tierra.

En el cuarto capítulo titulado "La Vida Conquista la Superficie," estaremos presentando como la vida continuó su evolución fuera del agua. Para ello, estaremos hablando sobre los eventos hacia la conquista de la superficie, lo cual incluye los cambios y adaptaciones que la vida tuvo que hacer para salir del gran océano para hacer vida en la superficie de la Tierra y luego conquistarla. Veremos como la vida que salió del agua evolucionó en reptiles y como estos siguieron evolucionando hasta los mamíferos y los primates. Finalmente hablaremos de los mecanismos que desarrollaron y o mejoraron los seres para sobrevivir en la superficie y luego conquistar el planeta.

En el quinto capítulo llamado "Los Seres Humanos," estaremos presentando el origen y evolución de los seres humanos. Hablaremos sobre los primeros homínidos llamados los australopitecos y su evolución en cada uno de los miembros del género homos: Habilis, Erectus y Sapiens. Además, cubriremos las grandes migraciones humanas desde África por todo el globo terrestre, así como también todos los aspectos de la evolución humana para finalmente terminar hablando sobre los humanos modernos, quiénes con el desarrollo de su gran talento pudieron conquistar el mundo y fundar la civilización que aún tenemos hoy.

En las siguientes páginas, estaremos contando la historia de cómo llegamos aquí, nuestra historia. Como toda historia, ha sido un relato cronológico de eventos que tuvieron lugar desde la formación del universo, el origen de la vida, hasta llegar a evolucionar en la especie que hoy somos. Para mejor entender esta historia se recomienda leer el libro desde el principio hasta el fin, siguiendo la secuencia establecida. En cada capítulo habrá un resumen sobre lo que se tratará y de lo que se ha tratado en el capítulo anterior de manera de mantener al lector siempre en el tema. También en cada subcapítulo habrá un resumen sobre lo que se tratará en él.

1

EL UNIVERSO

Para poder empezar a dar respuesta de como llegamos aquí, debemos empezar a conocer cómo se originó y evolucionó el universo hasta el punto de nuestra propia aparición como seres humanos. Pues, además, de todo lo que compone el universo, nosotros también somos parte de él. Por eso, en este primer capítulo estaremos presentando, quizás la parte más fascinante y al mismo tiempo intrigante de nuestro mundo: el universo y todo lo que lo compone como las estrellas, las galaxias, nuestro sistema solar, el Sol, los planetas, las lunas, asteroides y cometas. Veremos cómo se originó nuestro universo y todo lo que existe en él y como fue evolucionando. Toda esta explicación ha sido posible gracias a nuestros científicos y a los canales que les han servido de medio de comunicación para llevar todo este inmenso conocimiento hasta todos nosotros. Gracias a ellos, hoy podemos encontrar respuestas sobre el origen de casi todo nuestro mundo y dónde y cómo encajamos nosotros en él. En el estudio del universo se ha avanzado muchísimo, tanto que hoy por fin podemos descifrar su origen. En las siguientes páginas plasmaremos la historia de todo nuestro mundo y como comenzó todo. Sin embargo, esto sigue siendo un trabajo en progreso, pues a medida que se sigue explorando, van apareciendo nuevos descubrimientos.

Empezaremos a descifrar el origen del universo a partir de las cosas que conocemos y que son aceptadas hoy. Veremos también en este capítulo que el origen de todo empieza con la famosa explosión del "Big Bang", la cual, aunque suene grande... no lo fue. Al contrario, fue algo muy pequeño... tan pequeño que a veces nos cuesta mucho imaginarlo. ¿Pero, si nos cuesta entender el concepto de un átomo por ser tan pequeño, que quedará para el entendimiento de sus componentes, los protones, los neutrones y los electrones?

Para tener una idea de lo pequeño del mundo al que nos referimos: un protón es tan pequeño que unos 500 mil millones de ellos pueden estar contenidos en el espacio que ocupa un punto de tinta en el papel. Un átomo por si solo es un universo en donde sus componentes deben actuar orquestadamente para mantener su equilibrio. Cada componente de un átomo forma a su vez un universo más pequeño y así sucesivamente. Los protones al igual que los neutrones están constituidos a su vez por partículas más elementales llamadas quarks, los cuáles, en condiciones normales, no existen en estado aislado, sino que siempre se encuentran asociados en pequeños grupos llamados hadrones. Además de los quarks, se encuentra una segunda categoría de partículas elementales: los leptones, los cuáles, a diferencia de los quarks, no experimentan la fuerza nuclear fuerte, pero sí la débil. Los leptones incluyen el electrón y el neutrino. El electrón es una partícula de carga negativa que ayuda a los protones y neutrones a formar átomos. El neutrino es una partícula que, aunque interactúa muy poco con la materia ordinaria, aparece en procesos muy energéticos como en los aceleradores de partículas.

Llegar a entender el proceso de cómo se formó el universo, no ha sido fácil. Pues a la naturaleza humana siempre le ha resultado sumamente difícil entender las cosas que no se pueden ver a simple vista. Sin embargo, gracias al trabajo arduo de millones de cerebros humanos por miles de años a través de nuestra evolución, hemos finalmente empezado a entender el origen del universo y como fue expandiéndose y evolucionando, a través de la teoría del Big Bang. Veremos también en este capítulo cómo evolucionó el pensamiento científico para llegar a formular la teoría. Además, describiremos nuestro sistema solar y su formación, así como también la formación del Sol y los planetas. Finalmente, cerraremos nuestro primer capítulo con nuestro relato intrigante sobre el destino de nuestro universo.

1.1 ORIGEN Y EVOLUCION

En este subcapítulo, presentaremos en detalle el origen y evolución del universo para después formar todo cuánto en el existe. Veremos qué es y cómo se formó el fondo cósmico de microondas, así como también la formación de las estructuras cósmicas como las estrellas y las galaxias. Empezaremos exponiendo que lo que hoy conocemos como el universo, era solo un inmenso vacío infinito. Sin embargo, de la nada y con el transcurrir de miles de millones de años se originó el universo a partir de un punto extremadamente pequeño o singularidad hasta expandirse a lo que es hoy.

Al principio el universo estaba dominado por radiación en forma de fotones y por pequeñas trazas de materia en forma de electrones, protones y neutrones. El universo siguió expandiéndose para continuar con su proceso de evolución. Al enfriarse un poco el universo, los protones y neutrones se combinaron para formar los núcleos atómicos, los cuales al unirse con los electrones formaron los átomos. En este proceso disminuyen los electrones libres haciendo que la radiación electromagnética o los fotones, emitidos en la formación de los átomos, al no tener muchos electrones con quién interactuar, quedaron libres para expandirse junto con el universo hasta llenarlo por completo. Esos fotones o partículas de luz son referidos como el "Fondo Cósmico de Microondas".

En su etapa inicial, el universo era solo un cúmulo de materia formada principalmente de hidrogeno y polvo cósmico. Con el transcurrir del tiempo, estos cúmulos se fueron haciendo más densos y crecieron hasta formar vastas regiones en forma de nubes llamadas nebulosas. Dentro de las nebulosas, la gravedad fragmentó las inmensas nubes de hidrogeno y polvo en grupos de los cuales se empezaron a formar las primeras estructuras cósmicas como las estrellas y las galaxias. Sin embargo, antes iremos al detalle del origen del universo.

Origen

Al principio no había nada. Absolutamente nada. Todo estaba vacío, en tinieblas y sin espacio ni tiempo. Con el transcurrir de miles de millones de años y de la nada en algún lugar de ese vacío infinito, se formó algo muy pero muy pequeño, extremadamente pequeño, lo que comúnmente es referido como una singularidad o punto de partida en la formación del universo. Este punto inicial se fue haciendo muy denso y muy caliente hasta alcanzar una energía extremadamente alta. Tan alta que... "bang" ... "explotó" hace unos 13.700 millones de años atrás. Así empezó a formarse el universo, nuestro universo. Y así fue...

En menos de una milmillonésima de segundo después del Big Bang se formó una especie de burbuja mucho más pequeña que una fracción de átomo, y eso era el universo inicial. Sumamente pequeño y altamente caliente, formado por partículas ultra infinitesimales a elevadas temperaturas. Se cree que dentro de esta burbuja se formaron las cuatro fuerzas conocidas de la naturaleza actuando sobre las partículas que formaban el universo en ese entonces. Todas estas fuerzas: la gravedad, el electromagnetismo, la fuerza nuclear fuerte o fuerza que mantiene unidas las partículas del núcleo atómico, y la fuerza nuclear débil o fuerza responsable de la desintegración radiactiva, estaban combinadas en una sola súper-fuerza. Sin embargo, a medida que el universo se fue expandiendo, la gravedad se separó de la súper-fuerza. Al expandirse el universo, se crea el movimiento sobre el espacio en el tiempo. Al irse expandiendo, también se fue enfriando lo que de algún modo produjo la energía para impulsar una hiperinflación. Esta inflación encerraba la uniformidad del universo. El universo aún tenía menos de un segundo de formado, cuando las otras fuerzas restantes de la súper fuerza se separaron.

El universo estaba dominado por radiación con pequeñas trazas de materia. La radiación estaba en forma de fotones y la materia estaba en forma de electrones y una pequeña concentración de protones y neutrones. El universo continúo expandiéndose de forma más lenta haciéndose menos denso y más frío. Así se inicia la evolución del universo, en donde la conversión de energía en materia era muy frecuente debido a las altas temperaturas. A esas temperaturas tan extremadamente altas, el universo tenía forma de plasma y todas las partículas tenían una energía extremadamente alta, lo cual hizo que estas colisionaran unas con otras, dando lugar a la expansión del universo. Esta expansión producía una disminución de la energía que tenían las partículas para moverse de un lado a otro, disminuyendo así la temperatura del universo.

Apenas tres minutos después del Big Bang, la temperatura del universo había bajado aproximadamente a unos 570 millones de grados centígrados, lo suficientemente frío para que la disminución de la energía de los protones y neutrones hicieran posible que estos se combinaran para formar núcleos atómicos. Al unirse los núcleos con los electrones se formaron los átomos principalmente de hidrógeno y algunos átomos de hidrógeno se fusionaron para formar el helio. Es en este proceso de la formación de los primeros átomos cuando se originó el fondo cósmico de microondas.

El Fondo Cósmico de Microondas

La captura de los electrones para formar los átomos disminuyó los electrones libres, lo cual hizo posible que la radiación electromagnética o los fotones emitidos en la formación de los átomos, ya no tuvieran con quién interactuar y quedaran libres para expandirse junto con el universo hasta llenarlo por completo. Esos fotones o partículas de luz son a los que se refiere el "Fondo Cósmico de Microondas". Este estallido de radiación sucedió unos 380 mil años después del Big Bang y fue en ese momento cuando se hizo la luz y empezó a brillar a través de la oscuridad, solo que aún no había ojos para verla.

El Fondo Cósmico de Microondas fue detectado por Arno Penzias y Robert Wilson en New Jersey, USA en 1965, cuando trataban de instalar una gran antena de radio para mejorar las comunicaciones de la compañía para la cual trabajaban. El descubrimiento se produjo cuando empezaron a detectar un ruido de fondo en cualquier dirección en la que apuntaran la antena. Al analizar las causas del ruido, se dieron cuenta que este venía del espacio. Después de este afortunado incidente, la comunidad científica concluyó que Wilson y Penzias habían descubierto la radiación cósmica de fondo y desde entonces este Fondo Cósmico de Microondas es considerado como un remanente y prueba principal del Big Bang.

Formación de las Estructuras Cósmicas

El universo en su etapa inicial era solo un cúmulo de materia formada principalmente de hidrogeno y polvo cósmico. Al cabo de unos 200 millones de años después de su formación, estos cúmulos se fueron haciendo más densos y crecieron hasta formar vastas regiones muy densas en forma de nubes llamadas nebulosas. Dentro de las nebulosas, la gravedad fragmentó las inmensas nubes de hidrogeno y polvo cósmico en grupos más pequeños de los cuales se empezaron a formar las primeras estructuras cósmicas como las estrellas, las cuales son cuerpos celestes compuestos por gases calientes que emiten calor, radiación electromagnética y luz como resultado de reacciones nucleares en su interior. Además de las nebulosas y las estrellas, las estructuras cósmicas también incluyen todo cuanto se puede ver en el universo como los planetas que giran alrededor de las estrellas, las lunas que giran alrededor de los planetas, así como también los asteroides y cometas que giran alrededor de las estrellas.

Cuando un grupo de las primeras estrellas se unieron hace unos 700 mil años, formaron las primeras galaxias. El proceso de formación de estas estructuras cósmicas aún continúa hoy cuando las galaxias a su vez se unen para formar los llamados cúmulos y supercúmulos. Miles de galaxias forman unas superestructuras cósmicas llamadas agregados galácticos. Miles de agregados de galaxias forman otras estructuras colosales llamadas macroestructuras. Todas estas estructuras cósmicas se mantienen unidas por la fuerza de la gravedad y pueden llegar a cubrir una masa total equivalente a 10.000.000 de millones de soles. Las galaxias como nuestra Vía Láctea y la Andrómeda forman el llamado *Grupo Local* de galaxias, el cual es un conjunto de estrellas, nubes de gas, planetas, polvo cósmico, materia, tal vez energía oscura, que están unidos por la gravedad y que se encuentran más cerca de nosotros. Las galaxias pueden ser de tres tipos básicos según su forma: elípticas, espirales e irregulares. Como su nombre lo indica, las *galaxias elípticas* tienen forma de elipse. Las *galaxias espirales* están formadas por discos rotantes de estrellas y materia interestelar, con una protuberancia central compuesta principalmente por estrellas más viejas. A partir de esta protuberancia se extienden unos brazos en forma de espiral. Las *galaxias irregulares* no tienen forma definidas como los otros dos tipos.

También se pueden observar dentro de las estructuras cósmicas las formaciones de Supernovas y los agujeros negros. Las *supernovas* son explosiones extraordinarias de estrellas gigantes hacia el final de sus vidas con un repentino aumento de luminosidad y una enorme liberación de energía. Mientras que los *agujeros negros* son regiones del espacio en cuyo interior existe una concentración de masa lo suficientemente elevada para generar un campo gravitatorio que no deja escapar nada de lo que entre en él, ni siquiera la luz. Ambos las supernovas y los agujeros negros se forman con la muerte de algunas estrellas dependiendo de su tamaño. Si la estrella es del tamaño del Sol, antes de morir se convertirá en una gigante roja para después transformarse en una enana blanca. Si la estrella es grande entonces al morirse forma una supernova. Al detenerse las reacciones nucleares, el núcleo empujado por la gravedad se colapsa hacia dentro y explota liberando enormes cantidades de materia y energía al espacio. Si la estrella es más grande, de 15 a 20 veces la masa del Sol, cuando colapsa, su núcleo puede convertirse en un agujero negro.

Las Estrellas

Las primeras estrellas se empezaron a formar hace unos 600 millones de años después del Big Bang y desde ese momento aún se siguen formando. Dentro de las nebulosas se forman unas regiones más densas que otras y con altas concentraciones de hidrógeno, de las que se forman las estrellas. En el centro de la estrella se empieza a formar un núcleo en contracción muy caliente llamado proto-estrella. Cuando la temperatura y la presión dentro de la proto-estrella se hacen lo suficientemente grande, la fusión nuclear tiene lugar y la estrella empieza a brillar. Las proto-estrellas tardan millones de años en evolucionar desde la nube molecular hasta llegar a ser una estrella en la *secuencia principal* o fase en que una estrella empieza a brillar al quemar el hidrógeno en su núcleo mediante el proceso de fusión nuclear.

Dentro de las estrellas se forman los otros elementos. Así, por ejemplo, el hidrógeno se fusiona para formar el Helio, este a su vez se fusiona en Carbono y Oxigeno y así sucesivamente. Las estrellas se forman normalmente en grupos llamados cúmulos, donde se desarrollan varias de ellas simultáneamente al contraerse y fragmentarse la nube que las contienen en otras más pequeñas. Las estrellas son los cuerpos astronómicos más reconocidos y representan los bloques fundamentales en la formación de las otras estructuras cósmicas como las galaxias. El tamaño de las estrellas dependerá de la masa de la nube de donde se forman. Muchas de estas estrellas atraídas entre sí por su gravedad mutua forman grupos de estrellas con discos de gas y polvo cósmico a su alrededor, de los cuales pueden surgir más tarde planetas, asteroides y cometas.

La vida y destino de la estrella dependerá de su tamaño y aunque resulte paradójico: mientras más grande la estrella, menos vive. Así las estrellas pequeñas, las llamadas enanas rojas, las cuales son las más abundantes en el universo con masas del 10% a la del Sol, pueden vivir por decenas de miles de millones de años, quemando su combustible lentamente; las estrellas medianas como el Sol, por ejemplo, viven por miles de millones de años; y las estrellas grandes con masas de 100 veces la del Sol, viven por unos pocos millones de años. La mayoría de las estrellas pasan la mayor parte de su vida en la secuencia principal, en donde consumen su combustible nuclear de manera gradual. Una estrella del tamaño del Sol requiere unos 50 millones de años para madurar antes del inicio del colapso de su edad adulta y mantenerse en esa fase madura en la secuencia principal por unos 10 mil millones de años. Es decir que a nuestra estrella el Sol aún le queda la mitad de su vida. Las estrellas pequeñas terminan en cuerpos expandidos y fríos llamados gigantes rojos. Mientras que las estrellas medianas o promedio como el Sol terminan reducidas aproximadamente al tamaño de la Tierra en unos cuerpos llamados enanos blancos. Las estrellas más grandes tienen un final más espectacular, pues terminan sus vidas en supernovas, estrellas de neutrones y agujeros negros.

Las Galaxias

Las estructuras cósmicas inmensas como las galaxias se forman cuando grandes volúmenes de materia en el universo se colapsan. Dentro de las galaxias se forman las estrellas, las cuales pueden ser atraídas entre sí por su gravedad mutua para formar grupos de estrellas o cúmulos estelares. Algunas de esas estrellas tienen planetas y forman sistemas planetarios con una o varias estrellas centrales y varios cuerpos celestes orbitando a su alrededor. Entre estos cuerpos celestes tenemos los planetas y sus lunas, asteroides y cometas. Los planetas son cuerpos opacos que giran alrededor de la estrella debido a la fuerza de gravedad con que esta los atrae. Los planetas no poseen luz propia por lo que solo los vemos por el reflejo de la luz solar. Los asteroides son cuerpos rocosos más pequeños que los planetas. Los cometas son cuerpos celestes constituidos por hielo, polvo y rocas.

  Un cúmulo de estrellas forman una galaxia, la cual es un sistema masivo de estrellas, nubes de gas y polvo cósmico y materia oscura unidos gravitacionalmente. Las galaxias también pueden incluir energía oscura. Desde unos 600 millones de años después del Big Bang cuando se empezaron a formar las galaxias, se han formado miles de millones de galaxias en el universo. Entre las galaxias más importantes para nosotros están la *Vía Láctea* y la *Andrómeda*. La primera es nuestra galaxia, a la cual pertenece nuestro sistema solar y la segunda es nuestra galaxia vecina más próxima. La Vía Láctea, como podemos ver en la ilustración de la siguiente página, es una galaxia en forma de espiral con varios brazos que surgen de su centro o núcleo. La galaxia tiene un diámetro de alrededor de 100.000 años luz y tiene más de 200 mil millones de estrellas siendo nuestro Sol una de ellas. Es tan grande nuestra galaxia que tiene suficiente gas y polvo cósmico para duplicar la cantidad de estrellas que hoy alberga en su seno, así como también tiene por lo menos 10 veces más materia oscura que todas las estrellas y el gas junto. La Vía Láctea gira a su alrededor a una velocidad promedio de unos 828.000 km/h. A esa velocidad le llevaría a nuestro sistema solar unos 230 millones de años en completar una vuelta entera alrededor del centro galáctico. Toda la galaxia se mantiene unida gracias a su gravedad inmensa.

Varias galaxias juntas forman un cúmulo de galaxias y un cúmulo de galaxias forman un supercúmulo de galaxias rodeados de inmensas zonas de vacío llamadas materia oscura, la cual se estima constituye el 90% de la masa en la mayoría de las galaxias. Hay evidencias que sugieren la existencia de agujeros negros en el núcleo de algunas galaxias y que La Vía Láctea parece tener uno de estos agujeros de gran proporción en su núcleo. Este es un agujero negro súper masivo de unos 4 millones de veces más grande que la masa de nuestro Sol y está a una distancia de unos 28.000 años luz de la Tierra. La Vía Láctea es parte de un cúmulo galáctico de aproximadamente 10 millones de años luz de diámetro, formado por más de 30 galaxias que están unidas gravitacionalmente entre sí. Aparte de nuestra galaxia, la más masiva en este grupo es la Andrómeda, que parece estar en camino de chocar con la Vía Láctea en unos 4 millones de años. El cúmulo galáctico al cual nosotros pertenecemos es sólo uno de los muchos que existen en el universo. Estos cúmulos se están alejando unos de los otros a medida que más y más espacio llega a existir entre ellos. Esto significa que el universo, en sí, se está expandiendo. Ese descubrimiento es lo que llevó a la teoría del Big Bang sobre el origen del universo.

1.2 EL BIG BANG

En este subcapítulo estaremos cubriendo la teoría del Big Bang y su evolución. Además, veremos lo que se considera hoy como la prueba final del Big Bang y los detalles finales para resolver algunos temas sobre el concepto de la teoría en sí. Finalmente hablaremos sobre la teoría de la inflación cósmica para explicar la expansión del universo. El Big Bang es la teoría que nos explica cómo se originó el universo y como cambió en una fracción de segundo después de la "explosión" para formar nuestro universo. La teoría después de haber evolucionado a través de los años es sólida y bien aceptada por la ciencia actual. La prueba final del Big Bang fue la captación en 1965 del fondo cósmico de microondas. Sin embargo, el problema que aún existía sobre la temperatura del universo siendo muy uniforme, se logró resolver con el desarrollo de la teoría de la inflación cósmica, la cual explica como el universo se expandió de manera uniforme y muy rápidamente después de su nacimiento con el Big Bang hace unos 13.700 millones de años atrás. Por eso se puede observar que el universo tiene una temperatura uniforme en toda su extensión.

La Teoría del Big Bang

Esta teoría cósmica nos explica cómo se originó el universo y como cambió en una fracción de segundo después de la "explosión" para formar nuestro universo de hoy. Hace unos 13.700 millones de años se produjo el "Big Bang", el cual dio lugar a la creación de cada átomo, cada estrella y cada galaxia. Pero para llegar finalmente hasta el entendimiento del Big Bang sobre la explicación de la formación del universo, hemos transitado un larguísimo camino. Desde los chamanes del pasado hasta los científicos de hoy. Por miles de años hemos reunido nuestras observaciones del cosmos en nuestras mentes primeramente y luego en escritos y libros para entender el origen de nuestro universo. Hoy gracias a nuestros científicos, podemos saber cómo empezó todo: por el Big Bang.

Hoy, al observar el universo y sus galaxias podemos ver que estas se están alejando de nosotros. Se están expandiendo a grandes velocidades. El universo se está expandiendo después de su nacimiento cuando era solo un pequeño punto muy denso.

Al principio no habíamos ni siquiera pensado sobre el origen del universo, quizás porque lo suponíamos que este era fijo y eterno. En relación con esta creencia, algunos científicos estuvieron renuentes a aceptar la teoría del Big Bang. El término Big Bang, se refiere a una explosión, pero inicialmente era como una contradicción porque tal cosa ni fue grande, ni tampoco hubo una explosión. No fue grande pues se piensa que todo surgió de una singularidad o un punto inicial muy pequeño. Tampoco hubo una explosión porque no había aire que transmitiera las vibraciones. Pero el nombre fue aceptado y también la teoría, la cual es una parte sólida de la ciencia actual.

La teoría como tal es bien aceptada. Sin embargo, esta no es muy bien entendida, pues aún no proporciona todas las respuestas sobre el origen del universo. La teoría del Big Bang sólo explica lo que pasó después de la explosión, pero no da respuestas sobre la formación de lo que explotó. Después del Big Bang se crearon todos los elementos que forman todo cuanto vemos a nuestro alrededor. El universo después de nacer se empezó a expandir y a evolucionar como lo sigue haciendo hoy.

Evolución de la Teoría

A continuación, emprenderemos un recorrido a través de como se sabe todo sobre el origen del universo. Primero se acumularon los conocimientos de los mejores candidatos sobre el tema. Lo que permitió ver que todo este conocimiento es producto de un gran equipo de hombres que trabajando juntos o separadamente llegaron a producir ideas, las cuales fueron mejoradas y hasta perfeccionadas por otros que les precedieron. Se puede decir que todo empezó cuando nuestros antepasados durante el día miraban al cielo y veían que este era dominado por el Sol, el cual proporcionaba luz, calor y vida. En la noche observaban la Luna y las estrellas. Ese era el universo, algo caótico con un Sol vagando y cambiando a través del cielo a medida que las estaciones iban de cálidas a frías.

Los pueblos primitivos necesitaban entender su mundo para poder sobrevivir en él. Y como no podían entender mucho sobre su naturaleza, entonces convirtieron parte de la naturaleza en dioses para establecer algún tipo de relación con ella. Los pueblos primitivos, sin telescopios ni observatorios sofisticados, se apoyaron en observatorios de estructuras simples para que los ayudaran a entender el cielo. En lugares como Goseck en Alemania y Stonehenge en Inglaterra intentaban conectarse con el cielo, el que ellos creían era la morada de sus dioses. Esas primeras estructuras eran simples instrumentos de observación y herramientas de análisis que ayudaban a darle sentido al universo que danzaba ante sus ojos.

Construyeron así, hace unos 7.000 años el observatorio Solar de Goseck, en Alemania, uno de los más antiguos instrumentos relacionado con el Sol, la Luna y las estrellas. Este observatorio fue construido, unos 2.000 años antes que el Stonehenge, por agricultores para determinar las estaciones del año. El Observatorio Goseck constituye el calendario más antiguo que se conoce en Europa. Durante los Solsticios de invierno y verano, los días más cortos y más largos del año respectivamente, el Sol poniente se alineaba con las puertas en las empalizadas. El conocer estas fechas ayudaba a esta gente a calcular cuando sembrar y cuando cosechar. Vemos entonces que su vida dependía del entendimiento que tuvieran del Sol y de los cielos. Así con el pasar del tiempo la investigación de los cielos por el hombre continuó hasta formular la teoría del Big Bang, cuya prueba final apareció cuando menos se esperaba.

La Prueba Final

Por unos 500 años la ciencia estuvo en la búsqueda de dónde venimos, así como también estuvo buscando respuesta sobre el origen de todo. Sin embargo, la respuesta estaba allí en el espacio en forma de ruido, solo que no la habíamos podido escuchar. Pero en 1965 los científicos Bob Wilson y Arno Penzias, quienes trabajaban, no en la teoría del Big Bang, sino en la instalación de un satélite de comunicaciones de la compañía donde laboraban en USA, lograron captar en su potente radiotelescopio un ruido estático como el que se percibe en la televisión o en la radio cuando se trata de sintonizar un canal inexistente. Esas radiaciones llegaban de todas direcciones de cada punto del espacio. Wilson y Penzias habían encontrado lo que el científico George Gamow había predicho en su teoría sobre el remanente del Big Bang. Habían encontrado la prueba decisiva que demostraba que el universo había sido formado y que no era eterno. Esta fuente de radiación venía de la creación del universo a través del Big Bang. Wilson y Penzias publicaron sus hallazgos en 1965 y obtuvieron el premio nobel en 1978. Su hallazgo consolidó la teoría del Big Bang.

Ahora podemos entender mejor el origen del universo y todos sus elementos. Así como también lo que era el universo después de tan sólo una fracción de un segundo de su formación cuando era inmensamente denso a altísimas temperaturas y desde ese primer estado podemos comprender en líneas generales como se fue expandiendo y enfriando. Como en algún momento los primeros átomos se formaron y como en una etapa más tarde se formaron las primera estructuras cósmicas, las primeras estrellas, las primeras galaxias y eventualmente los planetas y mucho después la vida.

La mayoría de los científicos están de acuerdo que la mayor parte del hidrógeno y el helio fueron creados en los primeros momentos del Big Bang. Los demás elementos más pesados como el nitrógeno y el carbono fueron creados más tarde en los núcleos calientes de las estrellas y en explosiones de supernovas hasta llegar a generar el resto de los elementos de la tabla periódica. Así que en esencia todos los científicos aportaron su granito de arena para la consolidación de la gran teoría del Big Bang, la cual es aceptada unánimemente en el mundo científico. Sin embargo, aún la teoría no era perfecta, pues había algunos problemas con los detalles de la teoría sobre todo en cuanto a lo relacionado con la expansión del universo.

Detalles Finales

Durante los últimos días del siglo XX los científicos examinaron los problemas que existían con el Big Bang pese a que la teoría en general había sido aceptada, uno de los mayores inconvenientes era que la temperatura en el espacio exterior era muy uniforme. Los físicos no esperaban que el universo tuviera aproximadamente la misma temperatura en todos los lugares que observaron. El universo es simplemente demasiado grande para que un extremo tenga la misma temperatura que el otro.

Sin embargo, esto se explicó luego a principio de la década de los 80 con la idea de que el universo fue en su inicio muy pequeño, tan pequeño que dentro de ese volumen hubo tiempo suficiente para que estos diferentes puntos del universo se comunicaran y normalizaran sus temperaturas. Después de esta idea, se teorizó que el universo se expandía más rápido que la luz, más rápido que el límite de velocidad cósmica, la máxima velocidad de acuerdo con Einstein. Esto da con el surgimiento de la teoría de la inflación.

Teoría de La Inflación Cósmica.

Esta es la teoría acerca de lo que impuso la expansión del Big Bang. En los primeros momentos de la formación del universo, las cuatro fuerzas de la naturaleza estaban todas combinadas en una sola súper fuerza y que durante el Big Bang, está súper fuerza se dividió en las cuatro fuerzas conocidas: fuerza nuclear débil, electromagnetismo, gravedad, y fuerza nuclear fuerte, pero antes de la división cuando el universo era demasiado pequeño las leyes de la física de Einstein incluyendo la que dice que nada se mueve a mayor velocidad que la luz no se aplicaban todavía. Quizás en ese momento sucedió algo que hizo que el universo se expandiera incluso a mayor velocidad que la luz, a tal velocidad que encerró la uniformidad que tenía cuando el universo aún era muy pequeño. Es posible que la inflación se iniciara cuando la gravedad se separó de las otras tres fuerzas, pero en un momento en que las otras tres fuerzas probablemente seguían estando unificadas. Si sucedió esta hiperinflación, ella encerraba cierta uniformidad en la temperatura.

La NASA ha lanzado dos misiones para estudiar el fondo de radiación cósmica originado en la formación del universo y determinar la veracidad sobre la teoría de la inflación. La primera de las misiones fue la "Cosmic Background Explorer" (COBE) en 1992 y la segunda fue la "Wilkinson Microwave Anisotropy Probe" (WMAP) en 2001. El WMAP fue un satélite con mucho mejor resolución que el COBE. Con el WMAP tomaron fotos del calor remanente fosilizado que Penzias y Wilson habían encontrado. En otras palabras, la NASA fotografió el universo primario para compararlo con el universo tal como luce hoy.

En el 2003, los científicos dieron su primer vistazo a la foto del universo primario cuando apenas tenía 380 mil años de antigüedad con datos claramente asombrosos. En la foto se pueden observar unos patrones representando las semillas de lo que más tarde se convertiría en las vastas extensiones de estrellas y galaxias de hoy. Ver a continuación la fotografía de la NASA sobre el Fondo Cósmico de Microondas.

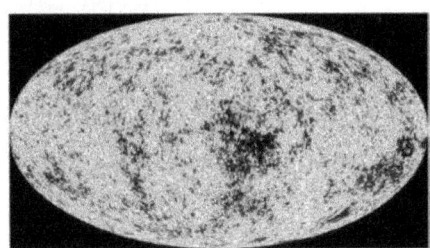

Los datos de la NASA, aparte de probar fuertemente la teoría de la inflación, también dieron claves concretas sobre la composición, forma y evolución del universo.

En cuanto a la forma del universo, los resultados del WMAP confirmaron que el universo es plano. También con la ayuda de la NASA se pudo obtener resultados numéricos acerca del tamaño del universo, su edad, la tasa de expansión y los contenidos de este. Antes de esta estrategia de la NASA, solo había un manojo de solo teorías. Ahora se tenía un modelo de los acontecimientos que ocurrieron justo después del Big Bang.

1.3 EVOLUCION DEL PENSAMIENTO SOBRE EL ORIGEN DEL UNIVERSO

En este subcapítulo hablaremos sobre la evolución del pensamiento sobre el origen del universo a través de los años. Al principio cuando los astrólogos miraban el cielo para adivinar el destino, también observaban y aprendían como se movía el cielo. Pero a veces sus observaciones llevaron a pensamientos erróneos, como la idea de que la Tierra era el centro del universo. Al principio se asumió el concepto del universo finito y con la Tierra como el centro de todo propuesto por Aristóteles. Aunque este concepto fue modificado después por Ptolomeo al aportar una idea diferente en la trayectoria de los planetas.

Luego aparecieron los pensamientos que cambiarían el concepto del universo. Copérnico propuso que el centro del sistema solar era el Sol y no la Tierra. Luego Johannes Kepler continuó con la obra de Copérnico y formuló que los planetas no orbitaban en círculos perfectos sino en elipses alrededor del Sol. El gran Galileo Galilei probaría después las teorías de Copérnico y Kepler con una nueva tecnología que cambiaría el curso de la historia: el telescopio. Galileo también observó que el universo era más grande de lo que se pensaba para ese entonces. Isaac Newton aparece luego para explicar con sus matemáticas como los cuerpos celestes se movían y postuló sus leyes y expresó en forma de ecuación la fuerza de la gravedad que atraía los cuerpos del universo.

Más tarde surge el pensamiento de Albert Einstein, el cual reinventaría el concepto del universo. Einstein en su teoría de la relatividad formuló que el espacio y el tiempo no eran elementos separados, sino una misma cosa como una especie de tejido interconectando ambos elementos. Luego incluyó la gravedad y sus efectos en este tejido y explicó que la gravedad funcionaba porque el tejido espacio-tiempo se curvaba ante la presencia de la materia.

Einstein creyó que el universo era estático y eterno, pero esto no era compatible con su teoría de la relatividad. Finalmente aparecen los pensamientos orientados rumbo al Big Bang. Georges Lemaitre entendió que el universo no era estático, sino que estaba en expansión por lo que al principio debió ser más pequeño. Edwin Hubble demostró que realmente el universo estaba en expansión, lo que encajaría con el concepto del Big Bang, término que fue acuñado por Fred Hoyle. George Gamow planteó que las radiaciones dejadas por el Big Bang en su inicio debían ser medidas aún hoy. Como hemos podido ver el pensamiento sobre el origen del universo ha estado en constante evolución desde el inicio de la astronomía y la astrología.

Inicio de la Astronomía y la Astrología

Durante el inicio de la astronomía y la astrología, la idea de la astronomía de predecir el comportamiento de eventos naturales en base al "movimiento del cielo", según como lo creían nuestros antepasados, se mezcló con el dogma de la astrología de que el movimiento del cielo predeterminaba nuestro destino. Así se llegó a pensar por ejemplo que un meteoro determinaba una victoria militar o que una nueva estrella anunciaba el nacimiento de un rey. En esa época la astronomía predecía el movimiento de las estrellas y la astrología predecía como esas estrellas afectaban nuestro comportamiento. En la mente antigua era bien difícil separar esas dos nociones. Los astrólogos de hace unos 2.700 años atrás dividieron el cielo en regiones y les dieron nombres de acuerdo con las formas que ellos miraban en las estrellas. Así surgen los nombres de lo que hoy conocemos como las constelaciones: Aries, Tauro y Gemines entre otras.

Pero mientras los astrólogos miraban el cielo estrellado para adivinar el destino, también observaban y aprendían como se movía el cielo. Los primeros pasos para la observación científica surgieron por motivos supersticiosos. Pero a veces esas simples observaciones llevaron a conclusiones fundamentalmente erróneas, como la idea de que el cielo, las estrellas y todo giraba en torno a nosotros. Se creyó entonces erróneamente que la Tierra era el centro del universo. Pero, la Tierra nunca ha sido centro de nada y esa idea errónea estuvo entre nosotros por mucho tiempo. Sin embargo, el conocimiento se movió hacia adelante hasta lograr descifrar el origen del universo. Los primeros avances significativos sobre la evolución del pensamiento acerca del origen del universo tuvieron lugar en la Grecia antigua. Mediante el uso de las matemáticas los griegos antiguos proporcionaron información más detallada acerca del Sol y la Luna, los cuerpos celestes más dominantes vistos desde la Tierra. Para ese entonces hace más de unos 2.000 años, los griegos ya sabían que la Tierra era redonda y observando las sombras que los cuerpos proyectaban sobre la Tierra, pudieron calcular el tamaño de la Tierra con una precisión de 10%. También calcularon la distancia de la Tierra a la Luna y la de la Tierra al Sol.

Los antiguos griegos además de reconocer las estrellas pequeñas que se movían juntas y que formaban las constelaciones, también reconocieron otras estrellas más grandes que se movían al azar. Estas últimas eran los planetas y predecir sus movimientos llevaría siglos. Los griegos al ojo desnudo lograron reconocer 5 planetas, a los que nombraron en honor a sus dioses. Sin embargo, hoy estamos más familiarizados con las designaciones de los romanos: Mercurio, Venus, Martes Saturno y Júpiter, mientras que la Tierra se creía era el centro del universo. Pero esto cambiaría cuando el pensamiento sobre el concepto del universo empezó a evolucionar.

Los Primeros Pensamientos Sobre el Concepto del Universo

La astronomía antigua asumió el concepto del universo propuesto por el filósofo griego Aristóteles del siglo IV antes de Cristo (a.C.) o antes de nuestra era. Sin embargo, este concepto fue un tanto modificado después por Ptolomeo, un astrónomo también griego.

Aristóteles

Aristóteles, nacido en el año 384 a.C. y uno de los más grandes filósofos de la antigüedad, imaginó la Tierra inmóvil como el centro del universo, con un Sol y una Luna, estrellas y planetas girando en elegante armonía alrededor de la Tierra en perfectas esferas cristalinas. El universo de Aristóteles era finito y perduró por varios siglos hasta que Copérnico en el siglo XVI d.C. (después de Cristo) o de nuestra era, después de estudiar la idea de Ptolomeo sobre la trayectoria de los planetas, cambió el concepto y concibió el Sol como centro del universo.

Claudio Ptolomeo

El astrónomo griego del siglo I de nuestra era, Ptolomeo aportó una idea diferente al modelo de Aristóteles al trazar la trayectoria de los planetas, los que después de todo no se mueven al azar, sino que seguían ciertos patrones. El demostró que se podía calcular la posición de los planetas. Una gran hazaña de las matemáticas en sus comienzos, aunque el sistema de Ptolomeo era algo complejo para su época. Después de este gran aporte, la astronomía se quedó estancada por siglos, después de la caída del imperio Romano en el año 476 de nuestra era. Luego Europa se fragmentó en potencias más pequeñas y gran parte de la sabiduría griega se perdió. Sin embargo, el pensamiento sobre el universo retomaría su curso evolutivo después de más de un milenio para cambiar su concepto.

Los Pensamientos que Cambiaron el Concepto del Universo

Entre los pensamientos que cambiarían el concepto del universo tenemos los de Nicolás Copérnico, Johannes Kepler, Galileo Galilei e Isaac Newton. Copérnico propuso que el centro del sistema solar era el Sol y no la Tierra. Kepler continuó con la obra de Copérnico y formuló que los planetas no orbitaban en círculos perfectos sino en elipses alrededor del Sol. Galileo probaría las teorías de Copérnico y Kepler con su telescopio revolucionario. También observó que el universo era más grande de lo que se pensaba para ese entonces. Newton apareció luego para explicar con sus matemáticas como los cuerpos celestes se movían. También expresó en forma de ecuación la fuerza de la gravedad que atraía los cuerpos del universo y postuló las leyes del movimiento.

Nicolás Copérnico

Mil años más tarde después de la caída del imperio Romano, una nueva teoría confrontaría las creencias aceptadas sobre el funcionamiento de los cielos y llevaría a la humanidad un paso más cerca de la teoría del Big Bang. Durante el siglo XV de nuestra era, una nueva idea llamada heliocentrismo proclamaba que era el Sol y no la Tierra el centro del universo. Por supuesto esta idea horrorizó a la iglesia católica quién creyó que eso contradecía la palabra de Dios. Si Dios había creado la Tierra y el hombre a su imagen y semejanza, entonces la Tierra y sus habitantes debían ser el centro de todo, pero desafortunadamente eso no era cierto. Irónicamente el defensor de la teoría de un universo cuyo centro fuera el Sol, era un gran devoto de la iglesia, un hombre muy religioso llamado Nicolás Copérnico nacido en Polonia en 1473. Aparte de sus labores religiosas también le dedicaba tiempo a la astronomía. Copérnico estudió la mecánica celeste de Ptolomeo y se sintió intrigado. Y encontró una solución cuando movió la Tierra del centro del sistema solar y la reemplazó por el Sol como el centro del sistema. Y así posesionó los planetas en donde podían orbitar en perfecta armonía. También insistía Copérnico que la Tierra también rotaba. Que giraba sobre su eje cada 24 horas y que los cielos no se movían, sino que éramos nosotros los que nos movíamos. Las estrellas que surcaban el cielo cada noche no era más que una ilusión óptica creada por la rotación de la Tierra. Para evitar represalias de la iglesia, Copérnico se abstuvo de publicar su gran trabajo hasta que estuvo en su lecho de muerte en 1543, pero su libro "Las Revoluciones de las Esferas Celestes" abrió el camino para Johannes Kepler.

Johannes Kepler

Nacido en Alemania en 1571, Kepler el defensor de la ciencia observativa, continúo la obra de Copérnico y proclamó al mundo la idea de Copérnico de que el Sol era el centro del sistema Solar. Kepler tuvo a su disposición toda la información de las observaciones de Copérnico sobre los cielos. Cuando Kepler analizó todas esas observaciones no sólo se dio cuenta que el Sol es el centro del sistema Solar, sino que también los círculos perfectos que describían la trayectoria de los planetas era producto de la imaginación y mejoró la teoría de Copérnico al formular la hipótesis de que los planetas giraban no en círculos perfectos sino en elipses alrededor del Sol. También observó algo sobre lo que luchó, pero no logró entender: a medida que los planetas se acercaban al Sol, estos giraban a mayor velocidad y mientras se alejaban disminuían su velocidad. Kepler observó que el Sol afectaba la velocidad de los planetas a medida que viajaban por el espacio.

Galileo Galilei

A comienzo del siglo XVII de nuestra era, el astrónomo italiano Galileo Galilei, nacido en 1564 tomaría las teorías de Copérnico y Kepler de que el Sol era el centro del sistema solar y las probaría sin dejar lugar a las dudas. Y lo hizo con una nueva tecnología que cambiaría el curso de la historia: el telescopio, el cual se convirtió en el instrumento más revolucionario de la ciencia y su aplicación se extendió por todo el mundo. Galileo mejoró el diseño del telescopio en 1609 acondicionando sus propios lentes y creando uno que podía aumentar el tamaño en 30 veces. Algo sin precedente. Y con su telescopio observó los cielos para cambiar el alcance de la Astronomía. Galileo tuvo la vista más detallada del cielo que persona alguna antes de él hubiera tenido.

A través de su telescopio vio miles de estrellas, una Luna llena de cráteres, satélites rodeando a Júpiter, un Saturno con orejas gigantes, y lo más grande de todo fue que también vio que Venus atravesaba fases como nuestra Luna, lo cual era evidencia clara que Venus orbitaba alrededor del Sol y era una prueba del sistema solar centrado en el Sol. Esto demostró por primera vez que Copérnico tenía razón. Galileo probó que el Sol era el centro del sistema solar y no la Tierra. También observó Galileo que existía un universo más grande que el conocido hasta ese entonces. Galileo había demostrado que los trabajos de Copérnico y los de Kepler eran correctos. Galileo lo vio y lo reveló. El telescopio marcó el punto de encuentro entre lo antiguo y lo moderno. Galileo logró demostrar que los dogmas de la iglesia que se mantuvieron por siglos ahora estaban equivocados. Con la iglesia católica todavía tambaleándose por lo del episodio de la reforma protestante, el descubrimiento de Galileo parecía debilitarla aún más. Eso era algo peligroso para una iglesia que se sentía en un estado de sitio. Y mucho más peligroso para el científico que lo estaba proponiendo.

Galileo, un devoto católico, llegó a publicar sus observaciones en un libro llamado "El Mensajero de Las Estrellas" en 1610 y la iglesia, sin embargo, acogió de buenas maneras esta obra al principio. Pero la iglesia que se veía amenazada no aceptó, por razones bíblicas, la interpretación de Galileo. En 1633 después que Galileo publicó su nuevo libro en torno al sistema solar girando alrededor del Sol, el papa de esa época lo llamó a enfrentar juicio por herejía y Galileo fue forzado a renunciar a sus ideas y pasar el resto de sus días bajo arresto domiciliario en su casa en las afueras de Florencia. Galileo se constituyó en el primer científico moderno al realizar observaciones con su telescopio y activamente propuso teorías consistentes, pero quizás lo más valiente de Galileo fue haberse atrevido a retar el poder de la iglesia católica.

Galileo ha sido considerado como el padre de la astronomía moderna. Murió en 1642, pero poco antes de eso, encontró una clave para explicar el acertijo de Kepler en relación al efecto del Sol sobre los planetas del sistema planetario. Fue una clave que ayudó a que futuras generaciones apuntaran a la teoría del Big Bang. Su último trabajo hablaba sobre los cuerpos en caída libre, los cuales notó que caían con la misma tasa sin importar su masa. Es aquí donde surgió luego otro genio para combinar estas dos piezas del rompecabezas en una teoría de la gravedad.

Isaac Newton

Isaac Newton nacido en Inglaterra en 1643 explicó el mecanismo mediante el cual los planetas se movían y no sólo como los planetas se movían sino como todo se movía: los planetas en el cielo y las cosas en la Tierra. Con Newton las matemáticas cobraron poder y mediante su uso logró el entendimiento del cosmos. Las matemáticas es realmente el lenguaje del cosmos y la gravedad es la fuerza que mantiene todas las cosas cohesionadas. Newton no sólo observó la gravedad, sino que también la expresó en forma de ecuación demostrando que era la fuerza de gravedad la que mantenía los planetas ligados al Sol, así como a los objetos en la Tierra ligados a ella.

La gravedad es la fuerza de atracción que afecta a todos los cuerpos del universo, le da el orden al mismo y es descrita por la ciencia de la física. Newton creó las leyes de la física y fue él quien por primera vez notó las leyes fundamentales de la física dentro de sus observaciones. Las leyes de Newton lo explicaban casi todo. Postuló las leyes del movimiento y las leyes universales de la gravedad. Newton inició una nueva era de la ciencia usando las observaciones y las matemáticas para describir las leyes de la naturaleza. Su gran libro "Los Principios" reveló que las mareas, la velocidad de los planetas orbitantes e incluso la forma de la Tierra, podían explicarse mediante la atracción de la gravedad, debido a que todo lo que tiene masa ejerce una fuerza de atracción en todo lo demás que también tiene masa.

La Luna atrae a los océanos, la Tierra atrae a la Luna, el Sol atrae a la Tierra, y mientras más cercanos están estos objetos entre sí, mayor es su fuerza de gravedad. Aunque Newton escribió las leyes de la gravedad, nunca entendió porque ésta funcionaba. Pero eso llevaría otros 200 años más hasta que apareció el otro gran genio llamado Albert Einstein para explicar lo que Newton no pudo sobre la gravedad y para reinventar el universo.

Albert Einstein: El Pensamiento que Reinventó el Concepto del Universo

Albert Einstein no sólo formuló nuevas leyes, sino que además reinventó el concepto del universo. Albert Einstein nació en Alemania en 1879 y ha sido el científico más famoso de todos los tiempos. Empezó su trabajo en Berna, Suiza en 1905 cuando empezó a preguntarse cómo funcionaba el universo. Aunque su intención no fue la de llevarnos hacia el origen del universo. Al principio se pensaba en un universo dinámico y finito, pero Einstein prefería pensar en uno estático e infinito. Es decir, un universo eterno, sin un principio ni un fin. Pero esa idea era un tanto contradictoria, pues su entendimiento de fuerzas como la gravedad sugería que el universo no era eterno. Por supuesto, esas ideas eran muy extravagantes para su época y quizás para la nuestra también. Lo cierto es que nuestro mundo es el mundo de Einstein.

En 1905 Einstein publicó su teoría de la relatividad especial que exploraba el vínculo entre el espacio y el tiempo. Según su visión, el espacio y el tiempo no eran elementos separados, sino que eran una sola cosa. Él pensó en este nuevo espacio-tiempo como un tejido invisible que interconectaba el espacio y el tiempo. En 1915 Einstein desarrolló su teoría de la relatividad general que modificaba la relatividad especial para incluir la gravedad y sus efectos en este tejido de espacio–tiempo. La nueva teoría de la relatividad nos decía que la gravedad funcionaba porque el tejido del espacio y el tiempo se curvaba ante la presencia de la materia y podía responder dinámicamente. El espacio en sí, podía expandirse y contraerse en presencia de la materia.

Por otro lado, la masa es el término que se usa para describir la energía y la materia que los cuerpos contienen. Mientras mayor es la masa de un cuerpo, mayor es la distorsión del tejido espacio-tiempo, y más fuertes los efectos de la gravedad. La gravedad no es una línea recta como se solía representar antes. Einstein dijo que ni siquiera la luz podía escaparse a los efectos de la gravedad. Einstein probó tener razón. La prueba de esto tuvo lugar en 1919 en la forma de un gran experimento astronómico basado en un eclipse solar. La relatividad general decía que, si se observaba una estrella desde la Tierra, en un camino de luz que pasara frente al Sol, ese camino de luz se vería curvarse un poco debido a la gravedad del Sol, pero aun así llegaría hasta el observador en la Tierra. Así que se pudo demostrar la teoría durante ese eclipse solar de 1919 al fotografiar la estrella cuando el Sol estaba siendo bloqueado por la Luna y aun así era posible ver la estrella detrás del Sol. La habilidad de ver cuerpos detrás del Sol demostró que los cuerpos pueden curvar el espacio-tiempo.

Einstein se convirtió en el gran científico de aquel momento y recibió el premio Nobel de física en 1921. Pero la teoría de la relatividad abriría una caja de Pandora para Einstein. Una de las consecuencias de esta teoría era que el universo debería estar expandiéndose o contrayéndose, pero jamás quedarse estático y eterno. Esto era un gran problema, porque si se introduce masa en un universo estático, toda esa masa va a atraerse por medio de la gravedad y como resultado se tiene un universo inestable. Para evitar que la gravedad colapsara el universo, Einstein postuló una fuerza que igualaba a la gravedad, pero que actuaba en sentido contrario. Esa fuerza constante y opuesta a la gravedad mantenía el equilibrio del universo en un universo estático. Einstein creyó que esta constante se podía hallar oculta entre sus ecuaciones, pero no fue así.

El universo estático que él suponía no era compatible con su teoría formulada. Al contrario, su teoría apuntaba a que el universo no era estático, sino que se estaba expandiendo. Einstein quizás no quiso predecir lo del universo en expansión, para no causar más conmoción de lo que ya había causado y no se arriesgó hacer esa predicción. La teoría de Einstein inevitablemente lleva a la idea de un momento de formación, un momento donde el universo era mucho más pequeño. Aunque Einstein no pudo dar el salto, otros después lo harían. Un universo dinámico y en expansión encajaría después perfectamente en una teoría del Big Bang. A comienzos del siglo XX Albert Einstein pudiera habernos llevado a considerar la posibilidad científica de que nuestro universo se había iniciado en algún punto. Pero la idea de un principio para todo tenía serias resonancias religiosas. Pero cualquier cultura tiene el derecho de preguntarse de dónde han venido, pues si no sabemos de dónde vinimos, entonces nunca sabremos quiénes somos y hacia dónde vamos.

Por miles de años el origen del universo era tema de los estudiosos de la religión, no de los científicos. La religión y la ciencia por sus propias definiciones tienen puntos de vistas muy diferentes y hasta opuestos. La religión es una cuestión de fe, mientras que para la ciencia todo es basado en hechos. La ciencia siempre ha tratado de buscar la verdad. Cuando los hombres religiosos se embarcan en algún proyecto para buscar la verdad, ellos se convierten en científicos. Como en el caso del sacerdote Georges Lemaitre, cuyos pensamientos iniciarían el camino rumbo al Big Bang.

Los Pensamientos Rumbo al Big Bang

Los pensamientos de Georges Lemaitre, Edwin Hubble, Fred Hoyle y George Gamow aparecen entre los pensamientos orientados rumbo al Big Bang, término que fue acuñado por Fred Hoyle. Lemaitre entendió que el universo no era estático, sino que estaba en expansión por lo que este al principio debió ser más pequeño. Edwin Hubble demostró que realmente el universo estaba en expansión. Gamow planteó que las radiaciones dejadas por el Big Bang en su inicio debían ser medidas aun hoy.

Georges Lemaitre

Resulta irónico que uno de los primeros defensores de una teoría científica objetiva para el origen del universo haya sido este sacerdote católico y que su solución basada en la ciencia apuntara a que el universo no siempre había existido como se había creído, sino que había habido un comienzo. El padre belga Georges Lemaitre, nacido en 1894, sostuvo que el universo había tenido un nacimiento, como todas las cosas. Lemaitre fue quién mejor entendió un universo en expansión y presentó muchas de las ideas que todavía se están explorando.

Lemaitre estudió a fondo las teorías de Einstein durante los años 20 del siglo XX y propuso una idea radical, una que incluso el gran Einstein rechazaría. Lemaitre dijo que el universo no era estático, sino que en realidad estaba en expansión. Y si el universo se está expandiendo, entonces era más pequeño ayer de lo que es hoy. En consecuencia, el universo al principio debió ser mucho más pequeño. Lemaitre creyó que el universo había empezado con lo que él llamó el átomo original. Un huevo cósmico infinitamente caliente y denso, que en algún momento del pasado había explotado poniendo el universo en movimiento y llevando a la formación de todo lo que conocemos hoy.

La teoría de Lemaitre sobre la expansión del universo sería corroborada en 1925 en USA, cuando el astrónomo estadounidense Edwin Hubble vio algo en su telescopio que destruyó la constante cosmológica de Einstein y alteró entonces nuestra imagen del universo. Pues hasta ese entonces teníamos la idea de que el universo era sólo la enorme estela de leche que se veía en el cielo nocturno y que consistía en unos cien mil millones de estrellas. Esto era la Vía Láctea a unos cien mil años luz. Pero Hubble iría mucho más allá.

Edwin Hubble

Edwin Hubble nacido en USA en 1889, fue uno de los más importantes astrónomos estadounidenses del siglo XX, famoso principalmente por haber demostrado la expansión del universo midiendo el desplazamiento al rojo de galaxias distantes. Hubble es considerado el padre de la cosmología observacional. El observó el universo más profundamente de lo que Galileo podía haber imaginado. Usando el telescopio más sofisticado de su época, éste reveló que el Sol era solo una estrella más entre millones de otras dentro de la galaxia de la Vía Láctea.

Hubble pudo ubicar una estrella de brillo conocido o estándar dentro de la nebulosa de Andrómeda, la cual se había creído era sólo una nube de polvo de estrellas dentro de la Vía Láctea. Según el brillo de la estrella estándar, éste es más brillante cuando está más cerca y más tenue al alejarse, Hubble pudo calcular la distancia a esta estrella y luego se dio cuenta que la galaxia estaba a un millón de años-luz de distancia y descubre que Andrómeda era otro mundo aparte, otra galaxia como la Vía Láctea. En ese instante el universo pasó a ser algo de una sola galaxia de cien mil años-luz a un universo de miles de millones de años-luz con cerca de mil millones de galaxias como la nuestra. Esto por supuesto inmortalizó a Hubble, quién fue aún más allá y en 1929 llegó a la conclusión de que las galaxias se estaban alejando de nosotros, de la Vía Láctea. En otras palabras, el universo está en constante expansión, agrandándose a cada segundo, lo que prueba que si retrocedemos en el tiempo el universo debió ser más pequeño.

Basándose en la velocidad de expansión que midió, Hubble pudo calcular la edad del universo, pero los resultados fueron muy bajos. Aunque estaba en el camino correcto pues su fórmula para determinar la edad del universo era la correcta pero las medidas no eran las correctas. Esta discrepancia les dio a algunos científicos el espacio para disentir de la teoría de Lemaitre, la cual ciertamente podía medirse, solo faltaba ser probada. Cosa que no era tan fácil de hacer. Para mediados del siglo XX se decía que esta teoría nunca tendría amplia aceptación, pero el estimado incorrecto de Hubble para el cálculo de la edad del universo le permitió el paso a otra teoría: la de Fred Hoyle del Cambridge College. La teoría de un estado estacionario, es decir un universo que siempre ha existido con su mismo aspecto y densidad promedio y la misma temperatura.

Fred Hoyle

Fred Hoyle nació en Inglaterra en 1915 y es conocido principalmente por su modelo de Universo Estacionario. La teoría propuesta por Hoyle decía que todos los elementos de la tabla periódica se formaron por fusión del hidrógeno y el helio en las estrellas, lo que se conoce como nucleosíntesis. También decía la teoría de Hoyle que el hidrógeno, el cual constituye más del 70% del universo detectable, siempre había estado allí. Pero había un problema y era que ya la gente sabía que el universo se estaba expandiendo y retroceder a un estado estacionario era muy difícil.

George Gamow

En medio del debate entre el estado estacionario y el dinámico del universo, aparece el científico ruso George Gamow, nacido en 1904, quién admiró el átomo original de Lemaitre. Gamow sugirió que el hidrógeno y el helio fueron formados en los primeros momentos de la formación del universo en una gran explosión cuando las temperaturas eran de más de miles de grados más calientes de los que son en el núcleo de cualquier estrella. Gamow recurre a la ayuda de unos estudiantes matemáticos y juntos logran refinar la predicción de Lemaitre del calor remanente detectable de la formación del universo. Este fue un fuerte elemento en apoyo a la teoría del Big Bang.

Gamow planteó que, si el Big Bang había sido tan caliente entonces después del choque, el eco del resplandor o las radiaciones después del Big Bang no debió haberse enfriado tanto y el residuo debía ser mesurable hoy día. ¿El problema era entonces como medir esas radiaciones? Nadie tenía los telescopios especiales en 1949 para medir la radiación o el calor residual del momento de la creación. En esos momentos había otros problemas con la teoría del Big Bang, pues ésta no ofrecía ninguna explicación con respecto al origen de elementos más allá del hidrogeno y del helio. Y al mismo tiempo la teoría del estado estacionario estaba acaparando cobertura. Irónicamente el termino Big Bang fue acuñado por Fred Hoyle en 1949 a manera de sátira. Para 1960 los cálculos de Hubble sobre la edad del universo habían sido corregidos para producir resultados más acertados. Las teorías del estado estacionario y la teoría del Big Bang se mantenían a la par. Hasta que llegó la prueba decisiva, tan antigua como el universo mismo: la radiación del fondo cósmico de microondas detectada por Arno Penzias y Robert Wilson en USA en 1965.

1.4 EL SISTEMA SOLAR

En este subcapítulo hablaremos sobre el sistema solar y su formación, así como la del Sol y los planetas. También echaremos un vistazo al cinturón de asteroides y lo que hay más allá del sistema solar. La formación del sistema solar se ha podido predecir hoy con bastante precisión, gracias a las observaciones en el universo sobre la formación de otras estrellas y sus planetas, vistas a través del telescopio Hubble posicionado a unos 612 Km sobre la Tierra y con una visión excelente de 20/20. Nuestro sistema solar se formó hace alrededor de 4,5 millones de años dentro de una nebulosa formada a su vez por una explosión de una supernova. Lo primero en formarse fue nuestra estrella el Sol y con el material de gas y polvo cósmico se formaron los planetas, lunas, asteroides y cometas. Hoy día, hay ocho planetas y un grupo de cometas y asteroides girando alrededor del Sol formando órbitas en forma de elipse. Los ocho planetas son: Mercurio, Venus, Tierra, Marte, Júpiter, Saturno, Urano y Neptuno. Mercurio es el planeta más cercano al Sol y Neptuno es el más lejano. Los cuatro planetas más cercanos al Sol: Mercurio, Venus, Tierra y Marte, son llamados planetas terrestres porque tienen superficies sólidas y rocosas. Los dos planetas exteriores más allá de la órbita de Marte: Júpiter y Saturno, son conocidos como gigantes gaseosos. Y los más distantes: Urano y Neptuno, son llamados gigantes de hielo.

También se conocen hasta el día de hoy unas 173 lunas, 3.319 cometas y unos 670.452 asteroides. Las lunas, también llamadas satélites, por lo general son cuerpos sólidos que giran alrededor de los planetas y algunas veces alrededor de los asteroides. Cuando las lunas giran alrededor de los planetas se les llama lunas planetarias. Algunas de las lunas llegan a tener atmósferas. La mayoría de las lunas se formaron a partir de los discos de gas y polvo y de otros pequeños cuerpos espaciales que circulaban alrededor de los planetas en el sistema solar primitivo. Otra característica intrigante de algunos planetas son los anillos que se ven girando a su alrededor. Además de Saturno también se han descubierto anillos en Júpiter, Urano, y Neptuno. También se han descubierto anillos alrededor de un asteroide y alrededor de una luna. El sistema solar también incluye el cinturón de asteroides entre los planetas Marte y Júpiter. Más allá del sistema solar está el cinturón de Kuiper y la Nube de Oort. El cinturón de Kuiper está formado por miles de cuerpos helados y la Nube de Oort es el hogar de los cometas de hielo. El sistema solar abarca una longitud de unos 15 mil millones de Km desde el Sol hacia afuera.

Formación del Sistema Solar

Hace más de 6 mil millones de años, una enorme explosión de una supernova estalló formando una gigantesca nube de polvo y gas. Irónicamente, ese último suspiro de esa estrella moribunda sería el inicio de la vida para una nueva estrella. Después de la gran explosión de la supernova, el gas y el polvo cósmico fueron expulsados y llegaron a formar inmensas nubes llamadas nebulosas, tales como la *Nebulosa del Velo* y la *Nebulosa El Águila* con sus grandes columnas esculpidas por el tiempo y el viento sobre el polvo cósmico, como se puede ver en la ilustración de la página siguiente. Dentro de una nebulosa como esta, se formó nuestro sistema solar.

El polvo se concentró por ondas de vibraciones galácticas y la gravedad atrajo y acumuló más material alrededor de la nube. El calor y la presión en el núcleo se hicieron muy intensos, lo suficiente para convertir la nube molecular en un reactor nuclear disparando chorros de gas.

De esta mezcla sorprendente se formó nuestro sistema solar. Por supuesto, lo primero en formarse fue la estrella central dentro de la nube molecular formada por restos de polvo y gas resultantes de explosiones de cientos de estrellas anteriores. La nube molecular estaba compuesta principalmente por el elemento más común en el universo: el hidrógeno, cuyos átomos se mantienen unidos gracias a la gravedad. Con la ayuda del telescopio Hubble se ha podido observar que en las estrellas que terminan en supernovas, se

produce una detonación gigantesca, en donde se combinan pequeños átomos para formar otros más grandes y más exóticos. En medio de esa intensa actividad atómica y con una alquimia cósmica única se crean los metales preciosos como el oro y el platino. En el curso de un millón de años, la nube se comprimió y luego colapsó. Gradualmente más y más material se acumuló cerca del centro. En la nube molecular, las moléculas, como normalmente ocurre, rotaban más rápido en el centro de la nube, haciéndolo más y más denso hasta que los átomos en el centro se hacen tan compactos y tan comprimidos que se sobrecalientan. La temperatura de la nube se elevó a millones de grados, tan caliente que los átomos de hidrógeno chocaban unos con otros y se fusionaban. Y se liberaron inmensas explosiones de energía. La fuerza de estas explosiones empujó el centro de la nube hacia fuera en contra de la fuerza de gravedad. A lo largo de su vida, el Sol estará en una constante lucha entre estas dos fuerzas. Cuando finalmente la nube llegó a estabilizarse, las presiones se balancearon y nació el Sol. Como se puede ver en la siguiente ilustración.

El nacimiento del Sol se produjo hace unos 4,5 mil millones de años atrás, en una nube molecular oscura y sin forma definida que flotaba dentro de uno de los brazos llamado Orión de una galaxia en forma de espiral llamada la Vía Láctea. Esta nube era sólo una de las miles que poblaban la galaxia. Mientras que otras de estas nubes se dispersaban, ésta en particular se mantenía más unida y así pasó por transformaciones espectaculares. Al contraerse la nube, su centro se hacía más caliente y más denso. De este centro surgió el Sol, el cual en esta etapa era solo una muy agitada bola de gas caliente comprimida por la presión aplastante de la gravedad. Cuando la temperatura y la presión alcanzaron el punto de ignición tuvieron lugar las reacciones nucleares y el Sol habría entonces iniciado su actividad. Mientras tanto, el material de la nube alrededor del Sol se arremolinó para formar una especie de disco, en forma de una galaxia espiral en miniatura llamada nebulosa solar. Las partículas en la nube se combinaron durante millones de años después hasta formar cuerpos muchos más grandes llamados cuerpos planetesimales, los cuales se agruparon en planetas, lunas, asteroides y cometas alrededor de la estrella central. El Sol aglomeró el 99.8% de la nube molecular original y de lo poquito que quedó se formaron los planetas girando a su alrededor.

Cerca del Sol, la radiación barrió los gases livianos, dejando sólo los elementos pesados como las rocas y los metales. Así se formaron en la zona más cerca del Sol, los planetas rocosos como Mercurio, Venus, La Tierra y Marte. En la zona más lejos del Sol, se formaron los planetas compuestos principalmente por hidrógeno, helio y hielo como Júpiter y Saturno también llamados los "gigantes de gas". En la zona más remota, se formaron los planetas llamados "gigantes de hielo": Urano y Neptuno compuestos por amonio, metano, y nieve de monóxido de carbono. Por millones de años, la gravedad de los planetas y sus lunas barrió con las sobras de las rocas y polvo, quedando solo los planetas, el cinturón de asteroides y grandes espacios aparentemente vacíos. Como se puede ver en la siguiente ilustración de nuestro sistema solar.

El sistema solar en sus primeros momentos era mucho más compacto de lo que es ahora. Donde hoy orbitan los cuatro planetas del espacio interior del sistema, hace 4,5 mil millones de años atrás había una cadena de planetas más pequeños orbitando alrededor del Sol. Algunos de estos planetas pequeños se atrajeron unos con otros debido a la fuerza de gravedad para fusionarse. Las fuerzas y el calor de esos choques o colisiones derritieron la roca madre de los planetas involucrados, pero la gravedad mantendría a los dos cuerpos rocosos juntos y luego se solidificaban en uno solo. Con cada colisión los planetas se combinaban unos con otros para hacerse más grandes. Se cree que, de los cuatro planetas del interior del Sol, Mercurio fue formado por solo una o dos colisiones, mientras Venus, casi del tamaño de la Tierra hoy, fue formada por 8 colisiones. La Tierra, sin embargo, fue la que más golpes llevó: alrededor de 10 colisiones. En recompensa su tamaño se hizo mayor. El último impacto contra la Tierra unos 4,5 millones de años atrás, tendría un profundo efecto sobre nuestro mundo. Un cuerpo rocoso gigantesco chocó en el centro del planeta dándole a la Tierra su núcleo de hierro y la formación de su Luna orbitando a su alrededor. Ya hemos visto la formación de nuestro sistema solar, ahora echemos un vistazo más de cerca a sus componentes, empezando por la parte central: nuestro Sol.

El Sol

El Sol o Helios como también fue llamado por los antiguos griegos, es la fuerza más poderosa en el sistema solar. El Sol con su gravedad mantiene unido a todo el sistema solar, incluyendo sus planetas, lunas, asteroides, cometas y todo cuanto existe en él. Es una estrella de tamaño mediano de unos 4,5 mil millones de años, con un diámetro de 1.391.016 Km, y una masa de 1.989×10^{30} Kg, es decir que su masa es 333 mil veces mayor que la de la Tierra. El Sol es tan grande que más de un millón de planetas como la Tierra cabrían en él. Es el Sol, el que genera el calor y la luz que nos dan la vida. Nuestra estrella es una enorme bola de color naranja formada básicamente por hidrógeno en un 92.1% el cual es básicamente el elemento que constituye el universo. El Sol convierte el hidrógeno en helio para producir su energía, la cual nos llega a nosotros en la Tierra en forma de luz. Esa energía es el combustible de la vida en la Tierra. Sin ella no podía existir nada viviente, ni los animales, ni las plantas, los cuales son tan esenciales en la cadena alimenticia de la que todos dependemos. Además del hidrogeno, el Sol también contiene helio en un 7.8%.

La energía del Sol se genera en su núcleo a temperaturas de más de 15 millones de ºC. En ese punto, el Sol se compara a una inmensa planta nuclear, la cual por cada cuatro núcleos de hidrogeno que se fusionen producirá un núcleo de helio, siendo éste aún más liviano que los cuatro núcleos de hidrógeno. Esa diferencia en material es la que se convierte en energía pura usando la famosa formula de Albert Einstein: $E=mc^2$ de donde "E" representa la energía, "m" la masa y "c^2" la velocidad de la luz al cuadrado. Esta energía es lo que produce las partículas pequeñitas de luz llamados fotones, los cuales son los componentes de cada haz de luz.

Cada segundo, casi 600 millones de toneladas de hidrógeno son convertidas en helio, lo que representa más energía en un segundo que lo que pudieran producir seis millones de plantas nucleares en un año, según el National Geographic Channel. Esa energía nos llega a nosotros gracias al viaje increíble que los fotones hacen hasta la Tierra. Los fotones que finalmente llegan a la Tierra han sido creados más de un millón de años atrás y la razón de tan largo tiempo es porque les cuesta mucho abandonar el Sol. El obstáculo más grande en su viaje es justamente salir del denso núcleo de la gran estrella. Cuando estos fotones entran en la zona radioactiva, ellos son bombardeados por partículas de gas de hidrogeno caliente o plasma, en donde empiezan a cambiar de direcciones al azar, haciendo zigzag por años tras años. Algunos de estos fotones que fueron formados cuando se originó el Sol, aún no han podido salir. Pero los que sí logran hacerlo, al salir del Sol liberan su energía y se disparan en el espacio para viajar a la velocidad de la luz y recorrer la travesía de los 149 millones de Km (93 millones de millas) hasta la Tierra en solo 8 minutos. Son estos fotones los que nos proveen de calor y luz desde que el Sol empezó a brillar.

El Sol consiste básicamente de seis zonas: tres zonas que se encuentran en su interior y las otras tres zonas que están afuera. El núcleo, la zona radioactiva y la zona de convección se encuentran en el interior. Luego tenemos la superficie o parte visible también llamada fotosfera de unos 500 Km de espesor, seguida por la cromosfera y luego por la corona. Desde la superficie es de donde sale la radiación del Sol, la cual es detectada por nosotros en la Tierra como la luz solar. La temperatura en la superficie del Sol es de unos 5.500 ºC, la cual es la parte más fría del Sol, pero la temperatura se incrementa en unos 3.5 millones ºC sobre este punto en la corona, la cual es una especie de halo o aureola blanca. El Sol no es solamente calor y luz, es también un inmenso y complejo campo magnético generado por sus corrientes eléctricas. Este campo magnético, gracias al trabajo de los vientos solares, se extiende en todas direcciones hacia el espacio exterior para formar el campo magnético interplanetario.

El magnetismo es la fuerza invisible que influencia cada aspecto del comportamiento del Sol. Es decir que este no siempre se comporta de la misma manera, pues cambia de acuerdo con su propio ciclo solar de unos 11 años aproximadamente. Al cabo de cada ciclo, sus polos geográficos cambian su polaridad magnética. Cuando eso sucede, los cambios en la corona pueden ir de situaciones de calma a situaciones de mucha actividad. En este último tipo de situaciones ocurren las tormentas solares y podemos ver algunas actividades solares como las manchas negras del Sol y las prominencias solares. Las manchas negras del Sol son los puntos más oscuros y los más fríos, en donde existe un campo magnético local muy fuerte, lo cual evita que se incremente el calor en ese punto. Las prominencias o llamaradas solares son una especie de arcos gigantescos de columnas de gas, arriba de las manchas negras del Sol. Las llamaradas solares pueden ser peligrosas, pues ellas arrojan vastas cantidades de partículas y radiación hacia el espacio. Este material es arrastrado por la brisa normalmente constante del gas cargado eléctricamente que sale del Sol y que luego y de repente se convierte en un vendaval de viento solar y que pueda que se dirija hasta la Tierra. A una velocidad de unos 3,22 millones de kilómetros por hora, esta brisa golpea en el campo magnético de la Tierra formando la luz de las auroras. Las tormentas solares son causadas cuando las líneas del campo magnético del Sol se retuercen tanto que parecieran romperse como unas ligas de goma, esto produce que broten las llamaradas del Sol hacia el espacio. Cuando las partículas de estas tormentas solares chocan con el campo magnético de la Tierra, estas partículas son desviadas hacia los polos de la Tierra creando así haces de luces de diferentes colores. Este fenómeno es conocido como *Auroras Polares*. Si el fenómeno se ve sobre el polo norte, se llaman *Auroras Boreales* y si por el contrario se ve en el polo sur se llaman *Auroras Australes*.

La única forma de radiación del Sol que hemos sentido hasta ahora ha sido su luz, la cual está compuesta por luz ultravioleta. Mucha de esta luz puede producir quemaduras en la piel o cáncer. Pero la capa de ozono nos protege de los efectos dañinos de la radiación ultravioleta. Sin embargo, la actividad solar puede tener un lado oscuro, ya que puede afectar el sistema de tecnología de la Tierra, los satélites, las plantas de electricidad y el clima del planeta.

Los Planetas

Durante el nacimiento de nuestro sistema solar hace más de 4,5 mil millones de años atrás, giraba alrededor del Sol una especie de remolino de elementos pesados y livianos, en el que la gravedad de la estrella central mantenía el remolino en equilibrio y los elementos más pesados como las rocas y los metales, permanecieron cerca del centro, mientras que los elementos más livianos como el hidrogeno y el helio escaparon a las regiones más alejadas. Esta separación les daría a los planetas en formación, sus diferentes características.

El espiral de rocas y polvo alrededor del Sol rotaba en la misma dirección, danzando al mismo ritmo, pero esta danza no siempre era serena. Los fragmentos chocaban y se aglomeraban. De esta mezcla de polvo y partículas, se fueron formando lentamente los planetas, con tanto material volando alrededor que no siempre era fácil para estos cuerpos sobrevivir con tranquilidad. Algunos planetas jóvenes eran impactados, algunos otros eran aniquilados, y otros reformados. Al crecer los planetas, su gravedad se incrementaba, atrayendo aún más material.

Unos pocos planetas grandes se formaron, algunos lo suficientemente grandes para tener su propio entorno de polvo y partículas. Esta danza compleja de actividad eventualmente se estabilizó y alrededor de la estrella central desfilaban unos pocos nuevos planetas. Finalmente fue posible tener solo un puñado de planetas girando alrededor de la estrella. Los planetas terrestres o planetas formados de rocas y silicatos como la Tierra se encuentran cerca del Sol, mientras que los planetas gigantes de gas, hechos de hidrógeno principalmente, con bastante agua, y helio se encuentran más lejos. Y muchos más lejos se encuentran unos cuerpos enanos formados por bolas congeladas como Plutón. Pero echémosle un vistazo a cada uno de ellos empezando por el que está más cerca del Sol: Mercurio.

Mercurio

Mercurio es el planeta más cerca del Sol a una distancia de unos 58 millones de Km o 0,39 Unidades Astronómicas (UA). Una UA es la distancia entre el Sol y la Tierra y es la unidad de medida usada como estándar para medir distancias en el universo. Dada la cercanía de Mercurio al Sol, este se ve siempre desde la superficie de Mercurio como algo gigantesco: tres veces más grande que como se ve desde la Tierra. Es posible que el planeta sea rico en oro, platino y otros elementos pesados. También es el planeta más pequeño de nuestro sistema solar: un poco más grande que la Luna o un tercio del tamaño de la Tierra. Tiene una masa de $3,3 \times 10^{23}$ Kg, es decir 0,055 la masa de la Tierra. Tiene un diámetro de 4.879 Km. Tiene días largos y años cortos. Un día en Mercurio, es decir el tiempo que le lleva al planeta girar sobre su eje, toma 175,97 días terrestres. Mientras que un año en Mercurio, el tiempo en completar su órbita alrededor del

Sol, es de sólo 88 días terrestres, viajando a casi 50 km por segundo, más rápido que cualquier otro planeta.

Mercurio es un planeta rocoso sin lunas ni anillos a su alrededor. Es el segundo planeta más sólido después de la Tierra, con un núcleo metálico grande parcialmente fundido o líquido, que tiene un diámetro de unos 4.000 Km, aproximadamente el 80% del diámetro del planeta. Arriba del núcleo hay una capa exterior de unos 400 Km de espesor, comparable a la capa exterior de la Tierra donde están el manto y la corteza terrestre. La superficie de Mercurio es áspera y muy parecida a la de la Luna de la Tierra y está marcada por muchos cráteres de impacto como resultado de colisiones con otros cuerpos. Las cicatrices de su cara es producto de los encuentros con cometas y asteroides. A consecuencia de esos impactos se formaron sobre su superficie a lo largo de su historia, algunas cuencas importantes como Caloris de unos 1.550 Km de diámetro y Rachmaninoff de unos 306 km.

Mercurio es un lugar de cosas raras con muy poca posibilidad para albergar vida como en la Tierra. Allí solo existe un mundo triste donde la vida no tendría ninguna oportunidad de florecer, pues no podríamos ni siquiera respirar. Tiene una atmósfera demasiado delgada compuesta principalmente de oxígeno, sodio, hidrógeno, helio y potasio. Además, las temperaturas son demasiado extremas: de menos 183 ºC en las noches hasta 427 ºC en el día al pegarle la luz del Sol. Mercurio tiene una gravedad de 3,7 m/s^2. Una persona que pese 100 Kg en la Tierra, pesaría solo 38 Kg en Mercurio. El planeta sólo ha sido visitado por dos misiones de la NASA: el Mariner 10 en 1.974 y Messenger en 2011. Mercurio debe su nombre al mensajero romano de los dioses, los cuáles eran tan rápidos como el planeta Mercurio al orbitar alrededor del Sol.

Venus

Venus es el segundo planeta desde el Sol a una distancia de 108 millones de Km o 0,72 AU. Es también nuestro vecino más cercano y el segundo objeto más brillante en nuestro cielo nocturno, superado solo por nuestra Luna. Es un planeta rocoso con una masa de 4,87 x 10^{24} Kg y un diámetro de 12.104 Km. Su tamaño es 80% del de la Tierra. No tiene ni luna ni anillos a su alrededor. Al igual que la Tierra, Venus tuvo un pasado violento debido a sus encuentros con asteroides. Tiene un núcleo de hierro con un diámetro de aproximadamente 6.000 Km. Pero, aunque su núcleo de hierro es similar al de la Tierra, Venus no tiene un campo magnético global, debido a que gira muy lentamente para poder generarlo. Venus y la Tierra al principio eran muy parecidos, de hecho, se les llegó a llamar, los planetas gemelos del sistema solar. Estos dos planetas son similares en tamaño y en el material del que están hechos, su masa, densidad y hasta en la gravedad, pero evolucionaron de manera diferente. Tan diferente que, comparado con la Tierra, Venus es hoy un planeta muy extraño.

Venus gira al revés, de manera que el Sol sale por el oeste y se pone por el este. Y debido a que el planeta rota tan lentamente, un día en Venus es más largo que darle la vuelta al Sol. Este planeta tarda 243 días terrestres en dar una rotación completa sobre su eje. Mientras le lleva 225 días terrestres orbitar alrededor del Sol. La rotación retrograda de Venus hace que el ciclo día-noche sea de unos 117 días terrestres. En Venus siempre está nublado. Su atmósfera densa y tóxica está compuesta principalmente por 96% de dióxido de carbono, 3% de nitrógeno, 0.1% de trazas de agua y el resto de otros elementos como dióxido de azufre, monóxido de carbono, argón y helio. La atmósfera de Venus es tan pesada que estar allí se sentiría como estar a 1 km. bajo el mar de la Tierra. La presión atmosférica es tan fuerte que aplastaría hasta una nave de metal duro después de unas horas en la superficie. La presión que se siente en la superficie es 90 veces más que la de la Tierra.

Venus es el planeta más caliente del sistema solar con temperatura promedio de 480 °C (900 °F). Tan caliente que los pequeños meteoros se queman en la atmósfera antes de que puedan llegar a la superficie. Es un súper invernadero sofocante y asfixiante, parecido a un infierno de lo caliente, con nubes espesas de ácido sulfhídrico. Tiene más de 1.000 volcanes de más de 20 km (12 millas) de diámetro eructando flujo tras flujo de lava que mana de los picos volcánicos. Toda esa lava ha estado corriendo por cientos de kilómetros sobre las llanuras del planeta. Hay montañas, acantilados, y valles de volcanes antiguos formando capas de montañas de lava cortadas por los acantilados y los valles. La montaña más alta sobre la superficie es Montes Maxwell a 11 km de altura sobre la elevación promedio del planeta. Venus tiene una gravedad de 8,87 m/s². Una persona que pese 100 Kg en la Tierra, pesaría 91 Kg en Venus. Este planeta ha sido visitado por más de 40 misiones de la NASA. Venus debe su nombre a la diosa romana del amor y la belleza debido a la deslumbrante belleza del planeta en la noche.

La Tierra

La Tierra es un planeta rocoso con un centro metálico. Es el quinto planeta más grande del sistema solar con una masa de 5.972×10^{24} Kg y un diámetro de 12.742 Km. Es el tercer planeta con respecto al Sol, del cual está a una distancia de 149 millones de Km. Esta distancia es conocida como Unidad Astronómica (AU) por sus siglas en inglés y es la medida estándar para medir y referirse a distancias en el universo. La superficie de la Tierra está compuesta principalmente por agua. El 70% del planeta es agua salada de los océanos con una temperatura relativamente estable y una profundidad promedio de unos 4 Km. Toda el agua de los océanos es salada. Sin embargo, existe agua dulce en la fase líquida sólo dentro de un intervalo de temperatura estrecho de 0 a 100 °C. La presencia y la distribución del vapor de agua en la atmósfera son responsables de gran parte del clima de la Tierra. La capa rocosa exterior de la Tierra llamada Litosfera, que incluye la corteza y el manto superior, se divide en placas enormes que se mueven constantemente. Ya sea para acercarse o alejarse. Cuando las placas se acercan y chocan una con otra se producen los terremotos y si esos choques son suficiente fuertes para producir elevaciones y entonces formar montañas como las que vemos en la superficie junto con los valles, cañones y llanuras. La Tierra es un planeta geológicamente activo. Su centro es más caliente que la superficie del Sol y está constantemente experimentando terremotos, volcanes y cambios climáticos.

El eje de la Tierra, con respecto al plano de su órbita alrededor del Sol, tiene una inclinación de 23,45 grados, lo que hace posible las estaciones del año y es la razón por la que existen vastas extensiones de hielo en los polos. Durante una parte del año, el hemisferio norte está inclinado hacia el Sol, mientras que el hemisferio sur se pone lejos del Sol, produciendo el verano en el norte y el invierno en el sur. Seis meses después, la situación se invierte. Cuando la primavera y el otoño comienzan, ambos hemisferios reciben cantidades aproximadamente iguales de iluminación solar. La Tierra rota cada 24 horas alrededor de sí misma, lo que conocemos como el día terrestre, mientras que orbita alrededor del Sol cada 365 días conocido como el año terrestre. La rotación rápida del planeta y su núcleo de hierro fundido dan lugar a un campo magnético, que nos protege de los vientos solares, los cuales son corrientes de partículas cargadas expulsadas de forma continua desde el Sol. Cuando esas partículas cargadas quedan atrapadas en el campo magnético de la Tierra, estas chocan con moléculas de aire por encima de los polos magnéticos del planeta. Estas moléculas de aire entonces empiezan a brillar, y es lo que se conoce como las auroras polares o luces del norte o del sur.

    El planeta Tierra también tuvo un pasado violento, pero hoy día es un lugar tranquilo, con mucha agua y oxígeno, en un excelente balance de tierra, mares y aire. Al principio en la Tierra, había mucho dióxido de carbono en la atmósfera, pero este se transfirió a las rocas por unos pequeños organismos que tomaron ese dióxido de carbono para formar sus esqueletos. Luego los restos de estos animalitos después de morir se convertirían en sedimentos de los que se formarían las rocas calizas. Hoy la atmósfera de la Tierra está compuesta en un 78% de nitrógeno, 21% de oxígeno y 1% de otros elementos. La Tierra es el único planeta, hasta ahora, que alberga vida inteligente. Y es precisamente con el surgimiento de la vida inteligente cuando aparecemos nosotros los seres humanos para para formar parte también del universo. Nuestro planeta está en un equilibrio perfecto para que podamos respirar y vivir en ella. Es otra cualidad única de nuestro planeta dentro del sistema solar. La atmósfera afecta el clima de la Tierra; nos protege de gran parte de la radiación dañina proveniente del Sol; y nos protege de meteoritos, pues la mayoría de ellos se queman antes de que puedan impactar la superficie. El planeta Tierra, por más de 3 mil millones de años ha tenido la temperatura justa para mantener el pilar de la vida: el agua, la cual corre por la Tierra, los mares y por el aire, formando el ciclo hidrológico o ciclo de agua, el cual constituye parte del secreto del éxito de la vida en la Tierra. La temperatura global promedio de todo el planeta Tierra es de15 °C. Y como dato curioso, la Tierra es el único planeta del sistema solar que no debe su nombre a un dios o diosa antigua.

La Tierra es el único planeta conocido del universo, en donde existe la vida como la conocemos. En nuestro planeta se dan todas las condiciones necesarias para sobrevivir bajo una fina capa de la atmósfera que nos separa del espacio exterior. Su gravedad de 9.82 m/s^2 (32.04 ft/s^2) nos mantiene nuestros pies sobre la Tierra. Nuestro planeta tiene un satélite natural al cual llamamos Luna, la cual es pieza clave en el florecimiento de la vida. Ver ilustración de arriba. La Luna se formó cuando un cuerpo, también rocoso, del tamaño de Marte colisionó con la Tierra hace aproximadamente 4,5 millones de años, y los escombros resultantes se acumularon para formar nuestro satélite natural. La Luna recién formada estaba en un estado fundido, lo cual se solidificó después de unos 100 millones de años, con rocas menos densas flotando hacia arriba formando después la corteza lunar. Al principio, la Luna pudo haber desarrollado su campo magnético, como hacen los planetas terrestres. La NASA ha lanzado más de 100 naves espaciales para explorar la Luna. Es el único cuerpo celeste más allá de la Tierra que ha sido visitado por seres humanos. Doce de ellos han caminado sobre la superficie de la Luna. El primer aterrizaje humano en la Luna fue el 20 de julio de 1969. Durante las misiones Apolo de 1.969 a 1972; 12 astronautas estadounidenses caminaron en la Luna y utilizaron un vehículo lunar para recorrer la superficie y ampliar sus estudios de mecánica de suelos, meteoroides, relieve lunar, campos magnéticos, y el viento solar. Los astronautas del Apolo trajeron 382 kg de roca y suelo a la Tierra para su estudio.

Marte

Marte es un planeta también rocoso, polvoriento y seco con una masa de $6,42 \times 10^{23}$ Kg y un diámetro de 6.794 Km (4.212 millas) aproximadamente la mitad del tamaño de la Tierra. Es el cuarto planeta desde el Sol a una distancia de 228 millones de kilómetros (142 millones de millas) o 1,52 UA. La órbita de Marte alrededor del Sol es aproximadamente 1,5 veces más lejos que la de la Tierra. La orbita es ligeramente elíptica, por lo que su distancia al Sol varía. A Marte a veces se le llama el "planeta rojo" debido a que los minerales de hierro en el suelo marciano se oxidan, haciendo que el suelo y la atmósfera polvorienta se vean como rojas. Es un objeto brillante del cielo nocturno y se le ha conocido desde la antigüedad. El planeta toma su nombre por el dios romano de la guerra. Similar a los otros planetas terrestres como Mercurio, Venus y la Tierra, Marte tiene una superficie sólida, la cual ha sido transformada por las formaciones de volcanes, cráteres de impactos con otros cuerpos, movimiento de la corteza y efectos atmosféricos como las tormentas de polvo. El volcanismo en la superficie marciana era muy activo hace más de 3 mil millones de años. Algunos de los volcanes gigantes son más jóvenes, habiéndose formado entre 1 y 2 millones de años. Marte tiene el volcán más grande del Sistema Solar, el Monte Olimpo, así como un sistema de cañones espectaculares llamado Valles del

Mariner que recorre el ecuador del planeta. El Monte Olimpo es tres veces más alto que el Monte Everest, la montaña más alta de la Tierra. Mientras que el Valle Mariner es un gran cañón casi del ancho de los Estados Unidos. Al principio hace unos 4 mil millones de años, Marte también era muy similar a la Tierra, un planeta azul y hasta con océanos. Pero hace algún tiempo atrás Marte perdió la mayor parte de su atmósfera y se convirtió en un mundo seco y congelado. Hoy Marte es un desierto con grandes tormentas de polvo. Existe bastante agua congelada bajo su superficie y también en forma de hielo en los polos del globo marciano.

En Marte, un día tarda un poco más de 24 horas. Mientras que un año tarda 687 días terrestres. Al igual que la Tierra, Marte también tiene sus cuatro estaciones climáticas debido a la inclinación de su eje de rotación. Su órbita ligeramente elíptica hace variante su distancia al Sol, lo cual afecta la duración de las estaciones marcianas. La gravedad en la superficie de Marte es de 3,71 m/s2. Es decir que si una persona pesa 100 Kg en la Tierra, en Marte pesara 38 Kg. Los días marcianos son fríos con temperaturas que van desde -153 hasta 20°F. El aire está compuesto principalmente de dióxido de carbono. Con un monto pequeño de nitrógeno y argón. Casi no hay ozono, de manera que la superficie no está protegida como en la Tierra de la luz ultravioleta del Sol. Marte no tiene un campo magnético global. Sin embargo, se ha encontrado que las áreas de la corteza marciana en el hemisferio sur son altamente magnetizadas, lo que es una indicación de rastros de un campo magnético de hace 4 mil millones de años que aún se mantiene. Actualmente la superficie de Marte no puede sustentar la vida tal como la conocemos. El aire venenoso debido al dióxido de carbono hace que Marte sea un lugar peligroso para los seres humanos. Sin embargo, misiones de la NASA exploran el planeta para determinar el potencial para la vida.

Marte no tiene ningún anillo girando a su alrededor, pero si tiene dos lunas llamadas Fobos y Deimos, las cuales reciben sus nombres de miedo por los caballos que tiraban del carro del dios griego Ares. Las lunas de Marte se encuentran entre las más pequeñas del sistema solar. Fobos es un poco más grande que Deimos, y orbita a sólo 6.000 kilómetros sobre la superficie marciana. Ninguna luna conocida orbita más cerca de su planeta como Fobos. Gira alrededor de Marte tres veces al día, mientras que la más distante Deimos tarda 30 horas para cada órbita. Fobos gira gradualmente en forma de espiral hacia el interior, situándose a unos 1,8 metros más cerca del planeta cada siglo. Dentro de 50 millones de años, esta luna o bien choca con Marte o se rompe en pedazos para formar un anillo alrededor del planeta. Al igual que nuestra Luna, Phobos y Deimos siempre presentan la misma cara a su planeta. Ambos parecen ser asteroides capturados con superficies irregulares cubiertas de polvo y rocas sueltas y con muchos cráteres. Se encuentran entre los objetos más oscuros en el sistema solar. Las lunas parecen estar hechas de roca rica en carbono mezclada con hielo. Fobos tiene sólo una milésima de la fuerza gravitacional de la Tierra. Una persona que pese 68 kg (150 libras) en la Tierra, pesará solo 68 gramos (dos onzas) allá. Estas lunas tienen forma de una papa y tienen muy poca masa para que la gravedad pueda hacerlas esféricas. Fobos, la luna más interior, tiene muchos cráteres, con profundos surcos en su superficie. El más sobresaliente es el Stickney de 10 km de ancho, casi de la mitad del ancho de nuestra Luna.

Júpiter

Júpiter es el quinto planeta desde el Sol a una distancia de 778 millones de Km o 5,2 UA. Tiene una masa de $1,90 \times 10^{27}$ kg y un diámetro de 140 mil Km. Es el planeta más grande y más masivo del sistema solar. Contiene más del doble de la cantidad de material que conforman todos los otros cuerpos que orbitan alrededor del Sol. Es tan grande que la Tierra podía caber unas 11 veces en el diámetro de él. Júpiter es un planeta gigante gaseoso y por lo tanto no tiene una superficie sólida. Sin embargo, pueda que tenga un núcleo sólido del tamaño de la Tierra. Júpiter está compuesto principalmente de hidrógeno y helio. Es el primero de los planetas gigantes de gas con anillos formados por arreglos fascinantes de partículas muy finas que se deslizan en su vasta circunferencia. Las pequeñas partículas que forman los anillos de Júpiter son oscuras, lo que los hace muy difíciles de ver cuando el planeta no esté iluminado por el Sol. Desde las nubes en el tope todo parece ser sereno, pero por dentro tiene lugar la tormenta más espectacular en todo el sistema solar: la Gran Mancha Roja, un inmenso remolino de viento de más de 24.000 Km de ancho girando a velocidades de cientos de kilómetros por hora y que ha durado casi 400 años.

La composición de Júpiter es similar a la del Sol, principalmente hidrógeno y helio. En lo profundo del planeta la presión y la temperatura se incrementan considerablemente, comprimiendo el gas de hidrógeno en líquido. Esto le da a Júpiter el océano más grande del sistema solar. Un océano de hidrógeno en lugar de agua. Los científicos creen que a profundidades quizás cerca del centro del planeta, la presión es tan grande que los electrones de los átomos de hidrógeno son comprimidos, haciendo que el líquido sea conductor de electricidad. La rápida rotación de Júpiter se cree es el empuje que origina las corrientes eléctricas que generan el poderoso campo magnético del planeta. Todavía no está claro si, a mayor profundidad, Júpiter tenga un núcleo central de material sólido. Lo cierto es que su centro es extremadamente magnético y tiene una fuerza de gravedad de 24,79 m/s^2. Si algo pesa 100 kilogramos en la Tierra, pesaría 253 kilogramos en Júpiter. Esta fuerza de gravedad es más fuerte que la de cualquier planeta del sistema solar. Júpiter está siempre succionando asteroides, meteoros y cometas a su paso. Otra característica de este planeta es que también tiene el día más corto y el año más largo del sistema solar. Un día en Júpiter tarda alrededor de 10 horas terrestres, mientras que un año es de unos 12 años terrestres o 4.333 días terrestres. Júpiter toma su nombre del rey de los dioses romanos, ya que es el planeta más grande del sistema solar.

Júpiter tiene un total de 69 satélites o lunas: 53 de ellas son conocidas y 16 aún esperan por confirmación de su descubrimiento. Entre las lunas más conocidas tenemos: Io, Europa, Ganimedes, Calisto, Encelados, y Mima. Las primeras cuatro fueron observadas por primera vez por el astrónomo Galileo Galilei en 1610 utilizando una versión rudimentaria del telescopio. Estas cuatro lunas se conocen hoy en día como los satélites galileanos. Io es el cuerpo con mayor actividad volcánica del sistema solar. Su superficie está cubierta de azufre en diferentes colores. Europa es una luna con una superficie de hielo de agua probablemente cubriendo un océano cálido. Pueda que tenga más agua que la Tierra, lo que la hace una candidata para la habitabilidad. Ganimedes es la luna más grande del sistema solar con un tamaño más grande que el planeta Mercurio. Tiene una superficie surcada y arrugada por tantos cráteres. Y es la única luna conocida por tener su propio campo magnético. Calisto es una luna maltratada por bombardeo cósmico con una superficie con cráteres. Encelados tiene una superficie más plana y suave. Mimas es una luna bastante golpeada por antiguos impactos.

El interior de las lunas Io, Europa y Ganimedes tiene una estructura en capas como la Tierra con un núcleo y otras capas por encimas. Existe una influencia interesante entre estas tres lunas. El tiempo que tarda Europa en orbitar alrededor de Júpiter es el doble de tiempo de Io, mientras que el tiempo de orbita de Ganimedes es el doble del de

Europa. En otras palabras, cada vez que Ganimedes haga una órbita alrededor de Júpiter, Europa hace dos órbitas e Io hace cuatro. Todas las lunas mantienen la misma cara hacia Júpiter en su órbita, lo que significa que cada luna gira una vez sobre su eje por cada órbita alrededor de Júpiter. Júpiter no es un lugar para visitar, pues es una gigantesca bola de gas sin ningún lugar para aterrizar. Cualquier cosa que pase a través de sus nubes de colores será aplastada y fundida debido a su presión tan fuerte. Júpiter no puede sustentar la vida tal como la conocemos. Sin embargo, algunas de las lunas de Júpiter tienen océanos debajo de sus superficies que podrían albergar vida. Hay un océano de agua líquida con los ingredientes para la vida que puede estar debajo de la corteza helada de Europa, por lo que es un lugar tentador para explorar.

Saturno

Saturno es el sexto planeta con respecto al Sol y es el segundo más grande del sistema solar. Al igual que Júpiter, Saturno está conformado prácticamente en su totalidad de gas y su globo es un poco chato debido a su rápida rotación. Los vientos en la atmósfera superior del planeta alcanzan los 500 metros por segundo en la región ecuatorial, casi 5 veces más fuertes que los vientos con fuerza de huracán en la Tierra. Estos vientos súper-rápidos, combinados con el calor que sale del interior del planeta, hacen que las bandas de color amarillo en la atmósfera sean visibles. Saturno tiene una masa de $5,68 \times 10^{26}$ Kg, la cual es 95.16 veces mayor que la de la Tierra, sin embargo, su densidad especifica es de 690 Kg/m^3, la más baja del sistema solar. Es aún más baja que la del agua, la cual es 1.000 Kg/m^3. Saturno tiene un diámetro de 116.464 Km y está a una distancia de 1.400 millones de Km del Sol o a 9,5 UA. En el centro de Saturno está un núcleo denso de roca, hielo, agua y otros compuestos, que se hizo sólido por la presión y el calor intenso. Este núcleo está envuelto por hidrógeno metálico líquido, dentro de una capa de hidrógeno líquido, similar al centro de Júpiter, pero considerablemente menor. El campo magnético de Saturno es más pequeño que el de Júpiter, pero aun así es 578 veces más potente que la de la Tierra. En Saturno un día es de 10.7 horas terrestres, mientras que un año es de 29 años terrestres es decir 10.756 días terrestres. La gravedad de Saturno es de 10,4 m/s². Muy parecida a la de la Tierra. Saturno es famoso por sus hermosos anillos por los que el planeta también se le llama la "joya del sistema solar". Galileo fue el primero en observar, con su pequeño telescopio en 1610, estos extraños cuerpos alrededor de Saturno, los cuales a medida que la tecnología evolucionaba se confirmaron como los bellos anillos del planeta. Este sistema de anillos es el más espectacular del sistema solar. El sistema se compone de 7 anillos con varios espacios y divisiones entre ellos. Los anillos están formados por miles de millones de cuerpos muy pequeños de hielo encadenados alrededor del planeta. Se cree que esos pequeños cuerpos que constituyen los anillos se formaron cuando las lunas y otros cuerpos como los cometas y asteroides fueron fragmentados por la poderosa gravedad de Saturno. El más grande de estos cuerpos de hielo es de unos 10 metros de ancho. El sistema de anillos de Saturno se extiende cientos de miles de kilómetros del planeta, sin embargo, la profundidad vertical es típicamente alrededor de 10 metros en los anillos principales.

Este planeta tiene 53 lunas conocidas con otras 9 lunas en espera de confirmación de su descubrimiento para hacer un total de 62 lunas, de las cuales la más grande es Titán. Esta luna es similar a la Tierra antes de que la vida empezara. Titán, es un poco más grande que el planeta Mercurio y es la segunda luna más grande del sistema solar. Sólo la luna de Júpiter Ganimedes le supera en tamaño. Cada una de las lunas de Saturno constituye un mundo fascinante desde Titán, con su superficie cubierta de nubes, hasta

Phoebe, marcada por cráteres y orbitando alrededor del planeta en dirección opuesta a las lunas más grandes. La primera luna descubierta fue Titán. Luego se descubrieron cuatro más: Japeto, Rhea, Dione, y Tetis. Después se descubrieron Hyperion y Phoebe. A medida que mejoraba la capacidad de resolución del telescopio se descubrieron más lunas como Epimeteo y Jano para hacer un total de 53. Cada una de las lunas de Saturno lleva una historia única. Dos de esas lunas orbitan dentro de los espacios en los anillos principales. Algunas otras, como Prometeo y Pandora, interactúan con el material del anillo, siguiendo el anillo en su órbita. Algunas pequeñas lunas se encuentran atrapadas en las mismas órbitas como Tetis o Dione. Janus y Epimeteo de vez en cuando pasan cerca una de la otra, haciendo que se intercambien periódicamente sus órbitas.

Saturno no puede sustentar la vida tal como la conocemos. Sin embargo, algunas de sus lunas tienen condiciones que podrían albergar vida. La presión del planeta es tan poderosa que comprime el gas en líquido, capaz de aplastar cualquier cosa que pase por allí. No sería un lugar posible para la vida de los seres humanos. Saturno es el segundo planeta de los cuatro gigantes gaseosos, por lo tanto, no tiene una superficie sólida. Su atmósfera se compone principalmente de hidrógeno y helio. Saturno toma su nombre en honor al dios romano de la agricultura. En la antigüedad, Saturno era el planeta más alejado de la Tierra que se puede observar por el ojo humano sin ayuda del telescopio.

Urano

Urano es el tercer planeta más grande de nuestro sistema solar y el séptimo planeta desde el Sol a una distancia de unos 2,9 mil millones de kilómetros o 19,19 UA. Tiene una masa de $8,68 \times 10^{25}$ kg, unas 14.536 veces la de la Tierra y tiene un diámetro de 50.724 Km. La mayor parte de la masa de Urano se compone de materiales helados como agua, metano y amoníaco, principalmente, que se extienden por encima de un pequeño núcleo rocoso. Urano es uno de los dos gigantes de hielo del sistema solar exterior, siendo Neptuno el otro. La atmósfera de Urano está compuesta principalmente de hidrógeno y helio, con una pequeña cantidad de metano y trazas de agua y amoníaco. El planeta obtiene su color azul-verdoso del gas metano en su atmósfera. Éste se forma cuando la luz del Sol pasa a través de la atmósfera y es reflejada por las nubes. Luego, el gas metano absorbe la parte roja de la luz, lo que resulta en un color azul-verdoso.

Urano, al igual que Venus, gira en sentido contrario al resto de los otros planetas. Además de eso, gira sobre su lado, es decir casi sobre su línea ecuatorial, la cual está casi en un ángulo recto con respecto a su órbita alrededor del Sol. Debido a la orientación inusual de Urano, el planeta experimenta variaciones extremas en la luz del Sol durante cada temporada de 20 años de duración. Esta situación extraña de Urano puede ser el resultado de una colisión con un cuerpo de tamaño planetario a principios de la historia del planeta. Este impacto llevó al planeta casi al borde de la destrucción. Pero la gravedad se impuso y el planeta logró mantenerse unido. Como recuerdo de ese impacto, al planeta se le formaron unos anillos oscuros alrededor de su línea ecuatorial. Estos anillos parecen cambiar de opacos a luminosos al recibir la luz cuando empieza a levantarse el Sol. En total Urano tiene 13 anillos conocidos.

El planeta tiene 27 lunas, siendo Oberon y Titania las más grandes y las primeras en ser descubiertas. Luego se descubrieron: Ariel y Umbriel. Después de casi un siglo se descubrió Miranda. Finalmente se descubrieron las otras lunas entre las que se incluyen: Julieta, Puck, Cordelia, Ofelia, Bianca, Desdémona, Portia, Rosalind, Cressida y Belinda. Quizás la más conocida de estas lunas sea Miranda. Una luna pequeña con aspecto extraño con montañas y cañones de hielo. Ariel tiene la superficie llena de cráteres, pero con bastante brillantez. Umbriel es una luna vieja y la más oscura de las cinco grandes lunas, con muchos viejos y grandes cráteres. Oberon, es la más externa de las cinco lunas grandes, es vieja, llena de cráteres y muestra pocos signos de actividad interna.

Un día en Urano tarda alrededor de 17 horas terrestres, mientras que un año en este planeta es de unos 84 años terrestres o 30,687 días terrestres. Para los humanos el tiempo allí sería como muy largo. Pero no hay problema pues Urano no puede sustentar la vida tal como la conocemos. Urano es demasiado frío, con una temperatura promedio de -212 ºC, con muchos vientos y muy venenoso para los seres humanos. Es un planeta gaseoso como Júpiter, Saturno y Neptuno, en donde no hay nada para aterrizar. El aire de la atmósfera se vuelve más y más espeso hasta que es comprimido en líquido. Esto nos da una idea de la presión existente. Cualquier cosa que pase a través de las nubes de Urano quedaría aplastada. Debido a su gran distancia desde la Tierra, Urano es el primer planeta descubierto con la ayuda de un telescopio. El planeta debe su nombre al dios griego del cielo.

Neptuno

Neptuno es el octavo planeta desde el Sol a una distancia de unos 4,5 mil millones de kilómetros o 30,07 UA. Tiene una masa de $1,02 \times 10^{26}$ kg y está compuesto principalmente de una combinación muy espesa y caliente de agua, amoniaco y metano sobre un núcleo más pesado y sólido de aproximadamente el tamaño de la Tierra. Se cree que podría haber un océano de agua súper caliente bajo las nubes frías de Neptuno, la cual no hierve debido a la increíble presión del planeta. Es el cuarto planeta más grande de nuestro sistema solar con un diámetro de 49.244 km. Tiene los vientos más rápidos en todo el sistema solar, los cuales soplan hasta unos 2.000 Km por hora.

Al igual que Urano, Neptuno es un gigante de hielo con una atmósfera compuesta de hidrógeno y helio, principalmente, con una pequeña cantidad de metano y trazas de otros elementos. El color azul de Neptuno es el resultado del metano en su atmósfera, similar al de Urano, pero el de Neptuno es un azul más vivo y más brillante. Sin embargo, este planeta no es visible a simple vista debido a su distancia extrema de la Tierra. Neptuno, a diferencia de los otros planetas, fue el primero en ser ubicado a través de predicciones matemáticas en lugar de observaciones periódicas del cielo. Galileo lo había registrado como una estrella fija durante sus observaciones con su pequeño telescopio en 1612 y 1613. Neptuno tarda unos 165 años terrestres, es decir 60.190 días terrestres en hacer una órbita completa alrededor del Sol. Un año en Neptuno es bastante largo. Sin embargo, un día en Neptuno solo tarda unas 16 horas terrestres.

Neptuno tiene seis anillos de fragmentos de hielo oscuros y 13 lunas conocidas, siendo Tritón la luna más grande, la cual se encuentra al pasar a través de los anillos. Tritón orbita el planeta en la dirección opuesta en comparación con el resto de las lunas, lo que sugiere que pudo haber sido capturada por Neptuno en el pasado distante. Esta luna es el cuerpo más frío del sistema solar. Tritón contiene nitrógeno líquido atrapado debajo de su superficie, el cual estalla para convertirse en nieve. Otras lunas importantes de Neptuno incluyen: Nereida, y Proteus. El planeta, el cual debe su nombre al dios romano del mar, no puede sustentar la vida tal como la conocemos. Es un planeta de gas y extremadamente frío con una temperatura efectiva de -214 °C.

El Cinturón de Asteroides

En el sistema solar entre Marte y Júpiter se encuentra un cinturón de probablemente unos millones de asteroides orbitando, por lo general de manera ordenada, alrededor del Sol. Estos asteroides son cuerpos rocosos, de forma irregular y de menor tamaño que los planetas. Ninguno de estos cuerpos tiene atmósfera y no pueden albergar vida como la conocemos. Uno de estos asteroides llamado Chariklo tiene un par de anillos raros a su alrededor. Hasta hay algunos otros con lunas. Hasta hoy se conocen más de 150 asteroides con un pequeño satélite. Se piensa que los asteroides se originaron de los restos de la formación del sistema solar, hace 4,5 billones de años y que no pudieron unirse para formar un planeta, por la enorme fuerza gravitacional de Júpiter, el planeta más grande, resultando en el residuo rocoso que se observa en la actualidad. Hay zonas en el cinturón donde no se encuentran asteroides debido a la gran resonancia gravitacional con Júpiter, haciendo las órbitas de estos asteroides muy inestables. Si alguno de ellos llegaría a ocupar esas zonas, el asteroide será expelido en la mayoría de los casos fuera del sistema solar, aunque en ocasiones puede ser enviado hacia algún planeta interior, como la Tierra, colisionar con ella y por supuesto convertirse en amenaza para la vida.

Los asteroides pueden tener un ancho de entre 1 a 950 km. Entre los cuerpos más grandes del cinturón de asteroides están: Ceres, Palas, Vesta, Higia y Juno. Estos asteroides constituyen más de la mitad de la masa total del cinturón. El asteroide Ceres, es el más grande de todos y parece un planeta enano, tiene un diámetro de 950 km y una masa el doble de los asteroides Palas y Vesta juntos. La mayoría del resto de los asteroides que componen el cinturón son mucho más pequeños. La masa total del cinturón apenas es un 4% de la masa de la Luna y se encuentra dispersa por todo el volumen de la órbita, por lo que sería muy difícil chocar con uno de estos objetos en caso de atravesar el cinturón. No obstante, dos asteroides de gran tamaño pueden chocar entre sí, formando otros asteroides más pequeños con composiciones y características similares. Cabe mencionar que el Cinturón de asteroides no es el único lugar del sistema solar donde pueden encontrarse los asteroides, pues al menos existen otras dos regiones que también albergan cuerpos similares: El Cinturón de Kuiper y la Nube de Oort más allá del sistema solar.

Más Allá del Sistema Solar

Más allá de Neptuno, en donde no llega la luz del Sol, existe una región muy fría y melancólica, en donde están unos cuerpos congelados de roca y hielo, tal vez como un remanente que quedó cuando se formaron los planetas miles de millones de años atrás. En esas profundidades del cosmos se encuentra el *Cinturón de Kuiper* y *la Nube de Oort*. El Cinturón de Kuiper, llamado así por el astrónomo estadounidense Gerard Kuiper, es una región en forma de disco que se encuentra más allá de la órbita de Neptuno. El cinturón de Kuiper se extiende desde aproximadamente 30 a 55 UA. El cinturón probablemente se llena con cientos de miles de cuerpos helados de más de 100 km de ancho y con un estimado de un billón o más cometas.

Entre los cuerpos del Cinturón de Kuiper figura el famoso *Plutón*, el cual fue considerado el noveno planeta desde su descubrimiento en 1951 hasta 2006 cuando fue excluido de la lista de planetas del sistema solar. Hoy Plutón es un cuerpo más del Cinturón de Kuiper y junto con Ceres, Eris, Haumea y Makemake forman el grupo de los planetas enanos orbitando alrededor del Sol junto con otros cuerpos como asteroides y cometas. Los planetas enanos se comportan en muchas formas muy similares a los planetas, por eso se les llama planetas enanos. Estos planetas son más pequeños que la Luna de la Tierra. Algunos de ellos como Pluto, Eris y posiblemente Ceres tienen atmósferas muy delgadas. Pluto es un cuerpo muy frío con temperaturas de -230 ºC, un diámetro de unos 2.300 Km, a unos 5,9 mil millones de Km del Sol; y tiene 5 lunas, siendo Charon la más importante.

El Cinturón de Kuiper es considerado un reservorio de cometas ubicado en la región más lejana del sistema solar. Los cometas son cuerpos de hielo y roca más pequeños que los asteroides por lo que pueden viajar más rápido. Al igual que los planetas, los cometas orbitan en aproximadamente el mismo plano alrededor del Sol, pero las orbitas de los cometas son más irregulares. Cuando los cometas se acercan al Sol y se calientan, sus gases se evaporan desprendiendo partículas sólidas que forman la cola, la cual se puede extender por los vientos solares. Esta es la famosa cola larga y brillante que intrigaba a los antiguos pueblos. Una vez los cometas se alejen del Sol, ellos se enfrían y sus gases se vuelven a congelar y su cola desaparece. Cuando ya no les quede más hielo, los cometas se pueden convertir en simples asteroides. La mayoría de los cometas del Cinturón de Kuiper son de los llamados cometas con períodos orbitales cortos y tardan unos 200 años en dar una vuelta completa alrededor del Sol.

Más allá del cinturón de Kuiper se encuentra la Nube de Oort, el hogar de los cometas de hielo. Estos cometas están en el límite de la gravedad del Sol y las fuerzas de otras estrellas cercanas. Aunque están bastante distantes, ellas orbitan alrededor del Sol y tardan hasta millones de años en completar una vuelta alrededor de nuestra estrella. El nombre de la Nube se debe en honor al astrónomo holandés Jan Oort, quién en 1950 propuso que los cometas residen en una gigantesca nube en la zona exterior del sistema solar. La

Nube de Oort está a una distancia de entre 5.000 y 100.000 UA. La medida exterior de la Nube de Oort se cree que está en la región del espacio donde la influencia gravitacional del Sol es más débil que la influencia de las estrellas cercanas. La Nube de Oort contiene probablemente miles de millones de cuerpos helados en órbita solar. En ocasiones, algunas nubes moleculares gigantes, o estrellas que pasan cerca, pueden perturbar las órbitas de algunos de estos cuerpos en la región externa de la Nube de Oort, lo que puede hacer que un cometa caiga en el interior del sistema solar. Muchos de los cometas de la Nube de Oort son de períodos orbitales largos que se alejan mucho del Sol hasta desaparecer del sistema solar.

1.5 DESTINO DEL UNIVERSO

En este subcapítulo estaremos abordando el universo actual, su expansión y lo que teóricamente sería su destino final. Y dado la importancia que para nosotros los humanos tiene el tema, estaremos también refiriéndonos a lo que en teoría sería la muerte del Sol y el destino final de la Tierra. Actualmente nuestro universo está formado por una parte visible que incluye todas las estructuras cósmicas, rodeadas de enormes espacios vacíos. La materia que constituye el universo visible es de apenas un 5% del total. La otra parte del universo invisible está en forma de materia oscura y constituye el 27% de la materia del universo. El resto del universo está formado por energía oscura en un 68%. La materia visible puede formar y mantener unidas las estructuradas cósmicas por la gravedad, mientras que la energía oscura sería la responsable de la expansión del universo. Edwin Hubble comprobó esta expansión. El universo se expande desde su formación. Y si se está expandiendo es porque era más pequeño antes. De manera que si pudiéramos retroceder en el tiempo veríamos al universo encogerse hasta el tamaño del punto desde donde se formó hace 13.700 millones de años.

Ahora, nuestro universo como todas las cosas, tiene un inicio y un fin. Sobre este tema, actualmente, el consenso científico es que el destino final del universo depende de su forma global y de cuanta energía oscura tenga. Ahora, la forma del universo depende de su densidad, es decir de la cantidad de masa y la energía que tenga. En este sentido la teoría de Einstein plantea tres posibles formas del universo: plano, abierto o cerrado. Aunque hoy en día la mayoría de los científicos aceptan que el universo tiene forma plana. En un universo plano, con la presencia de la energía oscura, el universo se expande a una tasa acelerada y pudiera terminar en un gran congelamiento o "Big Freeze". Este el escenario más probable que ocurra debido a la forma del universo actual y que este aún continúa en expansión. En un universo abierto, con la energía oscura, la expansión no sólo continúa, sino que se acelera y el destino del universo sería el gran congelamiento, o pueda que termine en un gran desgarramiento o "Big Rip". En un universo cerrado, toda la materia acabará agrupándose y el universo colapsará en un punto. El universo terminará en un gran colapso o "Big Crunch".

Sin embargo, para la civilización humana, el final llegará con la muerte del Sol, púes cuando ello empiece será el final de nuestro planeta Tierra. A medida que se le vaya agotando el combustible al Sol, este se irá enfriando. Esto causa que se expanda y enrojezca acercándose cada vez más a la Tierra. Eventualmente se tragará a Mercurio, a Venus y después a la Tierra y así continuará sus últimos días. Hasta que finalmente, el Sol lanzará una última bocanada de polvo y gas, esparciendo cenizas en los vientos solares. Pero, antes de morir, a medida que el Sol se acerca a su etapa final, desatará un infierno en la Tierra. Este se hará tan caliente que derretirá la superficie de la Tierra y todo sobre ella irá desapareciendo incluyéndonos a nosotros los seres humanos. Miles de millones de años después de esto cuando el calor restante del Sol se haya extinguido y su pequeña y oscura superficie esté a la misma helada temperatura que el resto del espacio, el Sol será entonces un enano negro impulsado por la misteriosa energía oscura, la cual continuará en constante acción hasta el final de nuestro querido universo. Pero, para que eso pase faltaran aún muchos miles de millones de años. Mejor…. echemos un vistazo al universo actual.

El Universo Actual

Nuestro universo actual es de forma plana, se formó en el Big Bang hace unos 13.700 millones de años y pueda que sea infinito. La parte de él que hasta ahora hemos podido ver por lo menos tiene unos 93 mil millones de años luz de extensión. El universo es todo cuanto existe: materia, energía, espacio y tiempo. Actualmente está lleno de un enjambre de estructuras cósmicas que incluyen: estrellas, galaxias, cúmulos, súper cúmulos y otros cuerpos llamados cuásares. Estos cuásares son objetos lejanos que emiten grandes cantidades de energía, con radiaciones similares a las de las estrellas, pero son cientos de miles de millones de veces más brillantes que las estrellas y a pesar de las enormes distancias, la energía de algunos de ellos puede ser tan grande que su brillo podía ser unas 60 mil veces mayor que el de toda la Vía Láctea. Todo este sistema de estructuras cósmicas forma parte de lo que hoy conocemos como el universo visible rodeado de enormes espacios vacíos.

En el universo visible, dentro de una de esas galaxias que lo forman, se encuentra nuestro sistema solar orbitando en unos de sus brazos externos. Esa galaxia es La Vía Láctea, nuestra galaxia, la cual es una más de los 125 mil millones de galaxias que componen el universo visible. Esto nos da una idea de lo que es el universo actual: algo realmente inmenso. Podría haber 200 mil millones de estrellas en esta colección de estrellas llamada la Vía Láctea y unos 6 mil millones de estrellas tienen sistemas planetarios como el nuestro. Además de los planetas del sistema solar, se han detectado hoy más de 100 mil millones de planetas en la Vía Láctea y unos 10^{24} planetas en el universo. El Sistema Solar, con su estrella central y sus ocho planetas, va girando a través del espacio a 720.000 kilómetros por hora, rotando en círculos como parte de una vasta colección de estrellas y sistemas estelares.

La materia que constituye el universo visible es conocida como materia visible o normal, la cual solo representa apenas un 5% de la materia total del universo. Sin embargo, además de la materia visible hay grandes cantidades de materia invisible, la cual es llamada materia oscura y constituye aproximadamente el 27% del contenido de materia del universo. La materia oscura no emite ni refleja ningún tipo de luz, ni desprende radiación detectable. Por eso no podemos verla, pero sabemos que existe por sus efectos gravitatorios, los cuales podemos detectar gracias a la tecnología actual. La gravedad de la materia oscura es tan grande que mueve los grandes cúmulos galácticos. La composición de la materia oscura aun es un misterio, aunque se cree que podía estar formada por neutrinos y otras partículas aún desconocidas.

La otra parte del universo está formada por energía oscura en un 68%. La energía oscura pareciera ser una propiedad del espacio como Albert Einstein había imaginado al notar que el espacio vacío no era un vacío del todo, pues estaba lleno de esa energía oscura. Se puede ver que mientras la materia visible puede formar y mantener unidas las estructuras cósmicas por la gravedad, la energía oscura tiende a crear más espacio "vacío" entre esas estructuras haciendo que estas cada vez luzcan más distantes entre sí y el universo más grande. La ciencia hoy ha admitido que el universo actual está en una constante expansión y con mayor aceleración que antes como producto de la energía oscura.

Expansión del Universo

En 1929, Edwin Hubble, comprobó que nuestro universo está en expansión. Él midió el desplazamiento al rojo para numerosas galaxias distantes y midió también sus distancias relativas, determinando los brillos aparentes en cada galaxia de una clase de estrellas variables que cambian su luminosidad cíclicamente y son llamadas Cefeidas. Cuando graficó el desplazamiento al rojo frente a la distancia relativa, encontró que el desplazamiento al rojo de las galaxias distantes se incrementaba en función de su distancia, en forma lineal. La única explicación para esta observación era que el universo se estaba expandiendo. El universo en expansión es finito tanto en tiempo como en espacio. La razón por la cual el universo no colapsa, como las ecuaciones de Newton y de Einstein sugerían que debería ocurrir, es porque se está expandiendo desde el momento de su formación. Una vez que los científicos entendieron la expansión del universo, inmediatamente se dieron cuenta que éste debió haber sido más pequeño en el pasado por supuesto.

Nuestro universo siempre ha estado en constante expansión. Desde su nacimiento en el Big Bang hace unos 13.700 millones de años, el universo se ha expandido 156 mil millones de años. Si el universo se está expandiendo hoy es porque era más pequeño antes. De hecho, si pudiéramos retroceder en el tiempo veríamos al universo encogerse hasta el tamaño de nuestra galaxia, si seguimos retrocediendo lo veríamos llegar al tamaño de nuestro sistema Solar, y si nos vamos aún más atrás podíamos llegar al punto desde donde se formó hacen 13.700 millones de años. En este punto el universo era más pequeño que la parte más pequeña de un átomo. ¡Muy pequeño! Es aquí cuando, como en un destello, todo de repente se expandió, y así comenzó todo: el primer momento de la existencia, lo que hoy llamamos el Big Bang.

Destino Final del Universo

Ahora que ya hemos entendido el origen del universo, pues empezamos a formular las teorías sobre el destino final de éste. Hasta ahora, esto es lo que se sabe o suponemos sobre el fin del universo, pero por supuesto eso puede cambiar a medida que continuemos descubriendo más cosas. Actualmente, predecir el destino final del universo es posible gracias a la teoría de la relatividad de Albert Einstein de 1916. Por supuesto los resultados serán de acuerdo con las observaciones del universo en un determinado momento. Hoy día, el consenso científico es qué el destino final del universo depende de su forma global y de cuanta energía oscura tenga, lo que da lugar varios posibles escenarios. Pueda que el universo se siga expandiendo hasta el infinito, o qué su expansión se detenga en algún momento y empiece a contraerse, o que alcance un equilibrio en dónde se mantenga estable. Ahora, la forma del universo depende de su densidad, es decir de la cantidad de masa y la energía que tenga. En este sentido la teoría de Einstein plantea tres posibles formas del universo: plano, abierto o cerrado. Aunque hoy en día la mayoría de los científicos aceptan que el universo tiene forma plana.

En un universo plano, si la cantidad de materia y la energía están en equilibrio, la densidad del universo también estará en equilibrio, Esto es lo que se llama densidad critica. En un universo plano la gravedad y la expansión estarán en equilibrio. Sin energía oscura el universo se expandirá, pero cada vez más despacio. En cambio, con la presencia de la energía oscura, el universo se expande a una tasa acelerada y el universo pudiera terminar en un gran congelamiento o "Big Freeze". Este el escenario más probable que ocurra debido a la forma del universo actual y que este aún continúa en expansión. En este escenario, sobre una escala de tiempo en el orden de un billón de años, las estrellas existentes dejaran de brillar y la mayor parte del universo se volverá oscuro, frío y caótico. Y más tarde, sobre una escala del tiempo mucho más larga, las galaxias colapsarán en agujeros negros y todo se desintegrará y el universo estaría formado solo de radiación. Para ese entonces, la expansión continuará indefinidamente en un universo demasiado frío para tener vida.

En un universo abierto, si la densidad de materia y energía es muy alta el universo se curvará hacia afuera y tendrá la forma de una silla de montar a caballo. Sin energía oscura, el universo será infinito y se expandirá por siempre con una gravedad controlando la expansión. Con la energía oscura, la expansión no sólo continúa, sino que se acelera y el destino del universo sería el gran congelamiento o "Big Freeze", como en el universo plano, o pueda que termine en un gran desgarramiento o "Big Rip". Bajo este escenario, la energía oscura causa que la tasa de expansión del universo se acelere llevándolo al extremo. Una aceleración de la expansión eterna o infinita significa que toda la materia del universo, empezando por las galaxias y eventualmente todo tipo de estructura, no importa cuán pequeñas sean, se disgregarán en partículas elementales desligadas. El estado final del universo será volver a una singularidad o punto desde donde partió con el Big Bang.

En un universo cerrado, si hay demasiada materia y energía, la densidad será muy alta. El universo se curvará hacia dentro y tendrá la forma de esfera y el universo será finito. Sin la energía oscura, la gravedad será más fuerte que la expansión, toda la materia acabará agrupándose y el universo colapsará en un punto. El universo terminará en un gran colapso o "Big Crunch". Ahora, en presencia de la energía oscura, la expansión será más acelerada y el gran colapso será mayor. Esta teoría postula que la densidad media del universo es suficiente para parar su expansión y empezar la contracción. Este escenario permite que el "Big Bang" esté precedido inmediatamente por el "Big Crunch" de un universo precedente. Si esto ocurre repetidamente, se tiene un universo oscilante. El universo podría consistir en una secuencia infinita de universos finitos, cada universo finito terminando con un "Big Crunch" que es también el "Big Bang" del siguiente universo. De este modo, no podría descartarse la posibilidad de que nuestro universo provenga de un universo anterior, comprimido y muerto tras un "Big Crunch".

Hasta ahora, todo indica que nuestro universo seguirá expandiéndose e incluso a mayor velocidad y hacia todas las direcciones a gran escala. La energía oscura condenará el universo a una expansión infinita y a una muerte lenta y fría. Todo el universo experimentará un gran enfriamiento. A escala molecular la expansión logrará superar a la gravedad y todo se separará. No sólo las galaxias, los sistemas solares y las estrellas, sino que incluso los átomos. Finalmente, la materia en si será partida en dos, este sería el gran momento final, el último gran suspiro de nuestro universo del cual siempre formamos parte. Y que, aunque no fuimos su centro, siempre fuimos parte de él. A él estuvimos conectados atómicamente, a la Tierra químicamente y conectados entre nosotros mismo biológicamente. Como decía la gente del

Discovery Channel: estuvimos en el universo y él estuvo en nosotros.

Tal vez con el pasar de miles de millones de años, en ese espacio frío y aparentemente vacío, surja la formación de partículas infinitesimales, con las cuales se forme algún tipo de materia. Si la materia se llegara a hacer muy densa y calentarse a temperaturas muy altas, la gran energía generada podría "bang" y dar a luz a otro universo. Así como se formó el nuestro. Quizás no fuimos el primer universo formado, a lo mejor tampoco seriamos el último. Probablemente nuestro universo solo haya sido uno entre otros que existieron paralelamente. Mientras tanto, es importante resaltar sobre el destino final de nuestro universo, que en el escenario más probable que ocurra, el gran enfriamiento, eso será en más de un millón de años por lo que no hay de qué preocuparse. Pues para ese entonces ya habremos pasado lejos del fin de la civilización humana y de las vidas de todas las criaturas que vivían sobre la Tierra. Seguiremos en nuestro querido universo por algunos 5 mil millones de años más, hasta que, a nuestro Sol, el que nos ha dado la vida, se le agote todo su combustible nuclear que le produce su energía y así finalmente también muera.

Muerte del Sol

Nada es eterno, pues todo cuanto existe en el universo tiene su tiempo de muerte y nuestro Sol no es la excepción. Aunque las estrellas constituyen las estructuras galácticas de mayor tamaño hasta ahora conocidas y que su inmensa luz ilumine enormes espacios del universo por donde giren, eventualmente mueren. Todas las estrellas nacen y mueren como la gente y como todo. El fin del Sol será similar a la muerte de otras estrellas que han existido en el universo. La muerte de una estrella empieza cuando la cantidad de hidrógeno disponible en su núcleo empieza a disminuir. La estrella entonces empieza a contraerse para aumentar su temperatura y tratar de detener su colapso gravitacional. En este proceso, la estrella aumenta su luminosidad y cuando el hidrógeno del núcleo finalmente se agota la estrella sufre rápidas transformaciones para finalmente morir.

A medida que se acerca a su etapa final, el Sol se hará más y más brillante. Su brillo aumentará un 10% cada mil millones de años. Su combustible de hidrogeno se irá agotando lentamente, pero el reactor nuclear del corazón del Sol aún no estaría disminuyendo su velocidad, al contrario, su velocidad se incrementaría. La presión en el núcleo bajaría a medida que el combustible se quema, las presiones bajas no sostienen las fuerzas de la gravedad. La gravedad entonces comprimirá el núcleo, lo cual calentará el hidrogeno aún más haciendo que el combustible se queme más rápido, lo que incrementaría la presión del núcleo, hasta que las dos fuerzas se balancean otra vez.

A medida que se le vaya agotando el combustible, el Sol se iría enfriando. Esto causaría que se expanda y enrojezca acercándose cada vez más a la Tierra. Eventualmente se tragaría a Mercurio y a Venus. En la Tierra el agua se evaporaría y el planeta se derretiría cuando todo el combustible en el núcleo del Sol se acabe. Un tiempo después, el Sol se hincharía y se tornaría de amarillo a rojo, un gigante rojo y la vieja estrella entraría en la última etapa de su vida. Sin embargo, el Sol aún seguiría más activo que nunca, aun siendo ya un anciano. Después que consuma todo el hidrogeno, empezaría a quemar el helio, el cual se quema aún más caliente. Y la energía que irradiaría desde el núcleo súper caliente, empujaría la capa de arriba del Sol hacia fuera, haciéndola más y más grande. Al crecer, el Sol se iría enfriando hasta tornarse rojo. Finalmente, el viejo Sol lanzaría una última bocanada de polvo y gas, esparciendo cenizas en los vientos solares. Desde las tormentas de la destrucción, surgirían las semillas de nuevos soles por nacer en miles de millones de años por venir.

Los planetas que sobrevivirían al proceso de la muerte del Sol, los más externos como Saturno y Neptuno, serian completamente cambiados por las capas externas expansivas del Sol llamadas nébulas planetarias, las cuales navegarían sin rumbo por el espacio como mantos fantasmales de gas brillante. Estas nébulas planetarias volarían las atmósferas gaseosas de estos planetas, dejando atrás pequeños núcleos rocosos y metálicos. Los planetas más distantes que ya no sean sostenidos por la gravedad del Sol navegarían a la deriva en la inmensidad del espacio. Miles de millones de años después de esto, cuando el calor restante del Sol se haya extinguido y su pequeña y oscura superficie esté a la misma helada temperatura que el resto del espacio, el Sol sería entonces un enano negro impulsado por la misteriosa energía oscura, la cual continuará en constante acción hasta el final de nuestro querido universo.

Destino Final del Planeta Tierra

A medida que el Sol se acerque a su etapa final, desataría un infierno en la Tierra. Este se haría tan caliente que derretiría la superficie de la Tierra. Primero se tragaría las plantas de las selvas, los bosques y las granjas. Solos los desiertos crecerían y la superficie se tornaría en un gigante médano de arena. Luego se llevaría a los animales. Y las cosas solo irían de mal en peor. La alta temperatura aligeraría la remoción del dióxido de carbono de la atmósfera, que las plantas necesitan para sobrevivir y todo lo que se alimente de planta perecería. Al desaparecer las plantas, el oxígeno que ellas producen se acabaría también, lo que haría bien difícil respirar. Se acabaría nuestra fuente de alimentos. Pero seríamos los últimos en irnos. Después de tragarse toda la vida, el Sol se hincharía y se tornaría de amarillo a rojo, un gigante rojo y la vieja estrella entraría en la última etapa de su vida. Para ese tiempo nuestro Sol cubriría todo el cielo de la Tierra durante el día. En unos 6.5 mil millones de años ya estaríamos vuelto polvo cósmico. Pero por ahora, el Sol seguirá compartiendo su calor con nosotros y sosteniéndonos. Y será dentro de por lo menos unos 5 mil millones de años más de hermosos amaneceres antes del final de nuestro planeta Tierra.

2
LA TIERRA

En el primer capítulo hablamos sobre el origen y evolución del universo, así como también sobre la formación de todo cuanto existe en él, incluyendo el sistema solar y los planetas. Vimos que en unos de esos planetas: nuestra querida Tierra, existe vida inteligente, cuya máxima representación somos nosotros los seres humanos, lo que nos hace parte del universo también. En este nuestro segundo capítulo y para continuar con la respuesta sobre como llegamos aquí, hablaremos sobre cómo se originó y evolucionó nuestro planeta Tierra: su origen, su formación y como se transformó en el planeta azul de hoy, capaz de albergar vida. También hablaremos sobre cómo se formaron los principales recursos naturales y el paisaje actual del planeta para el apoyo y disfrute de la vida. Y para cerrar el capítulo presentamos como sería el futuro del planeta en teoría.

La Tierra, nuestro maravilloso planeta como solemos llamarlo, está ubicada justo en el punto apropiado de la luz y el calor del Sol, lo cual es vital para la vida. Es decir que la Tierra no es tan caliente como Mercurio y Venus, ni tan fría como Marte. Estamos justo donde la vida puede florecer. Nuestros científicos han estado explorando la Tierra por más de 200 años para descubrir sus secretos y finalmente con sus grandes descubrimientos hemos podido hoy escribir su historia. El planeta Tierra es único. Es hoy, una inmensa bola de roca de 40.233 Km de ancho, cubierta en su 70 % por agua y el restante 30% está cubierto por los afloramientos de la roca madre en la superficie. Tiene una atmósfera rica en oxígeno y es el único lugar conocido en el universo que sirve de hogar a la vida como la conocemos hoy. Sin embargo, este oasis azul-verdoso no siempre ha sido tan acogedor. El planeta Tierra lleva las cicatrices de su pasado violento. Un pasado de ambientes y catástrofes extremas sobre el curso de sus 4,5 mil millones de años. Ha sido un mundo con muchos cambios: un mundo de fuego, de hielo, de mares furiosos y de cielos tóxicos. Pero la vida que aparecería más tarde en ella viviría y prosperaría en un clima de mucha tranquilidad, gracias a los cambios que la Tierra hiciera desde su origen a través de su evolución.

2.1 ORIGEN Y EVOLUCION

En este subcapítulo cubriremos el origen y evolución de la Tierra. También estaremos viendo la formación de los eventos claves en el planeta para que la vida pudiera ser posible. Entre estos eventos tenemos la formación de la

Luna, el campo magnético, los movimientos de la Tierra y la formación del agua y la atmósfera. Sin embargo, la comprensión de nuestro planeta empieza con el entendimiento de las estructuras geológicas formadas en su superficie. Por mucho tiempo se creyó que esas estructuras rocosas habían estado siempre allí, hasta que alguien descubriría el proceso real de la formación de esas estructuras. Por miles de años la gente no había tenido ningún conocimiento sobre el origen y formación verdadera de la Tierra, pero desde hace unos 200 años atrás todo eso cambiaria. En 1788 en Escocia, un descubrimiento hecho por James Hutton de un pequeño afloramiento de roca reescribiría la historia de la Tierra. James Hutton se convertiría en el padre de la geología moderna. Un hombre muy entusiasta, con una mente muy inquisitiva y muy religioso. En sus exploraciones vio las rocas bajo la corteza de la Tierra y se preguntó cómo se habían formado. Después de algún tiempo de análisis, él entendió que las rocas se formaron a través de procesos extremadamente lentos, los cuales crearon las rocas con capas de sedimentos, unas sobre otras. Hutton concluyó que las rocas podían tomar cientos de miles de años en formarse.

Así empezaríamos a entender que las estructuras geológicas en la superficie de la Tierra no siempre estuvieron allí, y que eran formadas por la Tierra misma. También nos mostró Hutton que los cambios geológicos que ocurrieron en la Tierra en el pasado, siguen ocurriendo hoy. No hay duda. Tal como él lo dijo: el presente es la clave para descifrar el pasado. Pero sus ideas radicales pronto chocarían de frente con la versión de la iglesia católica sobre la historia de la Tierra, versión que era generalmente aceptada hasta ese entonces. Por generaciones la iglesia había sido la única autoridad sobre toda creación, basada en el libro Génesis de la Biblia. Usando la genealogía bíblica, los líderes de la iglesia pretendieron saber la edad de la Tierra y según ellos la Tierra había sido creada casi unos 7 mil años atrás. Pero Hutton estaba convencido de que la Tierra había sido formada muchísimo antes.

Finalmente, en una formación no tan común en 1788, Hutton encontró dos capas de formaciones las cuales estaban en ángulos rectos una de la otra, es decir estaban paralelas y verticales una a la otra. El notó que estas capas de rocas habían estado horizontalmente en el fondo del océano y que ellas fueron sepultadas o enterradas bajo grandes profundidades para recristalizarse. Estas capas de rocas debieron entonces haber sido levantadas por grandes fuerzas desde dentro de la Tierra y más tarde fueron erosionadas y truncadas, lo que tomaría muchos millones de años. Este descubrimiento cambiaría la concepción sobre el origen y evolución de la Tierra de allí en adelante. Ahora serían las rocas las que se convertirían en la guía confiable hacia el pasado distante. Y por los próximos dos siglos el estudio de las rocas alrededor del mundo llevaría a la revelación que este planeta nuestro, como todas las cosas del universo, ha estado en un sorprendente proceso de evolución. James Hutton le permitiría a la roca misma surgida de las entrañas de la Tierra que nos contara su historia sobre el origen y formación de la Tierra.

Origen y Formación de la Tierra

La gran contribución de James Hutton fue crucial para entender no solamente la formación de las estructuras geológicas sobre la superficie de la Tierra, sino que también nos dio un gran entendimiento sobre cómo funciona nuestro planeta realmente desde su corazón para formar toda estructura en su superficie. Otra gran contribución hacia un mayor entendimiento del planeta vendría sobre el conocimiento más preciso sobre cuando se originó la Tierra.

En este sentido, el científico Inglés William Kelvin, un experto en termodinámica, quién creyó que la Tierra después de haber estado en forma de bola de fuego al inicio de su formación, se empezaría a enfriar lentamente. El fuego del interior del planeta, el cual es visible en erupciones volcánicas sugirió que alguna vez el planeta estaba completamente derretido. En la Tierra recién formada, ya existían en grado de abundancia partículas radioactivas de uranio, torio y potasio. El calor producido por la descomposición de esas partículas mantendría el planeta extremadamente caliente por un buen largo tiempo. Estas partículas radioactivas, especialmente las de uranio, sobrevivieron y pudieron ser recolectadas para crear las primeras armas atómicas, pero los científicos habían encontrado antes una aplicación muy diferente: usaron las partículas reactivas para calcular, con precisión, la edad del planeta.

En 1911 Arthur Holmes, usó la radiación para revolucionar nuestro entendimiento de la Tierra. El fechado radiométrico era simple el principio. Fue basado en el descubrimiento que las trazas de los elementos radioactivos como el uranio encontrado en las rocas de la Tierra se descompone en otro elemento como el plomo. Midiendo la proporción de esa descomposición del uranio al plomo, en los cristales atrapados en las rocas antiguas, Holmes pudo calcular sus edades con precisión. Así llegó al cálculo de la edad de la Tierra de 4,5 mil millones de años, lo cual es totalmente aceptado hoy.

La Tierra tiene su origen en la formación del sistema solar hace unos 4,5 mil millones de años. Tal como vimos en la sección de "Los Planetas" del subcapítulo 1.4. Para ese entonces la superficie de la Tierra era un océano de roca derretida de unos cuantos kilómetros de profundidad. La temperatura excedía los 4.427 ºC similar a la temperatura de la superficie del Sol. Durante la etapa inicial de la formación de la Tierra, una lluvia inmensa de meteoros que también eran parte del sistema solar cayó sobre el joven planeta en un bombardeo implacable. De las colisiones con esos otros cuerpos, el planeta se combinaría con ellos para hacerse más grande. Se cree que, en la formación de la Tierra, hubo unas 10 colisiones, de cuya última se formaría la Luna, lo cual tendría un profundo efecto sobre la vida: nuestro mundo.

La Luna

La Luna, el satélite natural de la Tierra, se formó del impacto de otro cuerpo rocoso contra nuestro planeta poco después de su formación unos 4,5 millones de años atrás. Ese otro cuerpo rocoso gigantesco era aproximadamente del tamaño de Marte y giraba también junto a la Tierra alrededor del Sol, cuando se estrelló en el centro de la Tierra para así formar en ella el núcleo de hierro que tiene hoy. De la colisión una parte de la corteza de la Tierra salió disparada al espacio y los elementos más pesados del otro cuerpo se incrustaron en el centro de la Tierra. Las partículas más livianas se dispararon hacia el espacio y luego se agruparon en órbita alrededor de la Tierra. Por algunos millones de años la Tierra tuvo anillos como los del planeta Saturno. Colisiones más pequeñas continuaron entre esas partículas hasta formar el cuerpo rocoso que vemos hoy girar alrededor de la Tierra: la Luna. La formación de la Luna ha tenido un profundo impacto sobre la vida en la Tierra, pues gracias a ese gran golpe de suerte se formó también el núcleo de hierro de la Tierra, lo que después diera origen a su campo magnético: un escudo protector para la vida que aparecería después.

Hoy la Luna tiene una superficie rocosa y cubierta de polvo con cráteres como resultado de los impactos de otros cuerpos espaciales provenientes del espacio exterior y que llegan a su superficie, debido a que la Luna no tiene una atmósfera fuerte que la proteja como sí la tiene la Tierra. Uno de los cráteres sobresalientes de la Luna es el Tycho con más de 85 km de ancho. La Luna tiene una masa de 7,35x10^{22} Kg y un diámetro de 3.475 Km y está a 384 mil Km de la Tierra, es decir a 0,00257 UA. Hace una órbita completa alrededor de la Tierra en 27 días terrestres y gira a la misma velocidad que lo hace la Tierra, lo que hace que la Luna muestre siempre el mismo lado o cara hacia la Tierra a lo largo de su órbita.

La Luna tiene una gravedad de 1,62 m/s^2. Y no es un lugar apto para la vida tal como la conocemos, debido a su débil atmósfera y a su falta de agua líquida y aire para respirar. La temperatura tampoco ayuda mucho. La Luna se pone muy caliente y muy fría. Cuando le pega el Sol, la temperatura llega a 130 ºC y luego al irse el Sol la temperatura puede bajar a 110 ºC por debajo de cero. Además, la radiación del Sol es muy peligrosa. La Luna tiene una importante influencia sobre los ciclos de la Tierra, en particular sobre las mareas. La Luna modera el cabeceo de la Tierra sobre su eje, lo que ha mantenido un clima relativamente estable durante miles de millones de años. Otro evento crucial para la vida en la Tierra y que se formó gracias a la formación de la Luna es el campo magnético de la Tierra.

El Campo Magnético de la Tierra

El campo magnético se origina en lo profundo del centro de la Tierra y actúa como un escudo protector para la vida en contra de la radiación y los vientos solares. Sin este campo magnético, la vida en la Tierra hoy no hubiese sido posible. El planeta está compuesto básicamente por tres capas: la *corteza*, la cual es una capa fina de entre 5 y 50 Km de espesor a lo largo de la superficie; el *manto*, el cual es una capa de casi 3.000 km de espesor; y el *núcleo* de hierro, el cual es una enorme esfera metálica de casi del tamaño del planeta Marte que se formó del impacto de la Tierra con el cuerpo rocoso que dio origen a la Luna. El núcleo consta de dos partes: el *núcleo interno* y el *núcleo externo*. Tanto la temperatura como la presión aumenta con la profundidad dentro de la Tierra. La temperatura en el límite entre el núcleo y el manto es lo suficientemente caliente como para que el núcleo externo exista en un estado líquido. El núcleo interno, sin embargo, es sólido a causa del aumento de la presión. El núcleo se compone principalmente de hierro, con un pequeño porcentaje de elementos más ligeros como el níquel. Tanto el hierro como el níquel son metales buenos conductores de electricidad.

El núcleo externo está en constante movimiento, debido a la rotación de la Tierra y al movimiento de las corrientes de convección que se generan de los metales fundidos en el núcleo externo. La convección se produce por la diferencia de temperatura entre la parte de arriba del núcleo externo en el límite con el manto, la cual es de unos 3.500 °C y la parte de abajo en el límite con el núcleo interno, la cual es de unos 6.000 °C. Las corrientes son impulsadas hacia arriba por el movimiento de los elementos ligeros e impulsadas hacia abajo por los elementos más pesados que se precipitan hacia el núcleo interno. Estas corrientes ascendentes y descendientes del metal líquido transportan calor desde el núcleo interno hasta el manto. El campo magnético se forma del flujo arremolinado principalmente del hierro fundido del núcleo externo, el cual desencadena corrientes eléctricas que generan el campo magnético del planeta a través del mismo efecto que produce cualquier dinamo.

El campo magnético cerca de la superficie de la Tierra es similar al de un imán de barra vertical inclinado 11,5 grados aproximadamente con respecto al eje de rotación de la Tierra. El polo sur magnético de este imán de barra estaría apuntando al polo norte geográfico de la Tierra para ser atraído por éste y así la aguja de la brújala señale el norte hacia el norte geográfico. Como se puede ver en la ilustración de abajo.

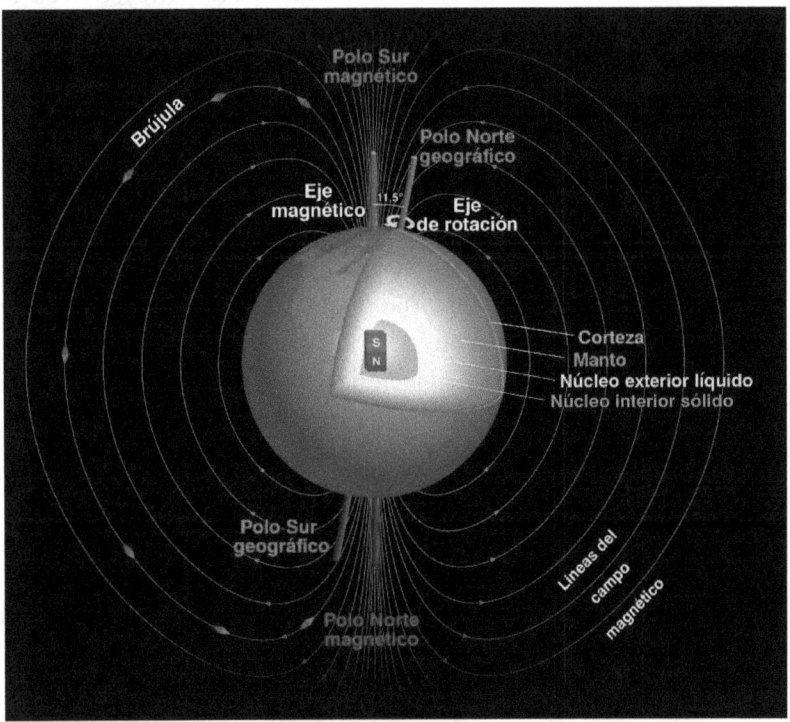

Las líneas imaginarias del campo magnético se extienden desde el núcleo atenuándose progresivamente en el espacio exterior, con efectos electromagnéticos conocidos en la magnetósfera que nos protege del viento solar. La interacción del campo magnético terrestre con las partículas del viento solar crea las condiciones para los fenómenos de auroras cerca de los polos. Además, permite fenómenos muy diversos como la orientación de las rocas en las dorsales oceánicas o elevaciones submarinas que se extienden a lo largo de miles de kilómetros en el lecho del océano, la recepción magnética de algunos animales y la orientación de las personas mediante brújulas.

El físico estadounidense Walter Maurice Elsasser fue el primero en sugerir que la rotación de la Tierra crea, en su núcleo de hierro fundido, lentos remolinos que giran de oeste a este y generan una corriente eléctrica. Este proceso crea el equivalente de un imán interno, que se extiende hacia el norte y al sur, y que es responsable del campo magnético terrestre, orientado, aproximadamente, a lo largo de su eje de rotación, de modo que los polos magnéticos están situados muy cerca de los polos geográficos norte y sur.

Sin embargo, el movimiento de partículas cargadas eléctricamente en la atmósfera produce variaciones del campo magnético, lo cual hace que las posiciones de los polos magnéticos no sean constantes. Cada 960 años, las variaciones en el campo magnético de la Tierra incluyen el cambio en la dirección del campo provocado por el desplazamiento de los polos. El campo magnético de la Tierra tiene tendencia a trasladarse hacia el oeste a razón de unos 20 kilómetros por año, lo cual puede llegar a hacer que eventualmente el campo se invierta. Existen evidencias que el campo magnético de la Tierra se ha invertido unas 171 veces a lo largo de los últimos 71 millones de años y el proceso completo podría llevar miles de años.

El campo magnético tiene un enorme impacto en la vida de hoy en la Tierra. Sin éste, no hubiese sido posible que se dieran las condiciones que se requieren para que se formara la vida. Sin dudas, el impacto de la formación de la Luna le dio a la Tierra su Luna y su campo magnético. También aumentó su masa y cambió su eje de giro inclinándolo hasta los 23,5⁰. Esta inclinación es responsable de las estaciones de la Tierra. Este evento sería otro gran impacto sobre vida en la Tierra, al afectar la forma como la Tierra órbita alrededor del Sol. Otro evento que también tiene su impacto en la vida es el de los movimientos de la Tierra.

Movimientos de la Tierra

La Tierra está en un constante movimiento al girar con el resto de los cuerpos del sistema solar alrededor de nuestra galaxia y junto a los otros cuerpos del cosmos. Al mismo tiempo, la Tierra también tiene sus propios movimientos, los cuales afectan la vida en ella de forma directa. Como consecuencia de sus movimientos tenemos el día y la noche, los cuales determinan nuestros horarios y biorritmos. También tenemos el año terrestre con sus cambios de estaciones. La Tierra tiene dos movimientos principales: uno alrededor de sí misma llamado *movimiento de rotación* y el otro alrededor del Sol llamado *movimiento de traslación*. En su movimiento de rotación la Tierra gira sobre sí misma o alrededor de un eje imaginario que pasa por los polos. Su giro es en dirección oeste-este, es decir en sentido contrario a las agujas del reloj. Al rotar sobre si misma de esa forma nos produce la sensación de que es el Sol junto con el cielo el que gira alrededor de nosotros.

Actualmente, la Tierra completa una vuelta alrededor de su eje imaginario en 24 horas. Durante su rotación solo una parte de ella está expuesta al Sol y la otra parte detrás está a oscuras. La parte iluminada por los rayos solares es la que llamamos día, mientras que la otra parte oscura donde no llegan los rayos del Sol es la que llamamos noche. El día y la noche juntos forman el día terrestre. Ahora, completar una vuelta alrededor del Sol le lleva a la Tierra 365 días y unas 6 horas aproximadamente dando lugar al año terrestre. La diferencia de estas 6 horas en 4 años se convierte en 24 horas o un día. Para cubrir esta diferencia, debido a que el año oficial es de 365 días completos, cada 4 años se incluye un día más en febrero para hacerlo de 29 días en vez de 28; en los llamados *años bisiestos*. En su órbita alrededor del Sol, nuestro planeta hace una trayectoria elíptica de 930 millones de Km a una velocidad promedio de 100.200 Km/hr (29,5

Km/s). En esta órbita elíptica el Sol se encuentra en un punto llamado *focos*, el cual no está precisamente en el centro de la elipsis. Durante su trayectoria alrededor del Sol la órbita elíptica de la Tierra describe un plano llamado *Plano de la Eclíptica*. La excentricidad de la órbita terrestre hace variar la distancia entre la Tierra y el Sol en el transcurso de un año. A primeros de enero la Tierra alcanza su máxima proximidad al Sol a 142.700.000 km. Este punto se llama *Perihelio*. Mientras que a principios de julio la Tierra se sitúa en su máxima lejanía del Sol a 151.800.000 km y ese punto se llama *Afelio*.

El movimiento de traslación de la Tierra alrededor del Sol, además del año terrestre, también origina las cuatro estaciones del año, las cuales están determinadas por la inclinación del eje de la Tierra con respecto a su órbita elíptica. Durante esta trayectoria hay momentos en que la Tierra se encuentra más cerca del Sol y hay otros en que se encuentra más lejos. Según la posición de la Tierra con respecto al Sol, algunas áreas del planeta reciben más luz solar que otras y las estaciones irán cambiando alternativamente según la cercanía de cada hemisferio de la Tierra con respecto al Sol. Los puntos más cercanos al Sol son los *equinoccios* y señalan la primavera y el otoño, mientras que los más alejados son los *solsticios* de invierno y verano. En los equinoccios el día y la noche tienen aproximadamente la misma duración de 12 horas. Durante el equinoccio de primavera en marzo en el hemisferio norte es primavera y en el hemisferio sur es otoño. Mientras que durante el equinoccio de otoño de septiembre en el hemisferio norte es otoño y en el hemisferio sur es primavera. En los solsticios los rayos solares caen más directos sobre uno de los hemisferios de la Tierra y lo calientan indicando el verano, mientras que en el otro hemisferio los rayos caen más indirectamente con muy poco calentamiento y lo mantiene frío, señalando el invierno. Durante el solsticio de invierno de diciembre en el hemisferio norte es invierno y en el hemisferio sur es verano. Mientras que durante el solsticio de verano de junio en el hemisferio norte es verano y en el hemisferio sur es invierno.

El eje imaginario sobre el cual gira la Tierra sufrió una inclinación después del impacto del cuerpo rocoso con la Tierra del cual se formó la Luna. Esta inclinación es hoy de $23,5^0$ con respecto a una línea vertical, la cual es a su vez perpendicular al plano de la eclíptica. Esta inclinación del eje de la Tierra hace que esta cabecee como un trompo al rotar sobre sí misma. Este cabeceo hace que además de los movimientos de rotación y translación que ya hemos discutido, la Tierra tenga un tercer movimiento llamado *precesión*, o precesión de los equinoccios, el cual es el movimiento en forma circular del eje inclinado de la Tierra.

El movimiento de precesión completa un ciclo cada 26.000 años. Sin embargo, debido a la atracción gravitatoria de la Luna, el movimiento de precesión de la Tierra no describe círculos exactos sino más bien círculos con oscilaciones debido a la variación de la inclinación del eje de la Tierra. Estas oscilaciones periódicas del eje de la Tierra es lo que llaman *nutación*, el cuarto movimiento de la Tierra. Además, existe un quinto movimiento llamado el *bamboleo de Chandler*, el cual fue descubierto por Seth Chandler en 1891 y consiste en una pequeña oscilación del eje imaginario de la Tierra que agrega 0.7 segundo de arco en un período de 433 días al movimiento de precesión. La causa real de este movimiento no se ha determinado hasta ahora. Sin embargo, se cree que puede ser causado por la fluctuación del fondo oceánico originada por los cambios en la temperatura y la salinidad del agua en el océano y por el cambio en la dirección de las corrientes oceánicas.

Los movimientos propios de la Tierra hacen que esta, prácticamente esté en un constante baile alrededor de sí misma y alrededor del Sol con una fascinante coreografía. La serie de eventos ocurridos en la formación de la Tierra a lo largo de su evolución para llegar a ser lo que es hoy, es espectacularmente sorprendente. Hasta el punto de ser el único planeta donde la vida pudo florecer y prosperar. Y para que esta gran proeza fuera posible, tuvo que ocurrir otro par de eventos críticos para que la Tierra pudiera continuar con su gran ciclo evolutivo. Echemos un vistazo a este par de eventos: el origen del agua y la formación de la atmósfera.

Origen del Agua y la Atmósfera de la Tierra.

Hacen 4,4 mil millones de años atrás, cuando la Tierra tenía solo 100 millones de años de formada, meteoros aún chocaban con ella, pero el enfriamiento gradual de su núcleo había permitido que la mayor parte de la Tierra se solidificara en una corteza de roca volcánica oscura. Es entonces en esta etapa temprana del planeta, cuando el agua se estaba formando sobre su superficie. Ninguna roca de este período tan temprano de la Tierra sobrevive hoy, pero sí pequeños cristales de circón. El circón transportando uranio, es uno de los cristales que ayudó a establecer la edad de la Tierra, pero esos cristales también pueden conservar las huellas químicas de las moléculas de agua y estas huellas se encuentran todas sobre los circones más antiguos. Pero eso, aún no representa toda el agua que existía en el planeta para ese entonces. El origen de la mayoría de esa agua aún se mantiene un tanto desconocido.

Se cree entonces que, al enfriarse el planeta, la roca madre en la superficie empezó a expulsar toneladas de dióxido de carbono para formar la atmósfera. Durante este proceso, algunos de los vapores de agua se habrían arrojados también a la atmósfera, pero a lo mejor tampoco era suficiente para cubrir de agua la superficie de la Tierra. Además, la nube de polvo y partículas de tierra eran muy secas para formar el agua. Es posible, entonces, que esa gran cantidad de agua capaz de cubrir la superficie de la Tierra haya venido de afuera de la Tierra, de una fuente extraterrestre, de asteroides y cometas ricos en agua que chocaban con la Tierra durante el final de su proceso de crecimiento por adición de otros cuerpos del espacio. Pero de donde haya venido el agua, al llegar... cambio dramáticamente nuestro planeta.

Los gases emitidos por cientos de millones de años de actividad volcánica de la Tierra, unidos al vapor de agua que se formaban en la superficie del recién formado planeta, dio lugar a la formación de la atmósfera. Grandes cantidades de vapor de agua se levantaron para unirse al dióxido de carbono en la recién formada atmósfera, formando a su vez unas sábanas gruesas de nubes. Hace unos 4,2 mil millones de años se terminó de formar la atmósfera compuesta principalmente por dióxido de carbono, vapor de agua y nitrógeno. Ahora la Tierra tendría además de su parte sólida llamada la *litósfera*, una parte liquida formada por toda el agua contenida en ella llamada la *hidrósfera* y una parte gaseosa llamada *atmósfera*.

Hacen 4,0 mil millones de años atrás, el agua condensada en la atmósfera dispararía la lluvia más torrencial que la Tierra haya visto jamás. Al impactar los rayos sobre los cielos, la lluvia empezó a caer sobre la superficie rocosa de la Tierra. Y siguió lloviendo y lloviendo por millones de años. El resultado sería un planeta cubierto de agua. Para ese entonces, la Tierra tenía unos 500 millones de años y más del 90% de su superficie estaba ya cubierta de agua. Se había convertido el planeta en un vasto océano con algunas pequeñas islas volcánicas aflorando sobre el nivel del océano. Este inmenso océano era rico en hierro, dándole a las aguas un color verde oliva. El dióxido de carbono llenó los cielos tan espesamente que éstos parecían rojos. La densa atmósfera producía bastante presión y muchísimo calor. La temperatura excedía los 90 ºC. Este tóxico y hostil planeta de agua continuaría así por otros 500 millones de años más, pero luego ocurriría una actividad volcánica muy conveniente para darle al planeta unas transformaciones dramáticas. Esta actividad volcánica dispararía la construcción de continentes creando así un tipo de roca totalmente nuevo convirtiendo la Tierra ahora en una masa de granito para luego transformarse en el planeta de hoy.

2.2 EL PLANETA AZUL DE HOY

En este subcapítulo hablaremos de la transformación del planeta desde su origen hasta convertirse en el planeta azul de hoy. Por supuesto para cubrir toda esa transformación hablaremos sobre la formación y fragmentación de la roca continental debido a las placas tectónicas, el supercontinente Rodinia, la primera y segunda glaciación que convirtieron el planeta en una bola de nieve y por último hablaremos del gran supercontinente Pangea y la formación de los continentes y océanos de hoy. Entremos entonces en materia y hablemos sobre la transformación del planeta.

Transformación del Planeta

Desde su formación unos 4,5 mil millones de años atrás, la Tierra ha pasado por numerosos episodios diferentes. De una bola de fuego al inicio de su nacimiento a un mundo cubierto de agua unos millones de años después. Las colisiones de millones de meteoros durante la formación de la Tierra en el recién formado sistema solar incrementaron tanto la temperatura del planeta que su superficie se convirtió en un océano de roca derretida y el planeta lucía como una bola de fuego. Sin embargo, aun para ese tiempo, la Tierra se estaba empezando a enfriar y la radioactividad que proporcionaba la mayoría del calor estaba lentamente disminuyendo, Preparando el camino para el primer cambio evolutivo del planeta. Ese fue un cambio muy radical, en el que el planeta se transformó de un mundo de fuego en un mundo de agua.

Prueba de ese mundo de agua, nos llega de una remota región de Sur África, en donde se han observado algunas de las rocas más antiguas sobre la Tierra. Allí se han encontrado en los ríos las rocas primordiales de la Tierra, unas rocas redondeadas de unos 3,5 mil millones de años llamadas *almohadas de lava* por su forma. Estas son rocas formadas por lava derretida dentro del agua de los océanos, tal como se forman hoy en las costas de Hawái, donde ventanas volcánicas eructan hacia el océano Pacífico. Estas rocas almohadas solo se forman cuando la lava derretida se solidifica bajo las aguas profundas. Todas las rocas encontradas desde el período de 3,5 mil millones de años atrás han sido almohadas de lava. Lo que indica que, a solo mil millones de años después de la formación de la Tierra, ya había existido el agua por un largo tiempo antes.

A lo largo de su vida evolutiva, nuestro planeta Tierra seguiría sufriendo transformaciones. Después del mundo de agua, se formaría más tarde la roca madre de la que se formarían los continentes luego. El dominio absoluto del vasto e inmenso océano había terminado, pues el continente había llegado. La expansión lenta del proto continente de granito cambiaría la apariencia del planeta. Además, las líneas costeras someras entre el primer gran océano y a la superficie iluminada por el Sol del recién llegado continente, traerían una nueva vida en forma de cianobacterias, las cuales ya existían hace unos 2,7 mil millones de años atrás. Eso también ayudaría a disparar la producción de oxígeno dentro del agua y luego en la atmósfera.

Los desechos de las cianobacterias se precipitaban al fondo del océano para formar otros microorganismos conocidos como los estromatolitos, los cuales bombearon trillones de toneladas de oxígeno. Al principio el gas se disolvió en los océanos, donde oxidó miles de millones de toneladas de hierro y luego eventualmente también llenaría la atmósfera para luego transformar el planeta. Con la oxigenación del planeta hacen unos 2,2 mil millones de años, el color de los océanos cambió de verde oliva a azul, como resultado del oxígeno producido por las cianobacterias fotosintéticas. La Tierra era ahora más reconocible por nosotros, pero antes de convertirse en el planeta que conocemos hoy un nuevo ciclo de eventos cataclísmicos tendría lugar. La Tierra entraría en una gran actividad volcánica como resultado del movimiento de las placas tectónicas, expulsando grandes cantidades de hierro ferroso a través de fumarolas en el fondo del gran océano.

Con el tiempo, ese hierro se fue depositando en el fondo del océano para cambiar el color de sus aguas de verde oliva a azul, alterando así la apariencia del planeta dramáticamente. Cuando el oxígeno se mudó a la atmósfera, este diluyó el resto de la gruesa capa de dióxido de carbono y limpió el aire. Después de casi 2 mil millones de años de oxigenación *el* planeta azul había nacido. Con la oxigenación del planeta ocurre otro evento de transcendental importancia: *la gran oxidación*. La Tierra ahora tenía sus océanos azules y su cielo azul. Reliquias de esta gran transformación se pueden ver hoy en las inmensas estratificaciones de hierro en bandas depositadas originalmente en el fondo del océano. Más tarde, hace unos 1,1 mil millones de años, la Tierra se convertiría en una bola de nieve y luego regresaría nuevamente al planeta de agua con sus continentes primitivos. Hemos visto como la Tierra se ha transformado desde su origen hasta llegar a ser lo que hoy podemos ver. Veamos ahora los detalles de toda esa transformación, empezando con la formación y fragmentación de la roca continental de la Tierra producida por las placas tectónicas.

Formación y Fragmentación de La Roca Continental: Las Placas Tectónicas

Hacen 3,4 mil millones de años atrás, la Tierra estaba dominada por un inmenso océano verde. Pero, desde debajo del gran océano, de lo profundo del planeta surgió entonces una gran actividad volcánica, lo cual creó un tipo de roca madre más fuerte, de la que más tarde se formarían los continentes. En diferentes partes del globo, el corazón de la primera masa continental había aflorado a la superficie. Como evidencia de esto, se han encontrado en Sur África rocas antiguas de ese granito, lo cual constituye un remanente de la Tierra de hace 3,5 mil millones de años atrás, cuando el granito estaba en todas partes del planeta. El surgimiento del volcanismo de ese tiempo había fracturado la corteza de la Tierra debajo del vasto océano, permitiendo al agua entrar en las grietas junto con la lava derretida. La mezcla de agua súper calentada y la lava basáltica produjo la nueva roca: el granito, el cual se levantó de las profundidades para formar la primera corteza real del continente. Por los próximos miles de millones de años, lentamente el proto continente de granito creció. En diferentes partes del planeta, la corteza de granito apareció, lo que algún día después formaría el corazón de una mayor masa de tierra.

Hacen 1,5 mil millones de años atrás, cuando el planeta tenía unos 3 mil millones de años, por primera vez en su historia empezaba a parecerse al planeta que conocemos hoy. El nuevo oxigeno que llegó, tornó los océanos azules y la parte de roca expuesta del planeta había crecido hasta cubrir casi 25% de la superficie. Pero la expansión no había terminado cuando debajo del océano fuerzas profundas desde las entrañas de la Tierra estaban trabajando para fragmentar la roca continental para luego formar más tarde los continentes. La fragmentación de la roca madre formó unos bloques rígidos de tierra llamados *placas tectónicas,* las cuales formarían más tarde los continentes. El estudio de las placas tectónicas permite conocer el movimiento de los continentes. Hasta 1960 el estudio de las placas tectónicas era muy poco. Hasta ese entonces se creía que los continentes estaban fijos. La clave para determinar que se movían se encontró en la ubicación geográfica de algunos fósiles de estromatolitos de agua fresca encontrados en USA y que también se encontraron en agua salada en Gran Bretaña en el otro lado del mundo.

Aunque la teoría de las placas tectónicas para el estudio de los movimientos de los continentes se estableció en 1960, ya en 1912 había surgido su estudio, el cual fue desarrollado por el Alemán Alfred Wegener, científico del clima y quién condujo muchas investigaciones atmosféricas en Groenlandia. Otro aspecto de gran importancia para darse cuenta de que las placas se movían sería la observación de lo que es hoy la costa este de Sudamérica, la cual encaja perfectamente en la costa occidental de África. Definitivamente esto no podía ser casualidad. Estos dos continentes estuvieron unidos en el pasado y subsecuentemente se habían separado. Wegener siempre buscó pruebas para su teoría de que los continentes se movían. En 1930 hizo su última expedición a Groenlandia, la cual terminó en tragedia al perderse de regreso en una tormenta de nieve y murió. Pero su teoría sobre la *deriva continental* sobrevivió. La teoría recobró vida cuando submarinos descubren brechas que dividían los océanos en enormes placas de corteza. Estas placas serían los bloques de construcción de la nueva ciencia de las placas tectónicas. Estas brechas proveerían una solución de cómo los continentes se movían probando que el suelo de los océanos está continuamente siendo reciclado.

El Supercontinente Rodinia

Gracias a la tecnología de las placas tectónicas fue posible concluir que alrededor de unos 1,2 mil millones de años atrás, existió una gran masa de tierra aflorando en la superficie del planeta, la cual constituía un supercontinente llamado Rodinia. Mediante esta tecnología se pudo retroceder a la posición que tendrían los continentes hace 1,0 mil millones de años al tiempo de una colisión de la masa continental. Al retroceder, los océanos desaparecerían entre los continentes permitiendo conocer donde los continentes estarían antes. Se cree que una masa de tierra llamada *Laurentia*, desde donde surgiría después Norte América, formaba el corazón de Rodinia hace 1.0 mil millones. Y que los otros continentes de hoy se agrupaban alrededor de Laurentia.

Pero Rodinia no era como los continentes de hoy. Era más bien un sitio desolado y sin vida, similar en parte al desierto de Sahara. No había plantas, ni bosques, ni nada. Aunque fue un continente sin vida, pero tendría un profundo impacto sobre la vida en el océano, ya que, en las oxigenadas aguas, formas de vida primitiva estaban floreciendo junto con los estromatolitos. Pero el gran supercontinente estaba cerca de darles un tremendo impacto, pues Rodinia entraría en el congelamiento más grande que el planeta haya tenido jamás. La causa de este gran congelamiento fue debido a que la posición de Rodinia para ese entonces, unos 700 millones de años atrás, estaba bloqueando las corrientes cálidas desde el Ecuador a los polos. Por supuesto sin el calor que antes llevaban esas corrientes cálidas, toda la Tierra se congeló y se convirtió en lo que se conoce como la bola de nieve. Este evento se conoce también como la segunda glaciación.

Echémosles un vistazo a los detalles de las glaciaciones: la primera y la segunda.

La Primera y Segunda Glaciación: El Planeta Bola de Nieve

Las bacterias metanógenas mantuvieron el planeta cálido hasta que aparecieron las cianobacterias. Al pasar tanto tiempo sin que nada le diera calor y con el tamaño del Sol más pequeño al de hoy día, el planeta se empezó a enfriar dando lugar a la primera glaciación. Al principio la vida en nuestro planeta lo mantuvo cálido, luego la evolución de la vida produjo caos y el planeta se congeló. La causa de este gran congelamiento se debió a que la Tierra estaba produciendo grandes cantidades de oxígeno como producto de las cianobacterias, lo cual continuó por millones de años haciendo que el color de la atmósfera cambiara de rojizo a azul. Esto dio lugar a la primera glaciación unos 1,1 mil millones de años atrás. La Tierra se convirtió en una bola de nieve y continuó así por millones de años. Pero, las fuerzas de la Tierra misma la llevaron a romper el inmenso cascaron de hielo que la cubría. Apareció entonces una actividad volcánica muy oportuna y desde las entrañas de la Tierra misma se dejó escapar el inmenso poder del calor para romper las frías cadenas.

Sin embargo, unos 400 millones de años después de la primera glaciación, es decir, unos 700 millones de años atrás aparecería una segunda glaciación, cuando la posición de Rodinia estaba bloqueando las corrientes que traían aguas cálidas del ecuador a los polos. Sin este calor los polos se congelaron y como resultado se produjeron enormes cambios climáticos por los siguientes 50 millones de años y el hielo formado alrededor de la Tierra rebotaba más el reflejo de los rayos del Sol. En un efecto de proceso de bola de nieve catastrófico, la temperatura bajó aún más y el hielo avanzó hasta cubrir toda la Tierra. La temperatura bajó hasta -240 °C y los océanos fueron cubiertos por un manto de hielo de casi 1,7 Km de profundidad.

Rodinia se estaba muriendo. Pero debajo del hielo, el supercontinente estaba en revueltas. Unas vastas erupciones volcánicas fracturarían a Rodinia y este calor pondría fin a la bola de nieve. Después de la ruptura de Rodinia, unos 630 millones de años atrás, el dióxido de carbono liberado por las erupciones desde el corazón de la Tierra, crearon un efecto invernadero temporal y las capas de hielo se retiraron. Rodinia se fracturó en grandes fragmentos y el manto de hielo se rompió. Los altos niveles de oxígeno que había disparado la explosión de la vida en el océano formarían una *capa de ozono* en la parte más arriba de la atmósfera, lo cual les permitiría más tarde a las formas de vida confinadas en el océano salir de él y conquistar la superficie. Algo que era antes imposible ya que los poderosos rayos ultravioleta hubieran destruido cualquier organismo no protegido por el agua. Vemos entonces que la ruptura de Rodinia dio paso a otro gran supercontinente y a la formación del planeta que conocemos hoy.

El Gran Supercontinente Pangea y la Formación de los Continentes y Océanos de Hoy

Hay evidencia que los continentes que forman la Tierra hoy estaban unidos hace unos 200 millones de años en un sólo supercontinente llamado "Pangea". Los continentes que se separaron después de la fragmentación del supercontinente Rodinia hacen alrededor 650 millones de años durante el período de Ediacara eventualmente se volvieron a juntar otra vez chocando unos con otros para formar el supercontinente

Pangea durante los períodos devonianos y carboníferos, hace unos 350 millones de años. Pero Pangea comenzaría a fracturarse casi inmediatamente. Sin embargo, el proceso de la separación se prolongó por más de 250 millones de años. El supercontinente Pangea fue fragmentado por actividad volcánica, la cual se inició unos 180 millones de años atrás dividiendo el supercontinente en básicamente dos grandes bloques de tierra llamadas: *Laurasia* al norte y *Gondwana* al oeste, separadas por un nuevo océano llamado *Tetis*, formado por el agua del gran océano que se metió para llenar la grieta dejada por la separación de las dos grandes masas de tierra mencionadas. El océano de Tetis se fue reduciendo hasta convertirse en el mar de Tetis y terminar de desaparecer con los movimientos subsecuentes de las masas continentales de Pangea hace más de 40 millones de años.

Esta fragmentación continúo por millones de años hasta llegar a formar y posicionar los continentes como los conocemos hoy: América, África y Europa. A medida que se separaban los continentes del Gran Pangea, las grietas entre ellos fueron llenadas con las aguas del gran océano para formar los océanos que conocemos hoy: Atlántico, Pacífico e Índico. En la ilustración de la siguiente página se puede ver el antes y después de la fragmentación del Supercontinente Pangea. Esto marcó el final del Gran Pangea hacen unos 100 millones de años. Después de esta división, los dinosaurios, así como los volcanes quedaron repartidos en cada uno de los nuevos continentes. Así ocurrió en detalle la gran transformación de la Tierra original hasta llegar a ser nuestro planeta azul de hoy. Pero no sólo se convirtió en nuestro planeta bello, sino también generoso. Pues además nos proveyó de los recursos naturales para sustentar la vida y nuestra economía.

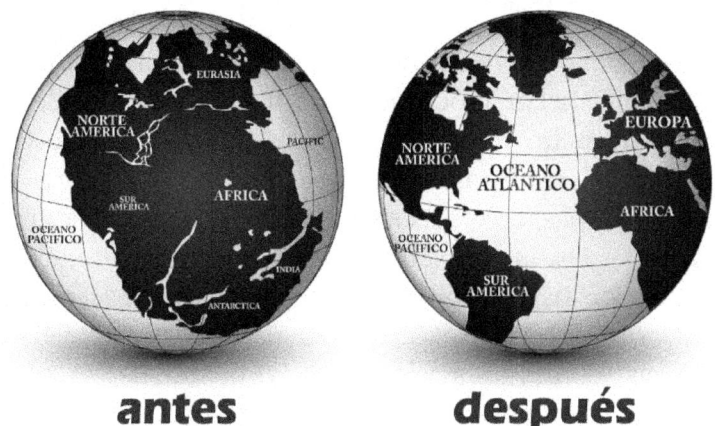

antes   **después**

2.3 FORMACION DE LOS RECURSOS NATURALES

En este subcapítulo veremos la generosidad de nuestro planeta al formar los recursos naturales esenciales para nuestra supervivencia, así como la de la economía de nuestra civilización. Estaremos cubriendo en las siguientes páginas la formación del hierro en bandas, un mineral vital para la economía mundial; también estaremos cubriendo la formación de los recursos que nos proporcionan toda la energía que necesitamos como el carbón, el petróleo y el gas. Otro gran recurso que la Tierra nos regaló fueron los codiciados diamantes. Y... por supuesto, un recurso natural sin el cual nunca pudiéramos haber existido: el agua dulce, indispensable para la vida en la Tierra.

Formación del Hierro en Bandas

Con la oxigenación del planeta hace unos 2,2 mil millones de años, el color del gran océano cambió de verde oliva, debido al hierro disuelto en el agua, a azul, como resultado del oxígeno producido por las cianobacterias fotosintéticas que ya habían empezado a hacer vida en las aguas oceánicas. En esas mismas aguas también existía el hierro disuelto, el cual en su mayor parte probablemente provenía de corrientes oceánicas profundas, ricas en hierro, derivadas de actividades volcánicas, como resultado del movimiento de las placas tectónicas, que expulsaban grandes cantidades de hierro a través de fumarolas en el fondo del océano. Este hierro disuelto en las aguas del océano reaccionó con el oxígeno producido por las cianobacterias para formar los óxidos de hierro insolubles, que se precipitaron formando bandas o capas de sedimentos ricos en hierro convirtiéndolo en los minerales sólidos de magnetita y hemetita, los cuales se depositaron en el fondo del océano en vastas y delgadas capas. Este proceso se repitió una y otra vez formando el mineral de hierro en grandes formaciones estratificadas.

Después de unos 2 mil millones de años oxigenación, estas bandas de hierro se hicieron inmensas y se extendieron por todo el globo terrestre y hoy se pueden encontrar alrededor del mundo. Estas formaciones sedimentarias son únicas que se formaron entre 3,8 mil millones y 550 millones de años. Y están constituidas por bandas de hierro con un 15% por lo menos e intercaladas con bandas de sílice. La mayoría del hierro que usamos hoy proviene de estas formaciones de hace 2 mil millones de años atrás. Estas formaciones de hierro en bandas son vitales hoy para la economía mundial. Ellas son las grandes fuentes de todo el hierro que se extrae de las minas hoy. Alrededor de un 90% de todo el hierro utilizado en el mundo proviene de este tipo de hierro.

Formación del Carbón

La Tierra siempre ha generado sus propios sistemas de energía ya sea por los vientos, las mareas o por sus organismos vivientes. Hace unos 300 millones de años se formaron los grandes depósitos de carbón en la Tierra. La evidencia del dominio de los pantanos tropicales está presente en todos los continentes hoy en la forma de carbón. Durante el período Carbonífero existió una gran vegetación con árboles de cortezas que crecieron en los vastos bosques en pantanos de la tierra baja. La vegetación también incluía grandes musgos y helechos y árboles gigantescos. Por millones de años, estos depósitos orgánicos de los remanentes de esas plantas formaron los primeros depósitos de carbón mineral rico en carbono. De allí el nombre del período Carbonífero.

El carbón que usamos hoy como combustible fue formado por millones de años del trabajo de las plantas acumuladas y el agua en los pantanos tropicales. El carbón se forma de una manera única en la que el agua fresca se apantana y se descompone. El agua fresca previene que la vegetación se degrade, permitiendo que grandes cantidades se apilen a través del tiempo. La vegetación y el barro de los pantanos sepultados por sedimentos a través de millones de años y después de soportar grandes presiones y temperaturas se descompusieron para forman el carbón. Dependiendo de las presiones y temperaturas que lo hayan formado, se pueden producir varios tipos de carbón tales como la turba, el lignito, la hulla o carbón bituminoso y la antracita. Cuanto más altas sean las presiones y temperaturas, se originará un carbón más compacto y rico en carbono y con mayor poder calorífico.

Hoy se utiliza el carbón como una gran forma de energía. Todos los años se extraen más de 5.000 Megatoneladas de este mineral para impulsar nuestra economía usándolo en diferentes sectores, principalmente en la generación de electricidad, la producción de hierro y acero, la producción de cemento y como combustible líquido. Para la generación de electricidad se utiliza el carbón térmico y para la producción de hierro y acero, el carbón de coque.

Formación del Petróleo y del Gas Natural

El petróleo y el gas natural se formaron hace unos 150 millones de años, a partir de millones de generaciones de microorganismos marinos muertos. Cuando morían estos organismos que vivían en los océanos, sus restos caían en el fondo. Con el tiempo se depositarían inmensas cantidades de esos organismos, los cuales serían sepultados por sedimentos fangosos. Al pasar los años inmensas capas de sedimentos se fueron depositando sobre la mezcla de materia orgánica. El peso de estas formaciones sedimentarias a gran profundidad ejercía una gran presión sobre la mezcla de la materia orgánica y sedimentos. Adicionalmente el calor de la Tierra a esa profundidad elevaría la temperatura de la mezcla por millones de años hasta formar el petróleo y el gas.

Esa mezcla de materia orgánica se compactaba a medida que le iban cayendo capas tras capas de sedimentos y con la presión y temperatura se formó la roca madre donde se originan los hidrocarburos: petróleo y gas. La presión hace que estos hidrocarburos migren a través de los poros de la roca cuando esta es permeable hasta llegar a zonas impermeables donde los hidrocarburos quedan atrapados formando trampas de petróleo o gas. En ellas estos hidrocarburos se almacenan y forman los yacimientos, de los cuales son extraídos hoy.

El petróleo es una sustancia oleosa de color muy oscuro compuesta principalmente de hidrógeno y carbono, y se le llama hidrocarburo. En su estado natural se le conoce como petróleo crudo o simplemente crudo. De este crudo obtenemos los productos que mueven la economía del mundo como los combustibles, lubricantes, plásticos, fibras sintéticas, detergentes, medicinas, conservadores de alimentos, fertilizantes, etc. El petróleo ha transformado la vida de los seres humanos junto con su economía. Su descubrimiento creó riqueza, modernidad, pueblos desarrollados y prósperos.

El gas natural constituye otro hidrocarburo de gran importancia para la humanidad. Se puede encontrar en el yacimiento en forma de gas asociado, cuando aparece acompañado de petróleo. También puede encontrase en forma de gas natural no asociado, cuando no está acompañado por cantidades significantes de otros hidrocarburos. Después de extraído del yacimiento, el gas se puede transformar en gas natural licuado y en gas natural comprimido por razones de logística y de economía. Hoy se le considera como el tipo de energía más compatible con el medio ambiente ya que genera menos contaminación, en comparación con otras fuentes de energía como el carbón o el petróleo.

Tanto el petróleo como el gas natural son las dos fuentes de energía más importantes utilizadas para el desarrollo de nuestra civilización. Actualmente se extraen cada año unos 35.000 millones de barriles de petróleo y 3.500 mil millones de metros cúbicos de gas. El carbón, el Petróleo y el gas natural han sido las fuentes de la energía que impulsaron la revolución industrial en el mundo. Su importancia es aún vital en la supervivencia de nuestra civilización, a pesar de ciertas controversias creadas por algunas ideologías. Hemos visto hasta aquí, que todos los recursos que nos ha dado nuestro planeta son sinónimos de riqueza, pero el próximo aparte de riqueza también es símbolo de belleza.

Formación de Los Diamantes

Hacen unos 100 millones de años, cuando el planeta Tierra aún seguía siendo gobernado por los dinosaurios y se podían ver esas grandísimas criaturas andando por la superficie de la Tierra, por el mar y por el aire. Durante ese tiempo había un clima donde la actividad volcánica era también dominante. Esa actividad volcánica también le trajo a la Tierra, lo que hoy es su más codiciada riqueza: los preciosos diamantes.

Los diamantes se formaron de la compresión ejercida por el magma sobre el carbón en la parte rocosa de la Tierra entre la corteza y el núcleo conocida como el manto. Allí dentro, en lo profundo de la Tierra hace entre uno y tres mil millones de años, en condiciones únicas de presión y temperaturas enormes se formaron estas preciosas gemas. Las temperaturas en el manto pueden ser tan altas como más de 1.000 grados centígrados. Cuando se combina esta temperatura con una presión extrema de hasta 50 kilo bares, estas condiciones transforman el elemento carbono natural, haciendo que los átomos de carbón sean comprimidos por la temperatura y la presión y en capas una encima de la otra, formando el diamante. Estas piedras preciosas compuestas de carbono puro cristalizado y de máxima dureza se llevan a la superficie de la Tierra a través de erupciones volcánicas.

Los diamantes de hoy brotaron a la superficie, desde la boca de volcanes muy antiguos y profundos, en erupciones volcánicas únicas de velocidades de cerca de 500 kilómetros por hora. Estos diamantes se han encontrado por miles de años alrededor del mundo, incrustados en rocas en las minas o en el lecho de algunos ríos arenosos. Sin embargo, estas piedras preciosas no son tan fáciles de encontrar. Este precioso regalo que nos dio la Tierra en el tiempo de los dinosaurios aún está con nosotros, pero los dinosaurios no corrieron la misma suerte.

En la actualidad el diamante es la joya más preciada del mundo. La explotación de las formaciones diamantíferas es de gran importancia para la minería. En las operaciones del proceso de extracción del diamante primeramente se elimina la tierra y piedra que cubre la formación diamantífera, luego se extrae el diamante y se lava. Estas operaciones son muy costosas debido a la poca abundancia del diamante. En el tallado y pulido de la piedra uno de los elementos más importantes es el diamante mismo. Por ser el elemento más duro de la Tierra, el diamante sólo puede cortarse y pulirse con otro diamante.

Los diamantes usados en la joyería deben ser perfectos. Cualquier defecto puede restarles valor y entonces sólo tienen aplicación industrial para pulir herramientas o cortar todo tipo de piedras. También se usan en la fabricación de semiconductores de alto rendimiento, debido a que tienen características de conductividad tanto de calor como de electrones muy superiores a las del silicio, el elemento más común actualmente para estas aplicaciones. Hoy en día también se fabrica en gran escala el diamante artificial o sintético. Su mayor aplicación es de tipo industrial, aunque también se fabrican diamantes para joyas a un precio más reducido que el de uno auténtico. Pero lo que nunca tendrá precio es el agua dulce, pues le necesitamos para sobrevivir. Veamos su formación.

Formación del Agua Dulce

Toda el agua que se formó en la Tierra hace unos 4,4 mil millones de años, como hemos visto en la sección sobre el origen del agua y la atmósfera del subcapítulo 2.1; era agua salada contenida en el gran océano. Parte de esa agua se transfiere a la atmósfera en forma de vapor para formar las nubes y luego caer en forma de lluvia. El agua del océano que se evapora a la atmósfera deja su parte pesada o su contenido de sal en el océano y cuando llueve el agua se ha transformado en agua dulce conteniendo cantidades mínimas de sales disueltas, muy diferente del agua de mar. Después que se formaron los continentes, parte del agua de lluvia cae al océano y otra parte cae y fluye por la superficie de los continentes. Otra parte del agua de la lluvia se evapora y vuelve a la atmósfera para, junto con el agua que se evapora del mar, continuar con lo que se llama el ciclo del agua o *ciclo hidrológico*.

El ciclo del agua es dirigido por el Sol, el cual calienta el agua de los océanos haciendo que esta se evapore hacia el aire como vapor de agua. Corrientes ascendentes de aire llevan el vapor de agua a las capas superiores de la atmósfera, donde la baja temperatura causa que el vapor de agua se condense y forme las nubes. Las corrientes de aire mueven las nubes sobre el globo y las partículas de nube colisionan, crecen y caen en forma de precipitación. Parte de esta precipitación cae en forma de nieve, y se acumula en capas de hielo y en los glaciares, los cuales pueden almacenar agua congelada por millones de años. En los climas más cálidos, la nieve acumulada se funde y se derrite cuando llega la primavera. La nieve derretida corre sobre la superficie del terreno como agua de deshielo y a veces provoca inundaciones. La mayor parte de la precipitación cae en los océanos y la otra parte cae sobre la tierra, donde, debido a la gravedad, corre sobre la superficie como lo que se llama *escorrentía* superficial. Una parte de esta escorrentía alcanza los ríos en las depresiones del terreno; en la corriente de los ríos el agua se transporta de vuelta a los océanos.

No toda el agua de lluvia fluye hacia los ríos, una gran parte es absorbida por el suelo como infiltración. Parte de esta agua permanece en las capas superiores del subsuelo, y vuelve a los cuerpos de agua y a los océanos como descarga de agua subterránea. Otra parte del agua subterránea encuentra aperturas en la superficie terrestre y emerge como manantiales de agua dulce. El agua subterránea que se encuentra a poca profundidad es tomada por las raíces de las plantas y transpirada a la superficie por el tronco de las plantas y finalmente a través de sus hojas regresa a la atmósfera. Otra parte del agua infiltrada alcanza las capas más profundas del subsuelo y recarga la roca hasta saturarla. Estos depósitos de agua subterráneos se conocen como *acuíferos*, los cuales almacenan grandes cantidades de agua dulce por largos períodos de tiempo. Parte del agua subterránea que brota hacia la superficie y parte del agua de escorrentía que no va a los ríos, se acumula y almacena en depresiones de la superficie para formar los lagos de agua dulce. A lo largo del tiempo, el agua dulce proveniente de las lluvias continúa moviéndose. Parte de ella retornará a los océanos, donde el ciclo del agua se cierra para empezar nuevamente.

La superficie de la Tierra está cubierta por agua en más de 70%. Toda esta agua se conoce como la *hidrósfera* de la Tierra y está formada fundamentalmente por agua salada y agua dulce. El volumen total de toda el agua en el planeta es de 1,386 Km^3. El agua salada representa un 97% del total del agua del planeta. Es decir, 1.338 Km^3, siendo sus principales depósitos los océanos. Mientras que el agua dulce solo representa el 3% restante. Es decir, 41,58 Km^3, lo cual incluye el agua contenida en los glaciares, las aguas subterráneas, los ríos y lagos, y la atmósfera.

El agua dulce contribuye a regular el clima del planeta por su gran capacidad de almacenar energía, labra parte del paisaje de su superficie, diluye los contaminantes del ambiente y es esencial para los seres vivos, los cuales consumen más de 7,5 billones de metros cúbicos por año. Esta agua también constituye un recurso imprescindible para la agricultura, la industria, la generación de energía eléctrica, el transporte, la higiene, etc. En un futuro no muy lejano, el agua se podía estar utilizando para obtener hidrógeno a gran escala, gas que a su vez será una de las fuentes energéticas esenciales para el desarrollo y el progreso del planeta. El hombre utiliza fundamentalmente el agua dulce que obtiene del flujo del agua en los ríos y del agua que se almacena en los lagos, y en menor medida de los acuíferos subterráneos. Ahora se construyen plantas de desalación de aguas marinas. El agua es un recurso indispensable para el desarrollo de los seres humanos y su civilización.

2.4 FORMACION DEL PAISAJE ACTUAL

El paisaje de la Tierra se ha ido formando desde hace miles de millones de años. Sin embargo, el paisaje que podemos ver hoy se empezó a formar hace unos 400 millones de años, justo después que la vida salió del gran océano para conquistar la superficie del planeta. El clima y el movimiento de las placas tectónicas fueron cruciales en la formación de ese paisaje. El agua, el hielo y el viento con el tiempo hicieron el resto. Sin embargo, el toque final del paisaje actual de la Tierra se lo pusieron los humanos con el desarrollo urbanístico y de agricultura y cría; así como también con la construcción de sus grandes obras de ingeniería, sus enigmáticas líneas de Nazca en Perú y hasta sus aún misteriosos círculos de cultivo o cosecha de cereales principalmente de trigo y maíz que inicialmente aparecieron en el sur de Inglaterra y que luego se extendieron por muchos lugares del mundo.

A lo largo de miles de millones de años, los continentes de la Tierra han cambiado sus posiciones debido al movimiento de las placas tectónicas. Mientras que el viento y el agua les han estado dando formas a su superficie. El hielo ha cavado caminos a lo largo de la faz de la Tierra y los océanos han aumentado o disminuidos sus niveles una y otra vez a través del tiempo. Las placas tectónicas formaron las cadenas de montañas de la Tierra, mientras que la erosión causada por la nieve, el viento y el agua continuó luego el trabajo del paisaje por millones de años. La formación de las montañas produjo un clima más frío. El hielo en el Ártico creció y el nivel del mar disminuyó para exponer los puentes de tierra entre África y Eurasia y entre Eurasia y norte América. Eventualmente Suramérica se movió hacia el norte y se pegó con Norte América formando el istmo de Panamá.

En este subcapítulo estaremos describiendo el paisaje actual sobre la superficie de la Tierra. Empezaremos con el paisaje de montañas, las selvas, los grandes lagos de Norte América y las cataratas del Niagara. También estaremos describiendo el paisaje del Gran Cañón de Colorado y finalmente el paisaje de desiertos.

En el paisaje montañoso estaremos presentando la formación del Himalaya, la cordillera más alta del mundo y seguiremos con la formación de Los Alpes, la cadena montañosa que cubre el corazón de Europa Central. Luego iremos a la formación de otras cadenas montañosas como la Cordillera de los Pirineos en Europa, las Montañas Rocosas (Rocky Mountain) y la Sierra Nevada en Norte América, y la Cordillera de los Andes en Sur América. En cuanto al paisaje de selvas estaremos hablando sobre los factores que hacen posible su formación haciendo énfasis, dado su importancia, en las selvas tropicales en especial a la Selva Amazónica y la Selva del Congo. Luego en cuanto el paisaje de los Grandes Lagos de Norte América y las Cataratas del Niagara, estaremos hablando sobre su formación. Después presentaremos la formación del paisaje del Gran Cañón de Colorado. Y finalmente presentamos el paisaje de desiertos, en el que estaremos hablando sobre la formación de éstos, especialmente sobre la del Sahara debido a su fascinación.

Paisajes de Montañas

Hace unos 65 millones de años los continentes de la Tierra se movían hasta sus posiciones de hoy. En este proceso, algunos continentes colisionaban con otros creando las grandes formaciones montañosas. Los continentes continuaron moviéndose y chocando unos con otros hasta llegar a fusionarse. Lentamente el paisaje de la Tierra se fue formando debido al movimiento de las placas tectónicas y a la erosión. Así se formaría el paisaje que vemos hoy. Algunas cordilleras de montañas se formaron de erupciones volcánicas, pero algunas otras, las más grandes se formaron por incrustaciones de bloques de continentes unos dentro de otros. En estas cordilleras montañosas también se forman unos lindísimos paisajes de glaciares, lagos y ríos. Entre estas cordilleras, las más importantes son: la cordillera del Himalaya y la de los Alpes.

La cordillera del Himalaya se formó hace 55 millones de años, durante la era geológica Cenozoica, cuando los continentes aún continuaban moviéndose, colisionando e incrustándose unos en otros debido al movimiento de las placas tectónicas. Así, lo que se conoce hoy como el continente Índico chocó con lo que se conoce hoy como el continente asiático para iniciar el movimiento gigantesco de roca continental hacia arriba que formaría el Himalaya. Tras la ruptura del último gran súper continente Pangea, el continente indio se separó de África y comenzó a desplazarse hacia el norte. Al aproximarse a Asia, la parte oceánica de la placa india se hundió bajo la asiática. El océano de Tetis que estaba entre ellas desapareció y al final, ambos continentes chocaron, plegaron la superficie e hicieron que se elevase. Hoy, la placa india continúa avanzando unos tres centímetros por año, lo que indica que el Himalaya sigue creciendo.

El Himalaya, cuyo nombre significa morada de nieve en la antigua lengua india es la cordillera más alta del planeta, por lo cual también le dicen el techo del mundo. En ella se ubican diez de los catorce picos más altos del mundo con altitud de más de 8.000 metros sobre el nivel del mar; siendo el pico más famoso el Monte Everest con 8.850 metros sobre el nivel del mar. El Himalaya es una cadena de montañas de más de 2.500 kilómetros de largo y 250 kilómetros de ancho, ubicada en el continente asiático al sur de la meseta tibetana y que se extiende de oeste a este por Pakistán, China, India, Nepal y Bután. El Himalaya contiene grandes reservas de agua dulce al albergar un gran número de glaciares como el Siachen, el Gangotri y el Yamunotri. Estos glaciares forman y alimentan un importante sistema de ríos que mantiene a varios otros ríos de Asia, incluyendo el Ganges, el Indo y el Yarlung. También cuenta esta gran cordillera con cientos de lagos, siendo los más importantes el Pangong Tso, el Gurudongmar y el Tsongmo.

Otro de los grandes paisajes de montaña que se formó millones de años atrás fue lo que se conoce hoy como *Los Alpes*. Esa zona antes estaba cubierta por el océano de Tetis que separaba a Europa de África. La masa de tierra del sur comenzó a moverse hacia el norte. Este movimiento dobló capas de roca en el fondo del océano y el calor y la presión transformaron la roca y empujó el material hacia arriba. Hoy en día estas regiones son las partes más altas de los Alpes. La mayor parte de la roca que se formó era de granito, pero algunas formaciones consisten en piedra caliza que también se formaron en el fondo del océano de Tetis. La cordillera de los Alpes se formó como resultado del choque entre las placas tectónicas de África y Europa, durante los últimos 45 millones de años. Las placas se entrelazaron quedando una sobre la otra. La placa del continente africano chocó con la placa europea y la enorme presión que se produjo forzó la roca a brotar hacia arriba y así formar este gran sistema de cadenas montañosas en forma de arco de unos 1.200 kilómetros de largo y unos 200 kilómetros de ancho.

Durante la Edad de Hielo de hace aproximadamente un millón de años, los Alpes fueron cubiertos con una gruesa capa de nieve de la que se formaron los glaciares de la cordillera. Estos glaciares se movieron hacia debajo de los valles y los hizo más amplios y profundos. A medida que avanzaban, los glaciares arrastraban rocas y otros materiales con ellos. Cuando los glaciares comenzaron a derretirse llenaron de agua las depresiones naturales del área y los diques que se habían creado con las rocas arrastradas por los glaciares para formar los lagos alpinos. El agua que continúo fluyendo formó los ríos agregándole el toque fluyente al paisaje de los Alpes. El mayor de los glaciares alpinos es el Aletsch en Suiza, que alcanza una longitud de unos 25 Km. Otros glaciares de importancia son el glaciar de Gorner en Suiza de 12 kilómetros de recorrido y el Pasterze en Austria de unos 8 kilómetros de longitud. Entre los lagos más importantes tenemos: el lago Leman y el lago Constanza en Suiza que son los mayores de la región. En cuanto a los ríos más importantes se encuentran el Rin, Ródano, el Danubio y el Po. La cadena montañosa de Los Alpes cubre el corazón de Europa Central incluyendo partes de Italia, Francia, Suiza, Austria y Alemania. Contiene importantes picos de más de 4.000 metros de altitud como el "Mont Blanc", el más alto con 4.810 metros sobre el nivel del mar y situado en la frontera francoitaliana. La parte de la cordillera alpina dentro de Suiza constituye una maravilla natural por sus famosos picos con formas puntiagudas y sus grandes gargantas escarpadas.

  Entre los picos más conocidos de los Alpes Suizos se encuentran El Monte Cervino o Matterhorn y los llamados Alpes Peninos. El Monte Cervino es posiblemente la montaña más conocida de los Alpes por su espectacular forma de pirámide con cuatro caras que apuntan a los cuatro puntos cardinales. Está localizada en la frontera entre Suiza e Italia. Tiene una altitud de 4.478 metros y queda encima de la ciudad de Zermatt. Los Alpes Peninos se destacan por poseer el pico más alto de Suiza, el monte Dufourspitze ubicado en los macizos del Monte Rosa y el de Jura.

Los movimientos entre la roca dentro de los continentes también producirían alteraciones de la corteza terrestre. Así en el continente europeo tuvo lugar la formación de la cordillera de Los Pirineos. Mientras que en Norte América se formarían Las Montañas Rocosas y La Sierra Nevada. Y en Sur América tendría lugar la formación de Los Andes. *La cordillera de los Pirineos* se encuentra en el continente europeo, en el istmo de la península Ibérica, entre el mar mediterráneo y el mar cantábrico. Se extienden de oeste a este sobre unos 435 Km de longitud y 161 Km de ancho y cubren una superficie de 55.374 Km². Constituyen la frontera natural entre España y Francia, albergando el Principado de Andorra, un pequeño país independiente entre España y Francia. Los picos más elevados de Los Pirineos incluyen el pico de Aneto, el más alto de la cordillera con 3.404 metros de altitud; seguido por el pico Posets, el Monte Perdido, el pico Perdiguero y el Maladeta.

La cordillera de Los Pirineos surgió de los fondos marinos que había entre las masas continentales de Iberia y Europa, elevando a más de 3.000 metros las rocas sedimentarias estratificadas que en ellos se acumulaban. Los Pirineos se formaron hace unos 65 millones de años después de un largo y complejo proceso. La elevación de la cordillera se originó durante la formación de los Alpes. Durante ese período la placa ibérica que por un largo tiempo andaba a la deriva, se desplazó hacia el norte y sus bordes colisionaron con los de la placa europea, separadas hasta ese momento por una cuenca intracontinental en la que se habían acumulado una gran cantidad de sedimentos. Durante la colisión se inició un proceso de subducción en donde la placa ibérica se hundió bajo la placa europea.

Después de su formación la cordillera sigue haciendo cambios en su paisaje. Los períodos fríos del cuaternario modelaron su relieve formando crestas agudas, valles, glaciares, lagunas y ríos. Existen unos cincuenta glaciares pirenaicos entre Francia y España. Del lado español, el más grande de todos, es el glaciar del Aneto en el macizo de Aneto con más de 80 hectáreas. Y su vecino, el glaciar del Maladeta, con más de 40 hectáreas. De la parte de Francia, el más importante es el glaciar de D'ossoue en el macizo de Vignemale con más de 50 hectáreas. Esta cordillera es la cuna de importantes ríos: En la vertiente española, tenemos los ríos Bidasoa, Aragón, Gállego, Cinca, Ésera, Segre, Ter, Llobregat, Muga y Fluvia. En la vertiente francesa, tenemos los ríos Adur, Garona, Nivelle, Tec, Têt, y Aude.

Entre las formaciones montañosas de América del Norte tenemos las Montañas Rocosas y la Sierra Nevada. *Las Montañas Rocosas* son una importante cadena de montañas también conocida como "Los Rockies" Está conformada por un sistema de elevaciones de superficies casi planas enlazadas entre sí que se extiende paralelo a la costa occidental de América del Norte, desde Canadá en el noroeste, pasando por los estados de Columbia Británica y Alberta hasta llegar a los Estados Unidos pasando por los estados de Montana, Idaho, Wyoming, Utah, Nevada, Colorado y Nuevo México. Los Rockies ocupan una extensión total de más de 4.800 kilómetros con un ancho que va de 110 y 480 kilómetros. Los Rockies se formaron entre unos 80 y 55 millones de años, cuando la placa del Pacifico comenzó a deslizarse por debajo de la placa de Norte América a un ángulo de subducción poco profundo, lo que resultó en un ancho cinturón de montañas. Su formación ocurrió en su mayor parte por levantamientos de la corteza terrestre a finales del período Cretácico y principios del Terciario y fueron re-moldeadas en la época del pleistoceno del período Cuaternario. Desde entonces, la erosión por el agua y los glaciares han tallado las montañas rocosas en picos y valles para adornar aún más el paisaje. Entre los picos más altos está el Monte Elbert en Colorado, con 4.401 metros de altura.

La Sierra Nevada es una cadena montañosa en el oeste de Estados Unidos. La gran mayoría de la cadena montañosa se encuentra en el estado de California, mientras que una parte menor se encuentra en el estado de Nevada. La Sierra se extiende unos 640 Km de norte a sur, con un ancho de aproximadamente 110 km. Entre las características más notables del sistema se encuentran el Lago Tahoe, el Monte Whitney y el valle de Yosemite esculpido por los glaciares. El granito de la Sierra Nevada se formó en el subsuelo hace más de 100 millones de años. Luego el sistema montañoso se empezó a levantar hace unos 4 millones de años y el granito fue expuesto debido al trabajo de erosión de los glaciares. Formando así las montañas y los acantilados del sistema. El levantamiento produjo una amplia gama de elevaciones y climas de la Sierra Nevada. Este levantamiento continuó debido a las fallas geológicas causadas por las fuerzas tectónicas, creando escarpes espectaculares de bloques de falla a lo largo del borde oriental de la sierra sur.

El proceso de formación de la Sierra Nevada empezó en el Cretácico, al formarse una zona de subducción en el borde del continente cuando la placa oceánica comenzó a meterse por debajo de la placa de Norte América. El Magma formado a través del proceso de la subducción se levantó en penachos en lo profundo del subsuelo. Alrededor de 10 millones de años, la Sierra Nevada empezó a formar un bloque de la corteza, el cual comenzó a inclinarse hacia el oeste. Los ríos comenzaron a cortar cañones profundos a ambos lados de la cordillera. La lava llenó algunos de estos cañones, que posteriormente han sido erosionado dejando una especie de tepuyes que siguen los antiguos cauces de los ríos. Alrededor de unos 2,5 millones de años, el clima de la

Tierra se enfrió y la edad de hielo comenzó. Los glaciares tallaron cañones en forma de "U" característicos a lo largo de la Sierra. La combinación de río y la erosión glaciar expusieron las partes superiores de los penachos formados millones de años antes, dejando sólo un remanente de roca metamórfica en la parte superior de algunos picos de la Sierra.

Otra de las grandes formaciones producidas por el movimiento de las placas tectónicas, lo constituye la cadena de montañas de *Los Andes* en América del Sur. La Cordillera de los Andes se formó hace unos 100 millones de años aproximadamente a finales del período Cretácico como producto del movimiento de las placas tectónicas. La Placa de Nazca que se encuentra bajo el Océano Pacífico se movió hacia la Placa de Sudamérica y por debajo de ella empujó hacia arriba el borde oeste de la Placa de Sudamérica. Las fuerzas tectónicas que se generaron por esta colisión desencadenaron erupciones volcánicas y terremotos, los cuales tuvieron un impacto en la configuración del relieve de la zona. La actividad volcánica aún sigue activa hoy.

La Cordillera de los Andes es la cadena montañosa más grande del continente americano y una de las más largas del mundo con unos 7.500 km de largo y unos 241 km de ancho. Está ubicada en América del Sur, y se extiende casi paralela a la costa del Océano Pacifico desde Chile y Argentina, sirve de frontera natural entre estos dos países. Luego atraviesa Bolivia, Perú, Ecuador y Colombia hasta llegar a una parte de Venezuela. La altura media alcanza los 4.000 metros, con puntos que alcanzan los 6.000 metros sobre el nivel del mar. Su punto más alto es el Aconcagua, Argentina. Entre los volcanes que albergan Los Andes, destacan el Tungurahua, el Cotopaxi y el Chimborazo en Ecuador; el Nevado de Tolima en Colombia; y el Llullaillaco entre Argentina y Chile.

Paisaje de Selvas

La formación de las montañas produjo importantes cambios en el clima del planeta, lo cual tendría un gran impacto en la formación de otros tipos de paisaje. El clima ha formado la diversidad del paisaje. En las zonas más elevadas como en las montañas las temperaturas son más bajas que en las zonas más bajas. En las montañas las nubes chocan con estas haciéndolas descargar el agua que contienen por lo que las precipitaciones suelen ser abundantes y frecuentes para mantener la vida en este ecosistema o bioma. Además de la altitud de la región, el clima también depende de la latitud de donde se encuentra la región. Esto es debido al efecto de la radiación del Sol. Así en la zona ecuatorial los rayos de Sol calientan más debido a que llegan más directos a la zona. La inclinación del eje de la Tierra produce la diferencia de temperatura que a su vez origina las tres zonas climáticas del planeta: la cálida, la templada y la fría. La zona cálida se encuentra a lo largo del ecuador y entre los trópicos. Ahí existen distintos climas, como: el ecuatorial, el tropical y el desértico. La zona templada se encuentra entre los círculos polares y los trópicos de Cáncer y Capricornio. Existe una zona templada en el hemisferio norte y la otra en el hemisferio sur. En esta zona se encuentran el clima oceánico, el mediterráneo, el continental y el desértico. La zona fría se encuentra en los polos y en las altas montañas. El paisaje final en estas zonas es transformado por procesos geológicos externos causados por el agua, el hielo y el viento.

Las selvas, también llamadas junglas o bosques lluviosos tropicales son paisajes bioclimáticos o biomas formados por abundantes precipitaciones en un clima cálido, principalmente como en la zona a lo largo del ecuador, para mantener la gran diversidad de vida propia de estas zonas. En estas selvas reside un ambiente importante de seres vivos o biomasa, lo cual incluye plantas y animales, con el mayor rango en la variedad de especies. Las selvas ecuatoriales constituyen los grandes centros de generación de oxígeno del planeta. Se estima que generan alrededor del 40% del total de oxígeno. Además, estas selvas son grandes fuentes de los medicamentos de consumo humano, los cuales se elaboran con plantas selváticas. En estas zonas, la humedad constante es indispensable para los procesos de descomposición de materia orgánica en el suelo para formar los nutrientes que sirven de sustento a las especies vegetales y animales. Las precipitaciones en estas selvas están en un rango promedio de entre 1.500 y 2.000 milímetros, pero pueden llegar hasta los 3.000 milímetros. Y dado que las lluvias son continúas a lo largo del año, esto favorece la formación y mantenimiento de ríos y lagos en las selvas. La temperatura promedio en las zonas selváticas de la zona tropical está entre los 27 y 29°C a 400 metros de altura.

Además de las selvas ecuatoriales; también existen otras selvas de acuerdo con su latitud como las selvas tropicales en la región entre los trópicos; las selvas subtropicales por encima de los trópicos; las selvas templadas y las subpolares. También existen otros tipos de selvas de acuerdo con su altitud o la elevación del terreno como las llanuras de las planicies, por debajo generalmente de los 1.000 metros sobre el nivel del mar. También se les conoce como selvas de tierras bajas y son propensas a las inundaciones, pudiéndose convertir en áreas pantanosas. Otras selvas de este tipo son las selvas de montaña o selvas nubladas y las selvas de galería alrededor de los ríos o lagunas en las llanuras de la Sabana. Las selvas cubren un 6% del total de su superficie de la Tierra y abundan principalmente en la zona intertropical. Siendo las más importantes la Selva Amazónica en Suramérica y la Selva del Congo, en África.

La Selva Amazónica o Amazonia es la selva más grande de la Tierra y cubre casi 7 millones de Km². Se desarrolla a lo largo del Rio Amazonas, el cual tiene una longitud de 6.400

Km, es el segundo río más largo del mundo y representa una quinta parte de toda el agua fresca que desemboca en los océanos. La Amazonia se extiende por nueve países de Suramérica: Brasil, Bolivia, Perú, Ecuador, Colombia, Venezuela, Guyana, Guayana Francesa y Surinam. Esta selva es un factor crítico en la regulación del dióxido de carbono en la atmósfera, ya que gran parte del ciclo del carbono se produce allí por lo que se la conoce también como el "Pulmón del Planeta". La Amazonia es una rica fuente de biodiversidad y contiene alrededor de un cuarto de todas las especies terrestres.

La Selva del Congo con unos 700.000 Km^2 comprende una importante superficie de África Central que se extiende alrededor del Rio Congo y sus afluentes en África Central. Es una zona en el que conviven una gran diversidad de flora y fauna que dan una gran riqueza ecológica a esta selva tropical. En esta selva es posible encontrar bosques secos, praderas, sabanas, bosques de alta montaña y también bosques costeros en la parte de Guinea Ecuatorial. La selva tropical del Congo es el segundo bosque tropical más grande del mundo, con una extensión de 700.000 Km^2 que comprenden a su vez seis países diferentes: República Democrática del Congo, República del Congo, Gabón, Guinea Ecuatorial, Camerún y República Centroafricana. La fauna de esta selva africana es por demás variada y abundante. Esta incluye gorilas, elefantes, cocodrilos, insectos como termitas, hormigas, moscas y mosquitos. Su flora es también muy rica y variada e incluye las siguientes especies: palmeras de aceite y de coco, bananos, teca, cedro, caoba, orquídeas, helechos y bromelias.

Paisajes de Los Grandes Lagos de Norte América y Las Cataratas del Niágara

Hace unos 2 millones de años, después de la aparición de los seres humanos en África, el clima de la Tierra se fue enfriando más y más y gran parte del planeta se fue cubriendo de glaciares. La edad de hielo había llegado. La causa de este nuevo enfriamiento fue debido al afloramiento en la superficie de una masa de tierra que antes estaba bajo el mar. Su afloramiento se debió a una actividad volcánica de hace unos 3 millones de años. Este puente de tierra unió a América del Norte con América del Sur y separó el océano Atlántico del Pacifico. Es lo que se conoce hoy como el *Istmo de Panamá*. Esto alteró radicalmente las corrientes marinas teniendo un enorme impacto en las condiciones ambientales globales. La edad del hielo duró por decenas de miles de años.

Durante la edad de hielo, por la nieve que caía sobre las zonas altas y que luego se fue compactando, se formaron los glaciares de la última glaciación. Estos enormes bloques de hielo eran arrastrados hacia abajo por la fuerza de gravedad y se movían como un río en movimiento lento, pero se podían mover más rápido si la temperatura descendía. Durante el período de estos glaciares, el clima fluctuó y finalmente la capa de hielo desapareció. Al retirarse los glaciares hace unos 10 mil años, se dejó ver las rocas que una vez los glaciares arrastraron con ellos. También se pudieron ver las grandes depresiones en la superficie de los *Grandes Lagos de Norte América*. Un grupo de cinco lagos en la frontera entre los Estados Unidos y Canadá. Estos lagos se conocen con los nombres de: *Superior, Michigan, Hurón, Erie* y *Ontario*. Ellos representan el mayor grupo de lagos de agua dulce en todo el mundo. Cubren un total de unos 245 mil km² y contienen el 84% del agua dulce de Norte América y el 21% del agua dulce mundial. La estructura geológica de los

Grandes Lagos se formó por la acción de los glaciares durante la época del pleistoceno. Antes de ese período, en el área que hoy día ocupa el lago Superior existían amplios valles y un grupo de ríos, mientras que en la ubicación actual de los otros cuatro lagos probablemente existía una llanura. Durante el período glacial, los glaciares se desplazaron hacia el sur haciendo más profundos los valles de la zona del lago Superior y excavando las planicies en las que se formaron los lechos de los otros lagos.

Cuando estos glaciares fueron desapareciendo, quedaron en estas depresiones brazos de hielo que cuando se derritieron formaron los Grandes Lagos. Estos lagos han estado interconectados entre sí a través de ríos. Cuatro de los Grandes Lagos, usan el *Rio Niagara* de 56 Km de largo para verter sus aguas al Lago Ontario. Pero por un desnivel de este rio de unos 100 metros entre los lagos Erie y Ontario, se forman las famosas *Cataratas del Niágara* entre Estados Unidos y Canadá. En esta enorme caída de agua llegan a pasar hoy día más de 170 mil mts^3 por minuto durante la primavera y el verano. Las cataratas están compuestas por caídas de agua del lado americano, llamadas Cataratas *"Velo de Novia"* y por las del lado canadienses llamadas Cataratas *Herradura* por su forma de "u". Las cataratas velo de novia americanas tienen una caída de 34 metros, mientras que las cataratas herradura canadienses caen de una altura de 52 metros. Las cataratas fueron nombradas por los indígenas con la palabra "Niágara" que significar "trueno de agua".

Paisaje del Gran Cañón de Colorado

Las placas tectónicas levantan las montañas y la erosión les da la forma años tras años. Pero el movimiento de las placas y la erosión por las aguas pueden crear estructuras totalmente opuestas a las montañas. En condiciones apropiadas la corteza de la superficie de la Tierra puede ser cortada para algunas veces ser esculpida espectacularmente con depresiones maravillosas como el Gran Cañón de Colorado en Los Estados Unidos.

El Gran Cañón tiene más de un kilómetro y medio de profundidad, 16 Km de ancho, 446 Km de largo y aún sigue creciendo. En el curso de los últimos 6 millones de años, este espectacular cañón ha sido esculpido por el Río Colorado en combinación con el levantamiento de la meseta Colorado. La actividad volcánica empujó hacia arriba la meseta hasta unos 2.440 metros sobre el nivel del mar, cuando la placa del Pacifico entró en Norte América y compactó la corteza formando la meseta. Aunque el Río Colorado parece muy pequeño para cavar semejante cañón tan profundo, pero su gran altitud sobre el nivel del mar hace que la fuerza de gravedad le dé al río un inmenso poder. A diferencia de otros ríos más caudalosos o más largos, como el Amazonas y el Mississippi, pero estos no cavan grandes cañones pues ellos, aunque grandes, no se encuentran tan altos sobre el nivel del mar como el Río Colorado.

Paisajes de Desiertos

Un desierto es un paisaje de la Tierra con poca o ninguna vida ya sea humana, animal o vegetal. En este tipo de lugares el agua es muy escasa debido a sus bajas precipitaciones. Los desiertos son regiones secas y desoladas. Los más grandes son los desiertos polares, seguidos por los desiertos cálidos, los cuales son la mayoría. En los desiertos fríos o polares casi nunca llueve, solo en años, al igual que en la parte central de los grandes desiertos cálidos.

Los desiertos se forman dependiendo de su tipo, ya sea frío o cálido. Los desiertos fríos polares se forman con la nieve que cae sobre los polos, la cual se congela y se compacta debido a las temperaturas bajo cero dejando la región prácticamente con muy poca forma de vida. En los desiertos fríos de la superficie de la Tierra por debajo de los polos, a temperaturas menos críticas, por encima de cero, la vegetación llega a florecer para formar un tipo de paisaje conocido como la *tundra* con una fauna y flora muy bien adaptada al frío. Los desiertos cálidos se forman con el pasar de los siglos, en un proceso lento impulsado por la disminución constante de las precipitaciones y el aumento de la evaporación del agua en la superficie de la región, ocasionada principalmente por la presión atmosférica.

Las zonas desérticas están sometidas a grandes presiones lo que reduce la humedad del ambiente y del suelo, propiciando aún más la aridez de la región y creando condiciones más difíciles para que surja vegetación alguna. La mayoría de los desiertos cálidos se encuentran alrededor de los trópicos en donde se forman los vientos alisios, los cuales son calientes y secos debido al calentamiento por el Sol en la región ecuatorial. Al subir estos vientos en la atmósfera absorben el componente húmedo del aire y producen nubes, las cuales luego se precipitan en forma de agua sobre los trópicos. Después de esto, los vientos ya secos disipan las nubes que se encuentren en el camino, alejando la posibilidad de las lluvias y al descender hacia la superficie hacen que se caliente más el suelo de la región por la radiación directa del Sol.

Otros desiertos se forman debido a grandes barreras montañosas que impiden la llegada de nubes de agua a regiones en la parte de abajo del otro lado de la montaña. A medida que el aire sube por un lado de la montaña, el agua se precipita en forma de lluvia y luego el aire pierde su contenido húmedo y al descender por el otro lado de la montaña hasta la superficie es menos húmedo y más caliente. Así, se forma un desierto en el lado opuesto.

Todos los desiertos abarcan en su totalidad más de 50 millones de kilómetros cuadrados, lo que constituye aproximadamente un 30% de la superficie terrestre, de la cual 53% son desiertos cálidos y el resto son desiertos fríos. En la mayoría de los desiertos cálidos las precipitaciones anuales promedio están en el orden de 25 a 250 milímetros. La temperatura en estas zonas es muy variante entre el día y la noche. Los desiertos cálidos pueden registrar temperaturas promedio de 25°C, pero pueden llegar hasta 50 y 57°C durante el día y descender por debajo de cero durante la noche. En los desiertos polares formados por grandes extensiones de hielo casi sin precipitaciones anuales, la temperatura promedio es de unos 40 °C bajo cero.

Dependiendo de las precipitaciones la región puede ser árida o un desierto propiamente dicho, o puede ser semi árida, lo que se conoce como una *estepa*. La estepa es un paisaje en una región más húmeda que el desierto cálido y por lo general es una zona de transición al lado del desierto. Su flora está constituida básicamente de pastos y algunos árboles, mientras que su fauna está conformada por animales de pastoreo como el bisonte y el caballo. En las estepas las precipitaciones van de 250 a 500 milímetros al año. Los desiertos cálidos y las estepas se concentran en las regiones subtropicales, es decir alrededor de los trópicos de Cáncer al norte y el de Capricornio al sur.

La mayoría de los desiertos cálidos se encuentran en el cinturón desértico de los vientos alisios secos en las cercanías del Ecuador. Este cinturón se extiende desde el *desierto de Gobi* entre el norte de China y el sur de Mongolia hasta los *desiertos del Great Basin* en el suroeste de USA y el *desierto de Sonora* entre USA y México. Los desiertos fríos se encuentran en los polos: el *desierto Ártico* en el polo norte y el *Antártico* en el polo sur con 13.726.000 y 13.829.000 kilómetros cuadrados de superficie respectivamente. El desierto Antártico es el más grande del mundo. Allí llueve muy poco, solo caen unos 50 milímetros de agua al año. La flora Antártica se reduce a algunos hongos, musgos y algas. Mientras que la fauna incluye: pingüinos, focas, leones marinos, gaviotas y otras especies. El desierto Ártico es por muy poco el segundo desierto más grande del planeta y se extienden por Alaska, Groenlandia, Canadá, Islandia, Noruega, Suecia, Finlandia y Rusia.

El desierto del Sahara también se encuentra ubicado en el gran cinturón desértico y es el tercero más grande del planeta después de los desiertos polares. Sin embargo, es el más grande desierto de arena del mundo. Tiene una extensión de 9.065.253 kilómetros cuadrados, casi del tamaño de los Estados Unidos de Norte America y cubre la parte norte del continente africano. En sentido este-oeste va desde el mar Rojo hasta el océano Atlántico. Mientras que en sentido norte-sur va desde el cinturón de sabanas tropicales de Sahel hasta el mar Mediterráneo. El desierto del Sahara está conformado por suelos arenosos y rocosos. La arena es transportada por el viento hasta formar acumulaciones llamadas *dunas*. Algunas de estas dunas llegan a medir más de 190 metros de altura. También el viento puede esculpir formaciones rocosas hasta transformarlas en los conocidos *yardangs*, los cuales son una especie de crestas aerodinámicas con una orientación paralela a la del viento que las forma. Además, se pueden ver los *ventifactos* o rocas con superficies cortadas y pulidas por la acción de la arena transportadas por el viento.

Aunque a veces el viento se vuelve agresivo y forma las llamadas *tormentas de arenas* del desierto, las cuales pueden ser peligrosas pues imposibilitan la visibilidad y la respiración. El desierto cuenta con ríos estacionales con la única excepción del río Nilo, el cual cruza el desierto desde su nacimiento en la parte centro oriental de África hasta su desembocadura en el Mar Mediterráneo. También cuenta el desierto con un sistema de acuíferos subterráneos, los cuales algunas veces pueden llegar a la superficie en la formación de algún oasis. El sistema acuífero del Sahara ocupa un área de 1 millón de kilómetros cuadrados, tiene un volumen de más de 30 mil kilómetros cúbicos de agua y recibe un aporte anual de casi un millón y medio de kilómetros cúbicos de agua de lluvias.

La flora del desierto consiste básicamente de plantas espinosas y resistentes, como el cactus y algunos arbustos pequeños. El paisaje es hermosamente adornado por los lindísimos oasis con la presencia de agua, palmeras de dátiles y arbustos. En cuanto a la fauna, en el Sahara existen serpientes, insectos, escorpiones, arañas, los famosos camellos y otros animales. El Sahara registra temperaturas máximas de hasta 57°C en el día durante el verano y mínimas de hasta menos 21°C en la noche durante el invierno. Puede hasta verse algo de nieve, aunque raras veces.

El desierto de Sahara es sumamente fascínate, pero aún más lo es por su característica especial de poder pasar de pradera a desierto y viceversa en un ciclo de 20 mil años. El Sahara, lo que es hoy el desierto más árido, caliente e inhóspito de la Tierra, era una región de sabanas y praderas frondosas con algunos bosques y el hogar de cazadores y recolectores que vivían de una variedad de animales y plantas, sostenidos por lagos permanentes y grandes cantidades de lluvias. Eso fue el llamado "Sahara Verde" hace entre unos 5.000 y 10.000 años atrás. Hoy día, tiene una precipitación anual de apenas entre 35 y 100 milímetros, mientras que hace unos miles de años recibía lluvias hasta 20 veces más intensas cuando los vientos estacionales monzónicos, traían las lluvias cíclicas que mantenían fértil la tierra. ¿Qué pasó entonces?

La historia de la formación del Sahara es por demás fascinante. Todo empezó cuando el supercontinente Pangea se fragmentó por actividad volcánica y se dividió en dos grandes bloques de tierra llamadas: Laurasia al norte y Gondwana al oeste, separadas por el océano de Tetis, formado por el agua del gran océano que se metió para llenar la grieta dejada por la separación de las dos grandes masas de tierra mencionadas. El océano de Tetis empezó a reducirse hasta convertirse en el mar de Tetis debido a los movimientos subsecuentes de las masas continentales de Pangea para formar y posicionar los continentes como los conocemos hoy. Esto ocurrió hace más de 40 millones de años cuando la placa tectónica africana chocó con la placa europea. Sin embargo, la placa africana siguió moviéndose hacia el norte reduciendo aún más el mar de Tetis. Del remanente que quedó del mar de Tetis se formaron los mares Mediterráneo, Negro y el Caspio. La desaparición del mar de Tetis causó un cambio en los patrones climáticos de África, debilitando sustancialmente los vientos que producían lluvias torrenciales o monzones en el norte del continente, haciendo que las condiciones de aridez se extendieran hacia esa parte del continente, conduciendo a la formación del desierto hace unos 7 millones de años.

En donde antes existía una gran pradera verde con lagos y pantanos hoy existe un gran desierto cálido. El Sahara empezó a convertirse en desierto por primera vez después de este tiempo y desde entonces cambia de desierto a pradera verde cada 20 mil años debido a la variación en la órbita de la Tierra alrededor del Sol. A medida que la trayectoria de la Tierra se sitúa más lejos del Sol, se trasladan los monzones del sur al norte de África haciendo que las lluvias caigan sobre el desierto del Sahara y este se vuelva verde otra vez.

El sistema de acuíferos interconectados del desierto ayuda en la formación del clima húmedo necesario para la formación de la pradera verde. La última vez que el Sahara pasó de pradera verde a desierto fue hace solo unos 5 mil años. Lo que significa que según su ciclo volvería a convertirse en pradera nuevamente en unos 15 mil años, si es que para ese tiempo la explotación del agua del sistema de acuífero del desierto aún tiene suficiente nivel de agua para favorecer las condiciones de humedad requerida para volver a pradera nuevamente.

Además de los desiertos fríos en los polos y los cálidos en el cinturón desértico existen otros desiertos como el *desierto de la península arábiga*, los de *Great Sandy* y *Simpson* en Australia, el de Gobi entre Mongolia y China, el *Kalahari* en el sur de África, el de *Atacama* en las costas de Chile y Perú, el cual es el desierto más seco del mundo, pues increíblemente llueve una vez cada 15 años. Y el *desierto de la Patagonia* en Argentina.

Como hemos visto, las placas tectónicas, el clima, la erosión causada por el agua y el viento, y el trabajo de los glaciares cuando el hielo de estos empezaba a descender del polo norte y la Tierra empezaba a entrar en la edad de hielo han esculpido el paisaje de la Tierra durante millones de años. Sin embargo, el toque final se lo ha puesto el hombre. Como otra fuerza magnifica de la naturaleza desde que este daba sus primeros pasos por la Tierra hace 2 millones de años, en lo que es hoy el este de África. Dios quiera que podamos conservar por mucho tiempo más el paisaje hermoso de nuestro planeta Tierra y que podamos prolongar su destino inevitable.

2.5 DESTINO DE LA TIERRA

En el subcapítulo 1.5 sobre el destino del universo del capítulo 5, hablamos sobre el destino final del planeta Tierra basado en el fin del universo. Eso sería su muerte natural. Sin embargo, en este subcapítulo estaremos abordando lo que en teoría sería el destino final de la Tierra basado en otros eventos naturales. Con el conocimiento que hasta ahora tenemos del pasado y la evolución de nuestro planeta, podíamos imaginar cómo sería su destino y el de nuestra civilización basado en esos tales eventos. Es probable que podamos sobrevivir a algunos de esos eventos naturales. Sin embargo, la vida y los humanos en particular enfrentarán varias batallas para sobrevivir a medida que nuestro planeta siga su patrón de cambios normales. La vida depende de la Tierra y tendrá que adaptarse a los cambios de esta para sobrevivir. Tendremos que bailar al son que nos toque nuestra madre Tierra.

Nuestra civilización tiene ya más de 10 mil años y ha estado en un período de clima muy agradable hasta ahora. En la actualidad hay preocupación por el calentamiento global, sobre todo cuando este fue promovido por políticos para tratar de ganar unas elecciones. Eso hizo que definitivamente la preocupación más grande de la gente fuera sobre el clima, cuando debía ser más bien sobre los políticos. De todos modos, aun cuando la actividad industrial esté afectando el calentamiento global por los próximos dos siglos, esto no haría más que aplazar un poquito lo inevitable: otra edad de hielo, pues dentro de unos 15 mil años en el futuro, esta es eminente que ocurra. En este período tan agradable de 10 mil años en el que vivimos hoy, solo estamos en una etapa entre glaciaciones, es decir entre la pasada y la que viene. Este período actual ha sido un regalo. Un período agradable y estable. ¡Demasiado estable diría yo! Pero aun si sobrevivimos a la próxima edad de hielo, habrá otros retos que superar.

En unos 200 millones de años en el futuro a lo mejor algunas costas marinas desaparecerán y hasta continentes enteros ya no estarán al moverse los continentes por las placas tectónicas al final de esa futura glaciación, y el planeta será muy diferente a lo que es hoy. Para ese entones, dominará otra vez un solo continente: algo como Pangea Última y todo volverá a cambiar. La Tierra se transformaría en eventos de turbulencia. Los niveles de oxígeno y las temperaturas podrán oscilar dramáticamente apuntando a otra nueva extinción masiva. Pero nada de esto será tan catastrófico como cuando las placas tectónicas finalmente dejen de actuar en unos 2 mil millones de años en el futuro. Al dejar de moverse las placas tectónicas es porque ya el planeta no tendría la fuerza que originaban su movimiento desde su núcleo. Es decir, el núcleo estaría frío y solidificado. Sin el núcleo activo de la Tierra, el campo magnético desaparecerá dejando a la vida de la superficie de la Tierra sin su escudo protector. Cuando esto ocurra la muerte dominaría la vida en la superficie y la historia de nuestro planeta llegaría a su fin. Sin su corazón ardiente, la Tierra habría consumido el combustible que la mantenía viva y entonces se parecería al planeta Marte. No más atmósfera, ni océanos y la superficie sería un enorme desierto y el planeta estaría muerto.

    Sin embargo, es posible que los seres humanos hoy día continúen desarrollando nuevas tecnologías que les permitan a su generación abandonar el planeta Tierra, antes de enfrentar una extinción masiva como nuestros ancestros, e ir en busca de otro planeta tan azul y verde como el que una vez nos dio la vida y fue nuestro hogar por tanto tiempo. Así nuestro queridísimo planeta Tierra terminaría su gloriosa historia sin nosotros. Sin embargo, pueda ser posible que su semilla gloriosa siga por el universo para continuar la misión de nuestra madre Tierra sobre la vida: sobrevivir como dé lugar.

3

LA VIDA

En el segundo capítulo, hablamos sobre cómo se originó y evolucionó la Tierra, el único planeta conocido en donde la vida pudo florecer y prosperar. En este tercer capítulo y para continuar en la búsqueda de la respuesta sobre como llegamos aquí, estaremos presentando el origen y la evolución de la vida: la formación de las primeras formas de vida, los primeros organismos y eventos que impactaron su desarrollo, el surgimiento de los primeros animalitos, así como también hablaremos sobre la explosión cámbrica, la cual cambió la vida para siempre. Y finalmente hablaremos sobre la evolución para la supervivencia de las criaturas que surgieron dentro del gran océano.

Esta es la historia de la vida en nuestro planeta, obtenida de la lectura que la vida misma que nos precedió nos dejó impresa en las rocas, que alguna vez estuvieron en el fondo del mar y que después, transportadas por movimientos y condiciones de la misma Tierra, como quizás por el hielo de las glaciaciones, afloraron a la superficie para contarnos su historia. Las primeras formas de vida en la Tierra evolucionaron a través de un largo y lento período hasta formar seres humanos capaces de descifrar nuestro pasado para reescribir la historia de la vida: nuestra historia. Nuestras vidas se encuentran atadas a una larga cadena de luchas por sobrevivir. La vida ha librado cualquier número de batallas desde nuestro origen y pasando por un largo período de evolución para llegar hasta donde hemos llegado. Pareciera que el objetivo de la vida es siempre sobrevivir a como dé lugar, como dice el Discovery Science Channel™, y así ha sido hasta ahora. Primero sobrevivió al fuego y después al hielo y aún hoy sigue sobreviviendo.

3.1 ORIGEN DE LA VIDA

En este subcapítulo abordaremos el tema sobre el origen de la vida y para ello hablaremos primero sobre los eventos que hicieron posible la vida en la Tierra; como la formación del agua, la atmósfera, el oxígeno, la Luna y el campo magnético; para luego ir sobre cómo se originó la vida en sí. Hablaremos también sobre la formación de las primeras células y las primeras formas de vida: las bacterias. Y ya para terminar nuestro subcapítulo hablaremos sobre la gran odisea de la vida. Empecemos por lo primero: lo que hizo posible la vida en la Tierra.

¿Que Hizo Posible la Vida en la Tierra?

La formación de la vida en la Tierra empezó con una serie de eventos claves para la vida como la formación del agua, la atmósfera y el oxígeno. Después sigue con un gran golpe de suerte y continua con unos eventos tan afortunados que resultaron en procesos milagrosos. Uno de esos eventos fue la formación de la *Luna*, en cuyo proceso de formación se produce también otro evento importantísimo para la vida, el cual es la formación del *campo magnético* de la Tierra. Ambos eventos son claves para estabilizar el clima y esencial para el desarrollo de la vida en la Tierra.

Del impacto del cuerpo rocoso que chocó con la Tierra para formar la Luna, se formó el *magma* o roca derretida del centro de la Tierra. Al girar este fluido en el núcleo e interaccionar con las corrientes de convección en el corazón del planeta, se formó el campo magnético de la Tierra, el cual actúa como un escudo protector de la vida. Sin su campo magnético, la Tierra no hubiese podido albergar absolutamente ningún tipo de vida. Ese impacto o gran golpe de suerte dotó a nuestro planeta de las condiciones claves para que la vida no sólo se formara sino también para que sobreviviera. El corazón de roca derretida de la Tierra se mantiene muy agitado hasta producir actividad volcánica de la que se desprendieron los gases que ayudaron a formar la atmósfera. Ese corazón inquieto también hace posible el movimiento de las placas tectónicas, lo que permitió que parte de la corteza terrestre aflorara a la superficie. Es claro que, sin el agua, la atmósfera, el campo magnético, y sin la Luna, la vida en la Tierra no hubiera prosperado.

Después de su formación, la Tierra se encontraba bajo gruesas capas de nubes de gas como resultado de lo caliente de la roca derretida producida en el momento de formarse. Tenía una atmósfera densa y áspera y un gran océano. En sus primeros momentos el tamaño de la Tierra era más pequeño, aproximadamente un décimo del tamaño que tiene hoy. Pero el planeta crecería en eventos bastante violentos, lo cual resultó crucial para la historia de la vida y para lo que nosotros somos hoy. Y de algún modo, en algún lugar del planeta se cree que la vida había empezado a existir. Probablemente la primera forma de vida emergió en la Tierra cerca de unos 4,3 millones de años, justo después que el gran océano se había formado en el también recién formado planeta. Para ese entonces las condiciones para la existencia de la vida ya estaban presentes. La Tierra debido a su tamaño, tenía suficiente gravedad para sostener su gran océano, el cual sería vital para la formación de la vida.

Pero la vida no solo necesitaba formarse, sino también sobrevivir para evolucionar. Para ello la Tierra debía tener una atmósfera equilibrada en elementos esenciales para la sobrevivencia. Pero de nada hubiese servido una atmósfera si la Tierra no hubiese tenido un mecanismo que la protegiera como lo ha hecho siempre su campo magnético. Este, protege a la tierra de las llamaradas que emite el Sol en todas las direcciones. De todos los otros planetas del sistema solar, solo la Tierra tiene este escudo protector contra los rayos del Sol. Las líneas de fuerza del campo magnético se comprimen en contra de los vientos solares, lo que hace que esos vientos sean barridos por encima del globo terrestre. El campo magnético nos protege al deflectar las partículas cargadas con materia solar. Y aunque no lo podemos ver si podemos ver sus efectos.

La mayoría de las partículas letales provenientes del Sol con velocidades de más de un millón de kilómetros por hora pasan por encima de la Tierra dejando su atmósfera, su agua y la vida intacta. Pero algunas de esas partículas solares si alcanzan la atmósfera, pero cabalgan sobre su campo magnético y como resultado tenemos las preciosas auroras que se forman en los polos. Un verdadero espectáculo de luz. El campo magnético de la tierra es tan crítico para la sobrevivencia de la vida en la Tierra que si no lo tuviéramos nuestra atmósfera sería barrida por los vientos solares. Y sin atmósfera la tierra se convertiría en un cuerpo desolado y muy helado como la Luna. Tampoco existiría el agua en su forma líquida, y sin agua no habría ninguna vida. Puesto en forma simple, es el campo magnético lo que nos permite existir. La Tierra es el único planeta del sistema solar con grandes cantidades de agua líquida. El agua siempre ha existido en la Tierra de una u otra forma. Estuvo presente en las rocas que formaron el planeta y luego más agua llegó del bombardeo de gran cantidad de cometas de agua.

Los gases que se emitieron por cientos de millones de años por la actividad volcánica de la tierra dieron lugar a la formación de la atmósfera, la cual estaba compuesta principalmente por nitrógeno y dióxido de carbono. Se cree que hace unos 4,2 mil millones de años la atmósfera se saturó con vapor de agua y se hizo tan pesada que empezaron a caer las primeras lluvias. Grandes tormentas con enormes cantidades de electricidad se desataron en los cielos de la Tierra. Estas intensas lluvias por más de millones de años dieron lugar a la formación del gran océano, creando así las condiciones necesarias para que se originara la vida.

Casi después de la llegada del primer océano, el cual cubría toda la Tierra, formas de vidas primitivas constituidas por células unitarias y con las cuales la vida en el planeta progresaría, ya habían aparecido en lo profundo debajo del gran océano. Estos organismos vivían en el calor producido por las fisuras volcánicas en el fondo del océano y luego se esparcirían hacia arriba a las costas continentales para transformar el planeta al llenar la atmósfera con oxígeno. Estos organismos eran las cianobacterias, las cuales, al usar la energía de la luz del Sol para obtener su alimento, producían rocas como desecho, las cuales se precipitaban para formar capas muy finas de esos microorganismos que se fueron depositando lentamente, capa tras capa, años tras años. Estas formaciones se les conocen como los estromatolitos, los cuales llenarían la atmósfera de oxígeno. Por más de 2 mil millones de años, innumerables generaciones de estromatolitos bombearon trillones de toneladas de oxígeno. Al principio el gas se disolvió en el océano, donde oxidó billones de toneladas de hierro y luego eventualmente también llenaría la atmósfera para luego transformar el planeta.

Con la oxigenación del planeta hacen unos 2,2 mil millones de años, el color del océano cambió de verde oliva a azul, como resultado del oxígeno producido por las cianobacterias fotosintéticas. La Tierra era para ese entonces más reconocible por nosotros, pero antes de convertirse en el planeta que conocemos hoy, un nuevo ciclo de eventos cataclísmicos tendría lugar. La Tierra entraría en una gran actividad volcánica como resultado del movimiento de las placas tectónicas, expulsando grandes cantidades de hierro ferroso a través de fumarolas en el fondo del océano. Al dejar el hierro las aguas del océano para depositarse en el fondo del lecho marino, el océano cambió de verde oliva a azul, alterando así la apariencia del planeta dramáticamente. Cuando el oxígeno se trasladó a la atmósfera, este diluyó el resto de la gruesa capa de dióxido de carbono y limpió el aire. Después de cerca de 2 mil millones de años de oxigenación el planeta azul había nacido y la gran oxidación de la Tierra había ocurrido hace unos 2,5 mil millones de años. La Tierra ahora tenía su océano y su cielo azul. Restos de esta gran transformación se pueden ver hoy en las inmensas capas de hierro depositadas en el lecho marino. Ahora que hemos visto la serie de eventos que hicieron posible la vida en la Tierra, podemos entrar en el tema de cómo se originó la vida.

¿Cómo se Originó la Vida?

Después de la formación del gran océano de la Tierra y su atmósfera, se formarían los ingredientes claves para el origen de la vida: carbono, metano, amoníaco y vapor de agua. Se cree que cuando la energía proveniente de la radiación solar, la actividad eléctrica de la atmósfera y de la actividad volcánica de la Tierra fue agregada a la mezcla de estos elementos se crearía la vida. Esta sería la receta mágica, la cual surgió de la combinación de los elementos originales en reacciones químicas únicas.

Para que se formara la vida se requería que todos los elementos estuvieran en el lugar y el momento preciso. De los 92 elementos que aparecen en forma natural en la Tierra, la vida solo necesita de un puñito de ellos para formarse: carbono, hidrogeno, oxígeno y nitrógeno. Estos son la materia prima para formar la vida. Hoy sabemos que el carbono se puede unir a otros elementos para formar al menos unos 10 millones de compuestos llamados compuestos orgánicos y que el agua contiene hidrogeno y oxígeno, pero para convertir estos elementos en vida, se requiere de una química muy especial, tan especial que hasta ahora solo la madre naturaleza lo ha podido hacer. La energía que activó esa química ha podido crear la estructura fundamental de la vida: una célula viviente a partir de unos pocos elementos y compuestos.

Desde la formación de la Tierra, los elementos de la vida ya estaban presentes. El agua ya existía en la superficie y luego cuando el planeta logró cierta calma relativa, el agua proveyó el lugar ideal para que las primeras formas de vida florecieran. La vida empezó en la tierra hace unos 3,8 mil millones de años, justo después de un período de bombardeo prolongado de asteroides y meteoros que se estrellaban contra la Tierra. Para ese entonces aún no había oxígeno en la atmósfera, sólo una mezcla de nitrógeno y dióxido de carbono.

Después de la formación de la Tierra y de su gran océano luego, las condiciones para la vida se hicieron presentes. Es posible que en algún lugar de la Tierra algunas reacciones químicas convirtieran moléculas inorgánicas en orgánicas. Por supuesto que tendrían que preexistir las condiciones apropiadas para llevar a cabo ese milagroso proceso. Con el tiempo, esas moléculas orgánicas, pudieron interactuar unas con otras para formar milagrosamente otras moléculas orgánicas más complejas como aminoácidos, ácidos grasos o lípidos, y azúcares. Pero por supuesto, la complejidad para estas moléculas es algo muy natural y muy espontáneo entre ellas.

De las reacciones químicas entre esas moléculas orgánicas, es posible que lo que resultara más difícil de formarse fueran los primeros aminoácidos, pues a partir de ellos se pueden formar sin problema las proteínas. Sin embargo, es probable que los aminoácidos llegaran a la Tierra contenidos en los meteoritos que constantemente bombardearon al Tierra al principio de su formación. Hoy día, se ha descubierto aminoácidos en cuerpos del mundo extraterrestre. Pero como quiera que sea el caso, los aminoácidos constituyen la base de toda la materia con vida, por lo que, al unirse con los ácidos grasos o lípidos, y los azúcares pudieron llegar a formar una especie de burbujita de tamaño microscópico, lo que podríamos llamar la primera célula.

Las Primeras Células

Las primeras células se formaron de la unión de complejas moléculas y o grupos de moléculas orgánicas. Los aminoácidos se conectaron unos a otros para formar moléculas de largas cadenas llamadas proteínas, en un proceso largo y al azar, pero en la secuencia correcta. Las proteínas son moléculas sumamente complejas de las que se forman moléculas de ácido desoxirribonucleico o ADN, lo que permite la reproducción o hacer copias de sí mismas.

Los componentes de la célula quedarían unidos mediante una envoltura o membrana formada por los lípidos o ácidos grasos como comúnmente se les llama. Esta membrana protegería el contenido interno de la célula del ambiente externo donde la célula vivía. La célula contiene en su interior un medio acuoso en el que residen los componentes de las células. Los azúcares o carbohidratos son la fuente de la energía para que la célula pueda realizar todos sus procesos. La célula luego pasa por cierta evolución química y se convierte en una célula viviente, la cual absorbía nutrientes, producía desechos, se reproducía y se movía.

Las Primeras Formas de Vida: Las Bacterias

Hacen unos 3,8 mil millones de años, la vida existía en forma de microorganismos de una sola célula y que andaban a la deriva en el agua, comiendo alguito y reproduciéndose para luego morir y caer lentamente al fondo del gran océano. Para estos organismos su única opción era simplemente sobrevivir. Aunque la esperanza para que la vida prosperara en este entonces era muy remota, pero ella andaba en el camino correcto. Pues la clave de la sobrevivencia es la nutrición, así como la clave de la evolución es la sobrevivencia. Dicho de otra forma: si no comemos no sobrevivimos, pues nos morimos y si no sobrevivimos pues no evolucionamos. Así de sencillo.

Desde su llegada a la Tierra unos 3,8 mil millones de años atrás, la vida se mantuvo en forma microbiana por más 3 mil millones de años, o sea el 77% de su toda existencia.

Pero con el tiempo estos diminutos organismos romperían su largo letargo y evolucionarían para cambiar el mundo. Es cierto que los organismos son afectados por su ambiente, pero también es cierto que el ambiente es también afectado por los organismos. Los organismos se forman en un ambiente, pero con el tiempo ellos pueden llegar a cambiar ese ambiente. Por otro lado, el ambiente también tiene su impacto en los organismos, de tal manera que puede llegar a cambiar a los organismos. Una vez que un organismo se forma, este explora su ambiente para tener una percepción de él y así afinar su fórmula genética para aumentar las posibilidades de sobrevivir. Cuando esa relación entre el organismo y el ambiente es favorable, entonces la vida puede prosperar.

Las primeras formas de vida en la Tierra sobrevivieron de una manera muy sencilla, pues eran simples organismos microscópicos unicelulares que se esparcieron por el gran océano y hasta quizás por la atmósfera. Las bacterias, una forma de estos organismos han sobrevivido hasta hoy. Las bacterias son las formas de vida más primitiva del planeta y representan la inmensa mayoría de los seres vivos. Las bacterias evolucionaron antes de que la Tierra tuviera su atmósfera de oxígeno y vivían generalmente en el lecho del gran océano comiendo hasta piedra para obtener su energía química.

Las bacterias usan el mecanismo del ADN para replicar o copiar sus células sencillas para asegurar la supervivencia de la especie. Aunque no todas las copias eran idénticas, pues algunas mutaciones o variaciones ocurrían debido al ambiente, pero eso no era de un todo malo. Las mutaciones pueden darle a un organismo los dotes para sobrevivir. Por ejemplo, algunas bacterias pueden sobrevivir a ambientes más fríos, calientes, húmedos, secos, etc. Con el tiempo la mutación produce una gran variedad de organismos de una sola célula bastamente diferente para que se adapten a cualquier ambiente. La gran capacidad de adaptación de la vida una vez que se ha formado, le ha permitido sobrevivir en toda la gran odisea de su proceso evolutivo.

La Gran Odisea Inicial de la Vida

Nuestro planeta Tierra nació en fuego y luego creció en medio de eventos violentos. Después de su nacimiento, el planeta fue bautizado con mucha agua y la vida se inició, pero después de un gran bombardeo de asteroides, el planeta se convirtió en una bola de fuego. Es aquí donde entonces se inicia la odisea de la vida por sobrevivir. Y la vida debió salir ilesa del fuego, pues aun continuó cuando el agua regresó al planeta. Tiempo después, el agua se congeló y la Tierra permaneció cubierta por un manto de hielo por millones de años y aun así parece ser que la vida no solamente perseveró, sino que también prosperó. Con el tiempo microorganismos evolucionaron en millares de criaturas para que eventualmente, una de ellas saliera por primera vez del gran océano para caminar sobre la superficie y establecerse en ella.

Hace miles de millones de años, criaturas de las que nosotros descendemos empezaron su gran odisea en la Tierra, pero la vida debió ser muy diminuta para ese entonces. Sin embargo, ella solo era una etapa del viaje sorprendente de la vida en nuestro planeta: desde organismos unicelulares hasta los seres humanos. Toda la vida está conectada a través del tiempo a aquellas simples células que vivieron a la deriva en el primer gran océano de nuestro planeta, por consiguiente, la pequeña célula debió haber sobrevivido a todos los obstáculos a los que se enfrentó como al fuego y al hielo.

Después de su formación hace unos 4,5 mil millones de años, el sistema solar aún era un sitio muy violento con algunos asteroides deambulando por el espacio. Durante ese tiempo, la Tierra fue golpeada por una onda masiva de estos asteroides. Este impacto intenso convirtió la Tierra en una inmensa bola de fuego. A pesar de episodios tan violentos como estos, la vida continuó. Y si hubiese desaparecido, pues debió haber empezado de nuevo, pues aquí estamos y aquí seguimos.

Al convertirse la Tierra en una bola de fuego, el gran océano desapareció. Todo se evaporó. Pero la vida encontraría su refugio lejos del calor sofocante, tal vez en la sal. La vida pudo preservarse en capas de sal, de donde luego pudo regresar a la forma animada, cuando las condiciones fueran favorables para ello. Parece ser que algunas veces en nuestras vidas esto es exactamente lo que hay que hacer: esperar el momento apropiado para seguir adelante. Pareciera que la vida es indestructible, pues, aunque se esterilice el planeta completo, una vez que se haya formado la vida, esta buscará la forma de sobrevivir. La vida también pudo haberse refugiado debajo de la Tierra donde no la alcanzara ni el calor de afuera ni el de adentro tampoco.

Hay evidencia que, en unos 700 millones de años después de la formación de la Tierra, ya existía el agua del océano donde la vida se habría formado. Se han encontrado en formaciones de la Tierra hoy, capas de carbono fosilizado en las cuales pudo existir vida, ya que el carbono constituye los bloques de construcción de la vida. Si la vida existió 3,8 mil millones de años atrás, entonces la vida que tenemos hoy en la Tierra sería descendiente de la vida que estuvo viviendo en altas temperaturas, sin fotosíntesis. Sin embargo, la vida primitiva necesitaba del agua y esta, se había evaporado en la superficie del planeta. ¿Entonces pudo haber sido posible mantener otro tipo de vida debajo de la superficie en lo profundo de la roca?

Hoy día se ha encontrado evidencia de organismos o bacterias viviendo debajo de la Tierra a unos 5 kilómetros de profundidad en minas de oro de África. Estas bacterias son anaeróbicas debido a que no usan el oxígeno para su energía. Sin embargo, llevan aún en sus genes la capacidad para respirar oxígeno. Tal vez esto sea evidencia que estos microorganismos alguna vez vivieron en la superficie y que luego migraron a esas profundidades para quizás escapar del calor y del impacto de la evaporación total. Esto pudo haber sido el refugio de la vida por miles de millones de años.

Quizás después de sobrevivir en las profundidades, la vida regresó nuevamente a la superficie cuando las condiciones estuvieron dadas. Aun estando nuestro planeta convertido en una bola de fuego, el vapor de roca se empezó a disipar y las temperaturas empezaron a bajar. Debido al tamaño y la gravedad de la Tierra, el agua evaporada no pudo escapar al espacio fuera de la atmósfera y en solo unos miles de años el vapor de agua se enfriaría y se condensaría para luego caer de regreso como lluvia torrencial. Una vez más, el gran océano se empezó a llenar, pues esas lluvias serían tan cargadas como las lluvias de las tormentas tropicales de hoy. En solo unos 3 mil años los océanos habrían recuperado sus profundidades originales. Ahora las condiciones estarían dadas para el retorno de la vida de las profundidades. Los organismos que sobrevivieron al fuego vivieron en sitios muy calientes para luego convertirse en los ancestros de toda la vida en la Tierra.

Estos organismos sobrevivieron al calor inmenso para una vez más recolonizar el gran océano desde lo profundo de la Tierra a través de diminutas grietas y fisuras de la roca madre. Así la vida del subsuelo regresa al océano y por los siguientes dos mil millones de años, la vida permanecerá en él, viviendo a la deriva en sus aguas, comiendo, reproduciéndose y muriéndose hasta su próximo reto. El próximo reto de la vida llegó hace casi 2 mil millones de años, cuando el planeta lentamente se convirtió ahora en una inmensa bola de hielo. Por millones de años, el planeta fue cubierto por un grueso manto de hielo y la vida pudo resistir esto también. La vida en la Tierra logró sobrevivir al fuego que cubría nuestro planeta recién formado y luego a las dos grandes glaciaciones que han convertido al planeta en inmensas bolas de nieve. Sobrevivir a todas esas condiciones adversas, presenta realmente una gran odisea.

3.2 LOS PRIMEROS ORGANISMOS Y EVENTOS QUE IMPACTARON LA VIDA EN EL PLANETA

En este subcapítulo estaremos presentando los primeros organismos y eventos que impactaron la vida en la Tierra. Para ellos estaremos hablando sobre los organismos procariotas, los efectos de la oxigenación sobre la vida, los organismos eucariotas, la primera glaciación y su efecto sobre la vida, así como también estaremos hablando sobre la segunda glaciación y su efecto sobre el crecimiento de la vida. Veremos que, desde su inicio, la vida en la Tierra se mantuvo en forma de bacterias y sin mucho impacto aparente en el planeta. Pero eso cambiaria, pues unos nuevos microorganismos que surgirían luego, sí se harían notar. Hacen unos 2,3 mil millones de años, la vida en la Tierra continuaba siendo netamente bacteriana y residía en el océano, pero habría un gran cambio: la atmósfera del planeta cambiaria de rojiza a azul. El color rojizo era causado por la presencia del gas metano producido por unas bacterias llamadas metanógenas, las cuales eran unos organismos procariotas. Pero con la llegada de otro tipo de organismos procariotas llamados las cianobacterias, el color de la atmósfera se convertiría en azul. Estas cianobacterias no sólo cambiarían el color de los cielos, sino que también cambiarían la vida para siempre, mediante la oxigenación del planeta. Empecemos entonces con los primeros organismos.

Organismos Procariotas

Los organismos procariotas o procariontes son microorganismos unicelulares como las bacterias que están constituidos por células procariotas, es decir, células que no tienen núcleo. Las células procariotas estructuralmente son las más simples y pequeñas que existen. Como toda célula, está delimitada por una *membrana celular* o plasmática que contiene pliegues hacia el interior. La parte exterior de la membrana está rodeada por una pared celular que le brinda protección a la célula. El interior de la célula se denomina *citoplasma* y dentro de este, alrededor del centro en una región más densa, llamada *nucleoide*, se encuentra el material genético o *ADN (Ácido Desoxirribonucleico)*, el cual no está separado del resto del citoplasma.

El ADN es una molécula compuesta por ácidos nucleicos que contiene el código genético o las instrucciones para la formación y reproducción de la célula, la cual al reproducirse copia todo el contenido genético en la otra célula. Esta información es usada por la célula para ser transmitido a la siguiente generación y así asegurar su supervivencia. En la transmisión de la información genética el ADN necesita de otro ácido nucleico llamado *ARN (Ácido Ribonucleico)*. Estas dos moléculas compuestas por ácidos nucleicos controlan la síntesis de proteínas que la célula necesita para vivir, proporcionándoles a las proteínas la información de lo que deben ser y hacer para realizar los procesos vitales, así como las funciones básicas de los seres vivos. También en el citoplasma de la célula se encuentran los *ribosomas*, que son unas estructuras que tienen la función de fabricar proteínas. Los ribosomas pueden estar libres o agrupados formando conjuntos denominados poliribosomas. Ver la ilustración siguiente.

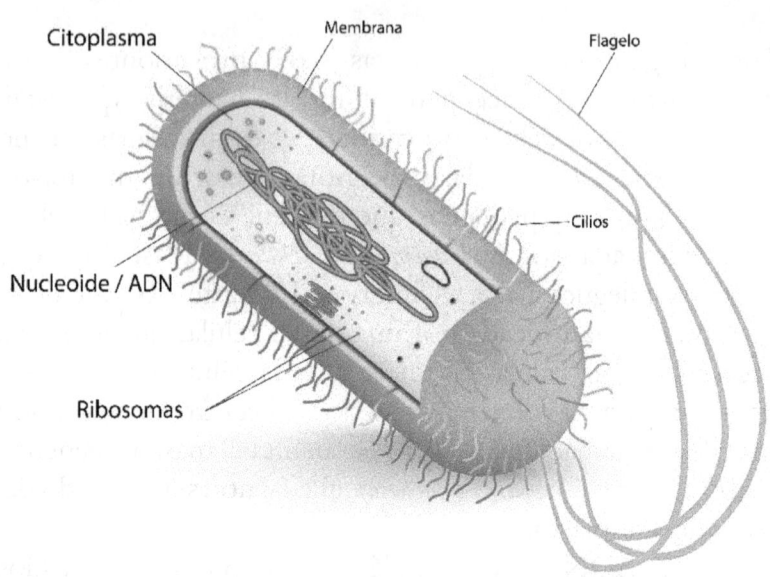

Las células procariotas pueden tener distintas estructuras que le permiten la locomoción, como por ejemplo los *cilios* y los *flagelos*. Los cilios son una especie de pelitos cortos y numerosos, mientras que los flagelos son más largos y más escasos. Entre las bacterias más importantes constituidas por células procariotas tenemos las metanógenas y las cianobacterias.

Las Metanógenas son un tipo de bacterias que producen el metano como producto de desecho después de procesar sus nutrientes. Ellas son organismos unicelulares, que forman parte del grupo de las arqueas. Las metanógenas no dependen de la luz del Sol para su energía, ellas la obtienen al descomponer sus nutrientes, produciendo el gas metano como subproducto o producto de desecho. Es probable que este metano conservara el planeta cálido, ya que cuando el metano empezó a burbujear a la atmósfera, elevó la temperatura de la Tierra y llenó toda la atmósfera, la cual se tornó rojiza. Pero con el tiempo las bacterias evolucionarían para formar un nuevo tipo llamado las cianobacterias, las cuales no solo cambiarían el color del planeta, sino que tendrían un enorme impacto en la vida.

Las Cianobacterias son organismos microscópicos de una sola célula formados por cambios o mutaciones celulares. Estas cianobacterias, como se ilustra debajo a la derecha, fueron los primeros organismos en usar la luz del Sol para obtener su energía mediante el proceso de la fotosíntesis. Estas bacterias obtienen su energía de los elementos y moléculas a su alrededor para sobrevivir y también para reproducirse. Estos microorganismos 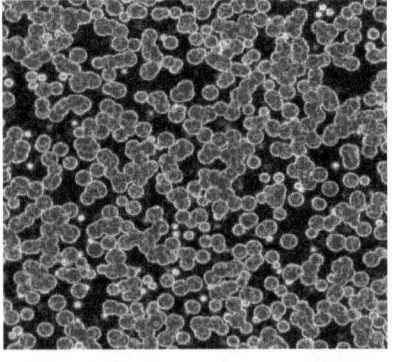 absorbían el dióxido de carbono el cual era muy abundante para ese entonces en el gran océano y lo convertían en carbohidrato, el cual les proporcionaba alimento y como producto de desecho las cianobacterias generaban oxígeno.

Las cianobacterias llenaron la atmósfera de oxígeno, lo que hizo que otros tipos de vida florecieran. Esto fue posible cuando la luz del Sol se había hecho más fuerte que al principio cuando era bastante débil. El oxígeno que las cianobacterias producían fue liberado a la atmósfera en grandes cantidades. Este oxigeno fue reduciendo la cantidad de metano en la atmósfera producido por las metanógenas hasta eventualmente eliminarlo por completo. Unos 2,4 mil millones de años atrás ya toda la atmósfera estaba llena de oxígeno. Las cianobacterias fueron la forma dominante de la vida en la Tierra por más de 2 mil millones años y son los ancestros de toda la vida en nuestro planeta.

Los organismos que evolucionaron después de las cianobacterias utilizarían el oxígeno como energía y se les llama organismos aeróbicos. Esa nueva forma de energía buscaría tomar control del poder de la luz solar a través del proceso bioquímico conocido como *fotosíntesis*. Este grandioso evento llevaría a formar mucho más tarde células más complejas de la que se formarían las primeras plantas, lo cual abriría el planeta para la vida animal. Al hacer la fotosíntesis, las cianobacterias producían desechos rocosos, los cuales se precipitaban al fondo del océano para formar capas muy finas de microorganismos unicelulares que se fueron depositando lentamente, capa tras capa, años tras años para formar los *Estromatolitos*, como se puede ver en la ilustración de abajo.

Estos son los fósiles más viejos que se conozcan en el mundo y aún pueden encontrarse hoy. En Australia occidental se pueden ver estromatolitos vivientes en aguas someras. Los fósiles antiguos contienen muchos estromatolitos fosilizados. El descubrimiento de la formación de los estromatolitos encendería la chispa para la revolución de los fósiles. De estos fósiles se concluye que el planeta Tierra hace 3,5 mil de millones de años ya estaba ocupado por vida. Los registros de rocas muestran que 2,5 mil millones de años los estromatolitos florecían alrededor del planeta. A medida que los estromatolitos llenaban las aguas costeras, estos a su vez, llenaban la atmósfera con oxígeno y nuevas formas de vida aparecían.

Efectos de la Oxigenación sobre la Vida

Por unos 2 mil millones años las cianobacterias estuvieron oxigenando el planeta para definitivamente cambiar el mundo. Con la abundancia de oxigeno los organismos unicelulares evolucionaron en pluricelulares. Además, el oxígeno empezó a burbujear a la atmósfera y al reaccionar con la luz ultravioleta del Sol, parte de ese oxigeno se convirtió en ozono, el cual deflectaba los dañinos rayos ultravioleta del Sol. Pero tomaría mil millones de años más para que estos microorganismos cambiaran la atmósfera de la Tierra completamente.

Las cianobacterias no solo cambiaron la atmósfera, sino que también cambiaron la forma de vida de los organismos que vivían en la Tierra para ese entonces. Antes de las cianobacterias, ninguna forma de vida utilizaba el oxígeno para vivir, por lo que se les llama *organismos anaeróbicos*. El oxígeno fue letal para casi todos estos organismos y como resultado una gran cantidad de ellos pereció. Sin embargo, algunos otros pudieron adaptarse y sobrevivir al oxígeno. Los nuevos organismos que usarían el oxígeno para vivir se les llaman *organismos aeróbicos*. Y uno de los más exitosos en este proceso fue la *mitocondria*, la cual logró usarlo como combustible para su obtener energía.

Con el tiempo, los organismos aeróbicos de una sola célula muy espontáneamente se empezaron a juntar para formar colonias de varias células, en las que las células individuales se combinaron unas con otras para incorporar otros organismos dentro de ellas. Estos organismos cautivos se mantuvieron intactos y así lograron contribuir con sus capacidades especiales al organismo captor. Los nuevos organismos por supuesto se hicieron más grandes y con funciones específicas. De las células que incorporaron unos organismos verdes azulado, llamados *Cloroplastos* evolucionaron las primeras plantas. Los cloroplastos le dieron a esa nueva célula la capacidad de hacer la fotosíntesis, con la cual le ampliaba sus posibilidades de sobrevivir. De igual manera, de las células que incorporaron la mitocondria, evolucionaron los primeros animalitos. La mitocondria le dio a la nueva célula la capacidad de respiración para garantizar su supervivencia. De hecho, aun hoy seguimos respirando.

La producción de oxigeno continuó y la atmósfera se tornó muy rica en este elemento, lo que dio como resultado la formación del ozono, con lo cual quedaba protegida la vida de los rayos del Sol. Los organismos dependen de un balance entre el oxígeno y el dióxido de carbono dentro y fuera del océano. Hace unos 2 mil millones de años atrás, la Tierra inicio un proceso de cambios dramáticos, lo que haría que en los siguientes 1,3 mil millones de años la vida en el plantea se hiciera más compleja, diversificada y más abundante. Y desde una célula sencilla como los organismos procariotas surgieron organismos más grandes y más complejos como los organismos eucariotas.

Organismos Eucariotas

Las primeras células eran muy sencillas y sin núcleo y se llaman células procariotas. A lo largo de un lento proceso evolutivo de miles de millones de años, estas células lograron desarrollar un núcleo para así formar las células eucariotas. Es decir, las células eucariotas evolucionaron de las células procariotas. Las células eucariotas derivaron en células microscópicas más grandes y más complejas para formar más tarde, organismos de varias células u organismos multicelulares, probablemente por la combinación de dos o más células.

Las células eucariotas surgen después de la oxigenación del planeta. A este nuevo tipo de células con núcleo se les llamadas eucariotas y los organismos formados por estas células se les llaman organismos eucariotas o eucariontes. Estas células además de la *membrana* y el *citoplasma* con los *ribosomas* como en las células procariotas; también tienen dentro del citoplasma un *núcleo* de forma esférica separado del resto del citoplasma por una membrana. Dentro de este núcleo, se encuentra el material genético ADN. Además, se encuentra dentro del núcleo otra estructura celular de forma también esférica llamada *nucléolo*, formada por proteínas y cuya función principal es de sintetizar los ribosomas, los cuales a su vez son enviados al citoplasma para traducir el ARN que transfiere el código genético del ADN del núcleo a los ribosomas del citoplasma.

Dentro del citoplasma también se encuentran otras estructuras celulares pequeñas llamadas *orgánulos*, los cuales cumplen funciones específicas y que fueron formados por asociaciones de otras células, organismos o bacterias en donde una terminó dentro de otra, en lo que se conoce como el proceso de endosimbiosis. Entre los principales orgánulos de las células eucariotas se encuentran la mitocondria para la respiración celular, el *retículo endoplásmico* y el *aparato de Golgi* para el manejo de las proteínas. En el aparato de Golgi se forman unos orgánulos llamados *lisosomas* que contienen enzimas para hacer la digestión celular. Ver la ilustración de la siguiente página. La mitocondria fue una de las bacterias que terminó como parte de otra, lo cual fue un evento muy fortuito, pues la mitocondria ya había aprendido a manejar el oxígeno para obtener energía. Un proceso similar a este ocurrió en las plantas cuando el cloroplasto terminó siendo parte de otras bacterias para permitirles la fotosíntesis. Las mitocondrias siguen conservando su propio ADN y ARN y sus ribosomas son muy independientes de la célula en la que viven.

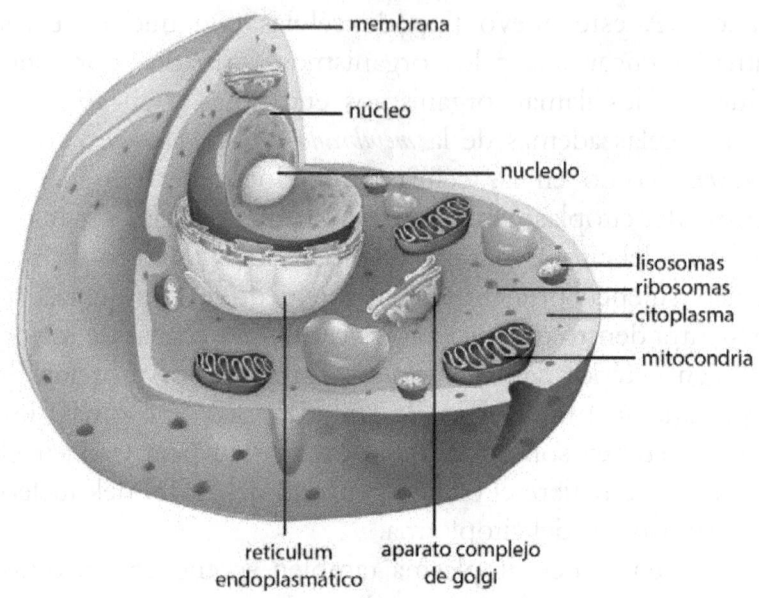

Las células eucariotas eran muchísimo más grandes y con más ADN que las células procariotas. Esto hizo que el nivel de la complejidad de la vida se hiciera mayor para formar dos tipos de organismos más avanzados: los que desprenden oxigeno como las plantas y los que absorben oxigeno como los animales. De estos organismos, luego después de miles de millones de años, evolucionaron las plantas, los animales y los hongos, al agruparse las células eucariotas en organismos pluricelulares complejos de mayor tamaño. A los organismos eucariotas unicelulares que no evolucionaron ni en plantas, ni en animales, ni en hongos; se les llama protistas. Y así lo vida continuó su curso sin mayores cambios hasta que ocurrió la primera glaciación.

La Primera Glaciación y su Efecto sobre la Vida

La producción de oxígeno por millones de años enfrió el planeta, el cual al pasar tanto tiempo sin nada que le diera calor se congeló dando lugar a la primera glaciación hace 1,1 mil millones de años y la vida casi se extinguió. Pero después del desastre de la primera glaciación la vida evolucionaria en nuevas clases de organismos. El planeta convertido en una bola de hielo continuó así por millones de años hasta que se produjo una gran actividad volcánica desde el corazón de la Tierra para romper el hielo. Pero la vida en su obsesión de seguir existiendo buscaría refugio para sobrevivir y aparecieron en las grietas termales del fondo del océano unos nuevos microorganismos amantes del calor llamados *Termófilos*. Las bacterias termófilas son microorganismos que viven y se desarrollan en condiciones de temperaturas extremas en sitios con actividad volcánica, donde pueden vivir tranquilamente en burbujas de agua tan caliente que matarían a cualquier otro tipo de vida.

Después que el hielo empezó a derretirse por el calor que venía del centro de la Tierra, la vida empezó gradualmente a cambiar aun cuando el tamaño de los organismos seguía siendo muy pequeño. Aparecieron por esa época unos organismos diminutos, llamados *Coanoflagelados*, como se puede ver en la ilustración de la siguiente página. De estos microorganismos se formaron los primeros animales.

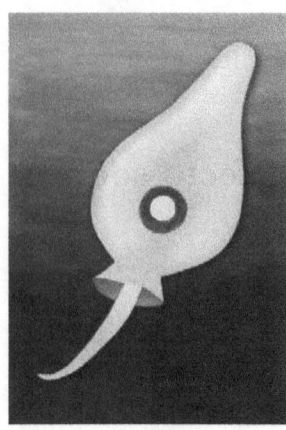

Los coanoflagelados eran unos organismos que vivían juntos en colonias. Estos son los ancestros de todos los animales y de nosotros mismos. Ellos vivieron sin mayores cambios por los siguientes mil millones de años. Pero luego habría otro período de congelamiento en el planeta dando lugar a la segunda glaciación para introducir cambios muy importantes en la vida.

La Segunda Glaciación y su Efecto sobre el Crecimiento de La Vida

De no haber sido por las dos glaciaciones la vida en la Tierra tal vez hubiera continuado en forma de bacteria y la Tierra sería un planeta de océanos fangosos con estromatolitos. Ambas glaciaciones fueron cruciales para la evolución de la vida. La segunda fue consecuencia de la primera. Estos eventos permitieron la evolución de los organismos eucariotas, los cuales fueron mayores que los organismos procariotas de donde se formaron.

La segunda glaciación ocurrió unos 700 millones de años atrás y el planeta se convirtió en una inmensa bola de nieve. La única vida en la Tierra, las bacterias marinas estaban atrapadas debajo de la oscuridad. Este evento resultó en la mayor glaciación jamás experimentada en la Tierra. El resultado fue desastroso. Todo menos una pequeña fracción de organismos fueron llevados a la extinción. Casi todos los organismos marinos, la única vida en el planeta, habían desaparecido. El futuro de la vida en la Tierra colgaba de un hilo. Pero nuevamente el calor de unas vastas erupciones volcánicas fracturaría al súper continente Rodinia para poner fin a la bola de nieve.

Después de la ruptura de Rodinia, unos 630 millones de años atrás, el dióxido de carbono liberado por las erupciones desde el corazón de la Tierra, crearon un efecto invernadero temporal y las capas de hielo se retiraron. Rodinia se fracturó en grandes fragmentos y el manto de hielo se rompió. Al descongelarse el océano, este se abrió y el nivel de oxígeno aumentó, los organismos primitivos eran nuevamente libres para dar el próximo paso adelante. Estos organismos se convertirían en más grandes y mucho más complejos y hasta muy agresivos luego después durante el Período Cámbrico.

Después del descongelamiento de la bola de nieve, la vida prosperaría como nunca antes. El dióxido de carbono producido por la actividad volcánica mientras la Tierra estaba congelada, empezó a ser liberado desde el manto de la Tierra al fondo del lecho marino y de allí se fue a la atmósfera. El dióxido de carbono se fue almacenando en la atmósfera hasta lograr niveles suficientes para el calentamiento del planeta. Al calentarse la Tierra el hielo empezó a derretirse y la temperatura alcanzó unos 45 grados °C y se empezaron a formar unos patrones del clima nunca visto. El diferencial de temperatura causó que se formaran grandes huracanes en forma masiva. Estos enormes huracanes generaron gigantes olas marinas. Toda esta actividad incrementó la producción de oxígeno. Los nutrientes que fueron vertidos al océano desde adentro de la Tierra durante la actividad volcánica se irían de regreso al fondo del océano o serían consumidos por la vida bacteriana.

La vida de las bacterias en el fondo oceánico no sería impactada directamente por los huracanes, pero muchos de ellos fueron transportados del fondo hasta aguas menos profundas. Luego cuando los vientos se aquietaron y llegó la calma, el Sol bañó las aguas someras con su luz y nutrientes, haciendo que las bacterias se multiplicaran tremendamente produciendo así más oxígeno. Se inicia el florecimiento de las algas. El océano se tornó entonces verde. Y más y más oxigeno se bombeaba al ambiente. La vida que había resistido dos períodos glaciales había cambiado el planeta para agregar un nuevo capítulo en su historia, esta vez con muchísimo oxígeno, el cual cambió el mundo, al introducir en él al *colágeno*, el cual a su vez tendría un tremendo impacto en el crecimiento y desarrollo de las primeras formas de vida hasta formar los primeros animales.

3.3 LOS PRIMEROS ANIMALES

En este subcapítulo estaremos cubriendo la evolución de los primeros animales en el período Ediacárico después del gran letargo de la vida de más de miles de millones de años. Como ya hemos visto, todos los animales evolucionaron de los primeros microorganismos unicelulares llamados coanoflagelados. A partir de este antecesor común, diferentes tipos de especies evolucionaron para luego nadar, gatear, caminar y hasta volar. Primeramente, se formaron los animales invertebrados con cuerpos blandos, sin conchas ni caparazones como las esponjas, las medusas y otros animales con estructuras simples. Entre los primeros fósiles de animales que se han encontrado tenemos los de la llamada *Fauna de Ediacara*, del *Período Ediacárico*. Esta fauna es un conjunto de fósiles de unos 600 millones de años de antigüedad con unos animales muy raros que más bien parecieran plantas, pero eran animales. Gracias a la aparición del colágeno para ese entonces, las células de los primeros animales empezaron a formar los tejidos que fueron formando las capas externas e internas de la piel para formar cuerpos y estructuras más grandes y fuertes. Más tarde, los animales se desarrollaron y se hicieron más complejos.

Desde su inicio 3,8 mil millones de años atrás, la vida en la Tierra evolucionó de una célula viviente sin núcleo o procariota, a otra con núcleo o eucariota, de la que surgirían los organismos pluricelulares. Pero hace unos 580 millones de años, la vida sufrió unos cambios muy importantes para romper con su largo letargo de más de 3 mil millones de años, gracias a la segunda glaciación. Aparecieron para ese entonces en la Tierra las primeras formas de animales multicelulares, los cuales podían ser visibles al ojo desnudo. Estos animales fueron los primeros invertebrados, los cuales incluían especímenes de cuerpo blando parecidos a unas plantas y las primeras formas de medusas y gusanos. Al principio no se sabía si esos organismos eran plantas o animales. Eran unos especímenes muy raros, que no se parecían en nada a los animales modernos y que llegaron a medir hasta dos metros de largo.

Se cree que estas primeras formas de animales de mayor tamaño se debieron al colágeno, el cual ya se había formado para ese entonces debido a la gran cantidad de oxígeno que había en la Tierra. El colágeno es una especie de sustancia de soporte que las células que vivían en el período precámbrico usarían para mantener las estructuras de su cuerpo más unidas y fuertes. Esto les permitió a esas células multiplicarse rápidamente para luego formar parte de cada criatura viviente. Fue el colágeno que le dio forma a la vida después de la segunda glaciación. Gracias a la ayuda del colágeno se formaron más tarde organismos de cuerpos más grandes y más complejos durante el período Ediacárico y luego durante la gran explosión cámbrica. El colágeno aún sigue siendo producido por los animales incluyendo los humanos para ayudar a formar los tejidos de sus cuerpos. Los trillones de células que forman un ser humano se mantienen unidas gracias a esta molécula. Sin colágeno y sin oxígeno no hubiera sido posible evolucionar hasta donde lo hemos hecho hoy.

El colágeno es la proteína más abundante de nuestro cuerpo y un componente esencial de los huesos, ligamentos, tendones, cartílagos y la piel. También forma parte de la pared de los vasos sanguíneos, córnea ocular, dentina o componente principal de los dientes, encías y cuero cabelludo, así como del tejido conectivo que envuelve y protege nuestros músculos y órganos vitales. Como todas las proteínas, el colágeno está constituido por largas cadenas de aminoácidos. Estas cadenas se enrollan y enlazan entre sí originando gruesos cordones llamados fibras que aportan resistencia y flexibilidad a nuestros tejidos.

Evidencia de la existencia de estos primeros animales, apareció en los fósiles encontrados en los Montes de Ediacara, Australia y al yacimiento de estos animales se le llama la "Fauna de Ediacara" y constituye la única pista, hasta el momento, sobre la vida en el período Precámbrico. En el 2004 la fauna de Ediacara fue aceptada oficialmente como un período geológico por la Unión Internacional de Ciencias Geológicas. Y desde entonces se conoce este importante período de la historia de la vida como el Período Ediacárico, el cual va desde hace unos 635 hasta 542 millones de años.

Algunos de los animales de este período eran parecidos a los helechos de hoy, mientras otros eran una forma de disco que permanecían como aplastados en el fondo del océano. Pero se cree que eran más bien animales porque vivieron en un ambiente muy profundo en el océano en donde ninguna planta podía hacer la fotosíntesis. Ellos fueron los primeros animales en empezar la carrera por los alimentos en la historia de la vida de la Tierra. Estas criaturas constituyen los ancestros modernos de nosotros. Entre estos animales aparecen el Pteridinium, el Yorgia y el Kimberella. Como se puede ver en la ilustración siguiente de la fauna de Ediacara.

Los *Pteridinium* fueron unos organismos que aparecieron después de la segunda glaciación y vivieron en el fondo del océano, medio enterrados en el barro. Estos no parecían ser ni peces ni hojas. Pero fueron los primeros organismos vivientes más grandes que los microorganismos o bacterias. Este fue el gran paso de la evolución de la vida en la Tierra. Los pteridinium se han encontrado en forma de fósil en depósitos del Período Precámbrico en diferentes partes del mundo. Tienen un cuerpo formado por tres partes redondeadas, cada uno consistiendo en un número de unas formas de estrías paralelas que se extienden hasta el eje principal en donde las tres partes se juntan. Como se puede ver a la izquierda y a la derecha de la ilustración de arriba. No muestran señal alguna de que tuvieran boca, ni ano, o ningún otro órgano. Ni siquiera en especímenes bien preservados. Los especímenes encontrados indican que el animal vivía en los sedimentos del suelo del océano. Pero no se sabe si se movía, o si se alimentaba por la fotosíntesis, o si extraía sus nutrientes del agua del océano, ni mucho menos si tenían alguna manera obvia de injerir o de eliminar el agua salada.

El *Yorgia* era otra criatura perteneciente a la fauna de Ediacara y que también apareció después de la segunda glaciación. En este animalito se puede ver una simetría bilateral, es decir que las dos mitades de su cuerpo son iguales. También se puede ver un punto focal en el que se había formado la cabeza. Se puede concluir que el yorgia, fue la primera criatura que empezó a moverse en cierta dirección y con un propósito. Su cuerpo era de forma similar a un disco blando, plano y alargado, como se puede ver al fondo y a la derecha de la ilustración de la fauna de Ediacara de la página anterior. Y tenía una cabeza ancha y corta en un cuerpo alargado dividido en dos partes por una depresión. Cada lado del cuerpo tenía segmentos dando un aspecto simétrico al animal. Entre el cuerpo y la cabeza tenía un segmento más ancho que el resto de los segmentos del cuerpo, el cual se cree le permitía al animal doblarse para moverse mejor. Según los fósiles encontrados, el Yorgia se desplazaba curvando la espalda.

El *Kimberella* fue otro animalito que también apareció en esta etapa de la vida temprana. Este tenía un cuerpito protegido por una concha de la cual salía una trompa alargada con la que se alimentaba del suelo, como se puede ver al fondo y a la izquierda de la ilustración de la fauna de Ediacara de la página anterior. El kimberella pudo haber sido la primera criatura que tuvo que escarbar en el barro oceánico en busca de alimento. En este animalito también se puede ver una simetría bilateral. Era del tamaño del dedo pequeño de nuestra mano, tenía una especie de columna vertebral, lo que lo sitúa como el predecesor de los animales vertebrados. Después de 3 mil millones de años de la vida en la Tierra, el kimberella fue la primera criatura visible al ojo del humano de hoy. Por unos 30 millones de años los animales del Período Ediacárico dominaron la vida del gran océano hasta que desaparecieron con las nuevas criaturas de la explosión cámbrica.

3.4 LA EXPLOSION CAMBRICA

Los animales del período Ediacárico desaparecieron a causa de unas nuevas criaturas nacidas en un nuevo evento evolutivo hace unos 540 millones de años. Este nuevo evento es conocido como la explosión cámbrica, la cual constituye el gran progreso de la evolución para cambiar la vida en la Tierra para siempre. En este subcapítulo sobre la explosión cámbrica estaremos revisando primero, ¿qué fue la explosión cámbrica? y qué la causó? También veremos su impacto en la prosperidad de la vida desde la aparición de los primeros animales invertebrados y vertebrados.

¿Qué fue la Explosión Cámbrica?

Se le llama explosión cámbrica a esa fase de cambios trascendentales de la vida en la Tierra, ya que la vida pasó de un largo período de más de 3 mil millones de años sin mayores cambios evolutivos, a un período donde apareció una inmensa variedad de criaturas viviendo en el gran océano del período cámbrico en un lapso de tiempo de apenas 10 millones de años aproximadamente. Este gran salto evolutivo de la vida en ese pequeño lapso se considera algo explosivo comparado con el tiempo trascurrido antes sin ningún cambio.

Hoy el "Burguess Shale" de los Rockies canadienses, constituye un claro ejemplo de estos eventos de la evolución de la vida, en la así llamada explosión Cámbrica. Por primera vez en la historia de la vida en la Tierra, se tiene los más altos niveles de oxígeno desde su formación y la vida floreció con la aparición de animales muy diferentes. En el "Burguess Shale" existe una mina de fósiles de la vida que existió durante la explosión Cámbrica, lo cual representa una ventana hacia la evolución de la vida tal como existió unos 500 millones de años atrás. Este es el sitio de los fósiles más importantes del mundo. En 1909 se descubrieron los primeros fósiles y desde entonces más de 100 mil fósiles han sido excavados en este lugar. Estos fósiles revelaron que hace unos 500 millones de años la vida había explotado con diversidad y complejidad escalonada. En el océano del Cámbrico las aguas ricas en oxigeno estuvieron llenas de organismos y criaturas que se alimentaban no solo de plantas, sino que se comían entre ellas mismas.

El período Cámbrico es el más especial para de historia de la vida por la aparición de diferentes tipos de animales. En este período las criaturas se convirtieron en animales bastante complejos, los cuales desarrollaron conchas duras, esqueletos, ojos, bocas y dientes, estómagos, tripas y hasta inventaron el sexo como lo conocemos hoy. Definitivamente la explosión cámbrica ha sido el evento evolutivo más importante de la vida en la Tierra por lo que merece todo tipo de atención. Ahora, veamos que causó tal explosión.

¿Qué Causó Tal Explosión?

Pasó mucho tiempo para que las primeras formas de vida en la Tierra se convirtieran en criaturas más complejas como ocurrió en la llamada explosión Cámbrica. Se cree que la causa de esta explosión pudo haber sido el oxígeno que había en la atmósfera gracias al trabajo de las cianobacterias y su proceso fotosintético. El alto nivel de oxígeno sería el combustible requerido para impulsar el desarrollo de criaturas más complejas con la ayuda del recién formado colágeno.

También se cree que las nuevas criaturas empezaron a comerse unas a otras, lo que les ayudó a desarrollar cuerpos más grandes. Sin embargo, el apetito no solamente fue por la comida. También se incrementó el apetito sexual. ¿Y quién no se desarrollaría teniendo suficiente comida y sexo? El sexo constituye una mejor forma de reproducirse, pues garantiza variaciones y asegura que cada generación será la variación de la última. Así los organismos se mezclan y combinan sus genes para formar otros organismos con variaciones. Y las variaciones que mejor se adapten al ambiente evolucionaran en un proceso llamada selección natural.

Evolución es la habilidad de un organismo de cambiar con el tiempo y la selección natural es la aplicación de ese cambio en un ambiente natural. Esto hizo posible la explosión cámbrica. Esta fue una explosión más de sexo que de animales. Es importante destacar que la vida no llega por generación espontánea, por lo que ciertas condiciones deben estar presentes para que la vida se forme y prospere.

Prosperidad de la Vida

El capítulo de la vida durante la explosión Cámbrica representa el período más importante quizás en la historia de la evolución. Los animales predadores iniciaron la carrera de las armas desarrollando dientes sofisticados y medios para comer y mascar cosas. Otros animales empezaron a desarrollar rasgos que les ayudarán a protegerse de los depredadores. A diferencia del precámbrico, el período cámbrico produjo el estallido de evolución más intenso que se haya conocido jamás con la explosión cámbrica, de la que emergió la más grande diversidad de vida, incluyendo los dos grandes grupos de animales conocidos como los invertebrados y los vertebrados.

El ambiente del cámbrico brindaba mucha más hospitalidad con un clima cálido y con el nivel del océano subiendo para inundar las masas de tierra bajas para crear ambientes marinos someros ideales para anidar nuevas formas de vida. Durante la explosión Cámbrica proliferaron animales invertebrados de cuerpos duros incluyendo los braquiópodos que vivieron en conchas parecidos a las almejas de hoy. También proliferaron los trilobites, las cuales eran animales invertebrados y los ancestros de los insectos, las arañas y los crustáceos.

Los Primeros Animales Invertebrados: Trilobites y Depredadores

Entre los primeros animales invertebrados aparecieron los trilobites y los depredadores en el período Cámbrico. Los *Trilobites* dejaron un inmenso número de fósiles. Estos animalitos, pertenecientes al grupo de los artrópodos, eran unos animales invertebrados con un esqueleto externo articulado. Estos animales tenían cuerpos fuertes, los cuales les brindaban más y mejor defensa contra otros animales, así como también mejor capacidad estructural para soportar cuerpos aún más grandes. Estas criaturas tenían cuerpos aplastados y segmentados, protegidos por conchas duras. Algunas de ellos nadaban, mientras que otras gateaban en el fondo del océano. Como se puede ver en la ilustración siguiente. Los trilobites empezaron después a cambiar de aspecto. Hasta que algunos de ellos empezaron a desarrollar un caparazón más fuerte para protegerse de los depredadores que ya habían aparecido en el océano de entonces. Los trilobites eran de diferentes tamaños entre un milímetro hasta más de medio metro de largo y estaban entre los animales primitivos más exitosos hasta su  extinción a finales del período Pérmico hace unos 250 millones de años.

Los primeros depredadores aparecen en el período Cámbrico e incluían al *Anomalocaris* y el *Opabinia*, unos animales invertebrados perteneciente al grupo de los artrópodos con caparazón o esqueletos externos. Estos depredadores tenían unos enormes ojos supuestamente compuestos. El gran depredador del Cámbrico fue el anomalocaris, una criatura que llegó a medir hasta un metro de ancho. Su cuerpo era muy largo pero estrecho. Este animalito era muy parecido a un camarón de hoy y atrapaba sus presas con sus temibles mordazas, con las que también se las llevaba a su boca, la cual era en forma circular con dientes y que casi siempre la tenían abierta. Como se puede ver a la izquierda de la ilustración de abajo. El otro depredador importante del Cámbrico, quizás más extraño que el anomalocaris, fue el Opabinia.

Esta criatura era de pequeño tamaño, no mayor de unos 7 cm, con una cabeza que tenía 5 ojos, lo cual le daría a este animal una visión de muy amplio barrido, quizás de unos 360º. El opabinia tenía también debajo de los ojos en su rara cabeza, una especie de trompa alargada y flexible que terminaba en una especie de tenaza con la que capturaba a sus presas y luego se la llevaba a la boca. Como se puede ver a la derecha de la ilustración de la página anterior. Su cuerpo era segmentado y al final tenía una especie de cola que le servía para impulsarse. A los lados del cuerpo tenía unas aletas que le permitían girar rápidamente.

Los Primeros Animales Vertebrados: Los Peces

Uno de los primeros animales cordados primitivos o animales con cuerda dorsal, de los que surgieran más tarde los animales vertebrados; fue el *Pikaia*, una especie de pez parecido a un gusano aplanado, como se puede ver en la ilustración de al lado. El pikaia nadaba en las aguas del cámbrico y tenía una columna vertebral prematura, un paso muy significante en la evolución de los animales vertebrados. Su cuerda dorsal le daba al pikaia la gran rapidez y elasticidad que los otros animales no tenían. Esta ventaja le permitió muchas veces escapar de los depredadores y poder sobrevivir. Este animalito solo media unos 5 cm de largo y se alimentaba quizás succionando partículas del fondo marino. El pikaia vivió nadando en el fondo del gran océano hace unos 500 millones de años, según fósiles encontrados en las lutitas de Burgess de Canadá.

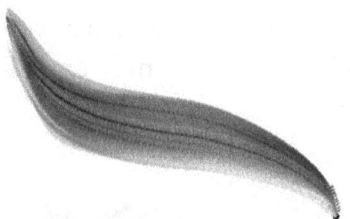

Más tarde aparecería uno de los primeros peces reales: el *Arandaspis*, el cual podía ser nuestro ancestro más próximo. Este es el pez más viejo con columna vertebral. Ver la ilustración al lado. Este animalito se alimentaba tal vez chupando microbios de los corales del fondo del océano, ya que aún no había desarrollado mandíbulas. Vivió hace unos 470 millones de años durante el período Ordovícico Inferior.

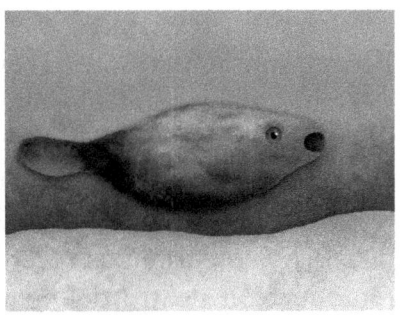

Sus fósiles se han encontrado en Australia. El arandaspis media unos 15 cm de largo y tenía un cuerpo hidrodinámico cubierto de escamas, pero sin aletas aún. Tenía una cola aplanada que le servía para impulsarse. Su cabeza estaba reforzada con unos ojos relativamente pequeños.

Con el tiempo, los peces se volvieron más rápidos y empezaron a comerse a cuanta criaturita más pequeña que encontraran. ¡Oh …oh! El mundo se había dividido entre depredadores y presas. Esto marca el camino de una nueva etapa de la vida en la Tierra: competir por la sobrevivencia. Solos los animales más fuertes y mejores preparados sobrevivirán. Los animales modernos habían llegado a la Tierra y para lograr sobrevivir de aquí en adelante desarrollarían los mecanismos que les ayudarían a completar tal fin.

3.5 EVOLUCION PARA LA SUPERVIVENCIA

En este subcapítulo sobre la evolución para la supervivencia, estaremos hablando de los mecanismos que la vida tuvo que desarrollar para cumplir con el fin de sobrevivir, tales como el desarrollo de un sistema digestivo, circulatorio y respiratorio. Así como también el desarrollo de un sistema nervioso y los primeros receptores sensoriales, la visión y la reproducción dentro del agua. Todo esto le asegurará a la vida continuar adelante, pues ella hasta hoy ha sido el resultado de miles de millones de años de cambios, mutaciones y de selección natural. A lo largo de todos esos años la necesidad de sobrevivir se ha hecho constante en todas las especies.

    La vida depende fundamentalmente del ambiente donde se viva ya sea en el agua o en la superficie. Donde quiera que se encuentren, todos los seres vivos tienen que alimentarse para sobrevivir y luego evolucionar. También, por supuesto, tienen que reproducirse para garantizar la supervivencia de la especie. La materia que usa el organismo para alimentarse también le provee de energía para cumplir sus funciones básicas para vivir. Ese intercambio de materia y energía entre el organismo y el ambiente en el que vive es responsable del crecimiento, desarrollo, reproducción y mantenimiento de la especie. Aparte de energía, el organismo también obtiene del alimento, la materia y elementos necesarios para construir, reparar y mantener las partes de su cuerpo. Para convertir el alimento en energía o metabolizarlo, el organismo tiene que desarrollar varios procesos físicos y químicos como digestión, circulación, respiración, excreción, etc., los cuales irán evolucionando a medida que el organismo crece y se desarrolla. Además, para garantizar su supervivencia, los organismos desarrollan la capacidad de captar información de su mundo exterior para generar repuestas apropiadas ante la situación que se les presente. Esto significa que los animales tendrían que desarrollar los órganos y procesos necesarios para mantener un continuo suministro de oxígeno y alimentos para cumplir su misión. Es decir, desarrollar sistemas como el digestivo, circulatorio, respiratorio, el nervioso central, etc.

El Sistema Digestivo

Cada organismo en la Tierra necesita tener energía y sustento para seguir adelante. Los animales, para lograr esa energía y sustento la toman del oxígeno del medio donde vivan y de los alimentos al comer otros tipos de vida como plantas, microbios u otros animales. El sustento es la materia prima que ellos necesitan para crecer y desarrollarse. Pero para obtener ese sustento, los animales deben descomponer los alimentos y para la mayoría de los animales esa descomposición ocurre en el sistema digestivo.

Los primeros ancestros de los animales que existieron hacen unos 700 millones de años atrás no tenían ni siquiera boca ni estómago. Estos animales eran microorganismos que simplemente se absorbían unos a los otros para obtener la energía necesaria para hacer las funciones básicas para sobrevivir como alimentarse y reproducirse. Más tarde aparecieron los animalitos del período Ediacárico, parecidos a las plantas, medusas y gusanos que vivían en el fondo del océano para empezar la carrera por los alimentos en la historia de la vida de la Tierra. Estos animales no se movían, tampoco tenían ningún tipo de músculo, ni hueso, ni sistema digestivo ni mucho menos cerebro. Ellos solo absorbían su alimento del agua y lo transmitían al resto del organismo. Al estar fijos en el suelo oceánico, estos animales se harían más grandes mientras absorbían más nutrientes.

Después de la explosión cámbrica, los animales del período Ediacárico desaparecieron posiblemente absorbidos o devorados por otros nuevos tipos de animales equipados con una forma de órganos y una nueva forma de comer. Por primera vez en la historia de la vida aparecieron en la Tierra los animales con tripas. Sin embargo, los animales depredadores necesitarían además de las tripas, alguna otra ayuda para poder digerir los alimentos y esa ayuda la obtuvieron de otros animales tan pequeños que eran invisible al ojo desnudo: las bacterias. Hace mucho tiempo atrás las bacterias, la primera forma de vida en la Tierra, desarrollaron encimas para descomponer todo tipo de material orgánico. Cuando los primeros animales emergieron, las bacterias se refugiarían en sus tripas para ayudar en el proceso de la digestión y en recompensa las bacterias también se beneficiarían del banquete al descomponer los alimentos que los animales no podían digerir por ellos mismos.

Más de 500 millones de años después, las bacterias aún son esenciales en la digestión de casi todos los animales. Los humanos llevamos unos 10 trillones de esos organismos en nuestras tripas, los cuales nos ayudan a extraer los nutrientes de nuestros alimentos. Las bacterias han sido muy importantes en la digestión en cada uno de los linajes del reino animal con tripas. Los primeros animales con tripas eran unas especies de medusas, las cuales aún no tenían boca, ni tubo digestivo, ni ano. Solo tenían una especie de saco donde metían el alimento por un lado y luego después de extraer los nutrientes, botaban el resto por el otro lado. Pero esto evolucionaría y la vida en el océano se haría mucho más compleja. Los animales predadores de la explosión Cámbrica iniciaron la carrera de las armas desarrollando dientes sofisticados y medios para comer y mascar cosas. Otros animales empezaron a desarrollar características que les ayudaran a protegerse de los depredadores. Este brote de nuevos tipos de animales también trajo una nueva manera radical de digerir. Las criaturas del período Cámbrico eran demasiados agresivas en comparación con las criaturas pasivas del período Ediacárico. Una de las características más importante del Cámbrico es la movilidad, lo cual les permitió a los animales alimentarse en forma diferente.

Los animales cazadores activos necesitaban sistemas digestivos eficientes, es decir, mecanismos que les permitieran tomar el alimento en un lado del cuerpo, almacenarlo, digerirlo, absorberlo y excretar el desecho por el otro lado. Así evolucionó en estos animales una especie de tubo digestivo con una entrada y una salida en sus extremos, lo que básicamente constituiría el diseño inicial de nuestro propio sistema digestivo. Pero el tubo digestivo por sí solo no era suficiente para digerir los alimentos de la nueva cadena alimenticia.

Los primeros peces, nuestros ancestros, unas criaturas con columna vertebral evolucionaron en los animales depredadores nadadores más rápidos para ese entonces con ojos poderosos y otros sentidos para cazar otros peces. También desarrollaron un sistema digestivo más sofisticado, el cual ya contaba no con un simple saco, sino con el primer estomago real. Con el estómago, la digestión se hizo más eficiente para extraer más nutrientes. Esta poderosa máquina para digerir abrió el camino para la evolución de animales en otros más grandes y más complejos.

Con este nuevo diseño del sistema digestivo, los animales además de ingerir su alimento, digerirlo, absorberlo y después desechar los residuos; también podrían de manera más eficiente transformar las sustancias complejas e insolubles del alimento en otras más sencillas y solubles de fácil difusión para que pudieran atravesar las membranas o paredes del tubo digestivo para que fueran incorporadas al sistema circulatorio para ser transportadas a las células del cuerpo como su sustento para su mantenimiento y crecimiento.

El Sistema Circulatorio y Respiratorio

Los primeros microrganismos unicelulares que vivieron en el gran océano de la Tierra hacen unos miles de millones de años, se nutrían del agua del océano donde vivían. El agua aportaba el oxígeno y los nutrientes que el microorganismo necesitaba para sobrevivir. Tanto el oxígeno como los nutrientes se filtraban o difundían dentro del microrganismo donde eran absorbidos por este y al salir el agua, también por difusión, se llevaba los desechos del microrganismo hacia el océano. Aun, los microrganismos y algunos animales pluricelulares simples usan este mecanismo de la difusión para intercambiar oxígeno y nutrientes, y desechos con el ambiente donde viven.

Más tarde, a medida que los animales evolucionaban en más grandes y más complejos, la distancia entre las células de su cuerpo y el medio ambiente se había hecho demasiado grande para que cada célula del organismo obtuviera el requerido oxígeno y los nutrientes directamente desde el ambiente exterior por difusión. En consecuencia, en el interior del cuerpo de estos animales grandes se desarrolló algo como "una parte del océano", o una especie de mar interno, cuyo liquido portador de nutrientes y oxigeno alimentaría el organismo y después se llevaría los desechos. De este primitivo sistema de circulación, evolucionaria el aparato circulatorio y del líquido salobre evolucionaria la sangre y sus nutrientes. De los canales por donde circulaba la sangre surgieron después los vasos sanguíneos, de los cuales, a su vez se desarrollaría el corazón, mediante la contracción de vasos, lo que producía un bombeo natural de la sangre.

En los peces, los primeros animales vertebrados, el corazón había evolucionado en un musculo con cavidades que se contraían en serie, con una sola aurícula que se comunica con un solo ventrículo. La sangre bombeada desde el ventrículo pasa primero por los capilares o vasos sanguíneos de las branquias, donde toma el oxígeno y libera el dióxido de carbono como desecho. De allí la sangre viaja al resto del cuerpo, suministrando oxígeno a los tejidos y recogiendo el dióxido de carbono. Al tomar el oxígeno y liberar el dióxido de carbono en las branquias de los peces, se produce un intercambio de estos gases lo cual se conoce como respiración. Las branquias son órganos respiratorios para la vida dentro del agua desarrolladas por los peces, una en cada lado de la cabeza para mejorar el intercambio de gases en comparación con la difusión. En este sistema, el agua entra por la boca del pez y al pasar por las branquias, estas absorben el oxígeno y lo envían al corazón. El resto del agua sale de las branquias y vuelve al océano.

La fuerza del corazón al latir impulsa el flujo de sangre a través de los vasos sanguíneos de las branquias de los peces. A medida que se desarrollaban los peces, sus branquias se hicieron más eficientes. Pero para dar el gran salto hacia la superficie, los peces tuvieron que convertir sus branquias en pulmones. El pulmón se formó como una extensión del esófago del pez, el cual era una especie de vejiga con vasos capilares para absorber oxígeno y hacer el intercambio de gases.

El próximo paso de la evolución del sistema circulatorio y su relación con el aparato respiratorio será cuando el primer pez se convierta en anfibio para conquistar la superficie de la Tierra. Otro mecanismo que estos animales tuvieron que desarrollar para poder sobrevivir fuel el sistema nervioso y los primeros receptores sensoriales.

El Sistema Nervioso y los Primeros Receptores Sensoriales

El sistema nervioso ha evolucionado junto con la vida misma. Desde el procesamiento primitivo de información de los primeros microorganismos unicelulares como las bacterias hasta el desarrollo de la corteza cerebral en los seres humanos, el sistema nervioso ha estado en una constante evolución para ayudar al ser a sobrevivir. Las bacterias son microorganismos que, como todos los seres, buscan sobrevivir. Pueden percibir su ambiente, investigarlo y memorizarlo para alimentarse y reproducirse. Estos microrganismos tienen unos receptores de tipo químico, compuestos normalmente de cadenas de proteínas, los cuales son capaces de detectar su alimento. También tienen un modo de locomoción originado por sus flagelos, los cuales son también receptores químicos compuestos de cadenas de proteínas que se mueven por las reacciones químicas de la interacción del flagelo con el entorno. Al moverse hacia el alimento o alejarse de los ambientes tóxicos, vemos que las bacterias procesan información para sobrevivir al igual que nosotros. De estos receptores químicos se desarrollarían mucho más tarde, los sentidos del olfato y el gusto, con los que los animales podían entonces encontrar desde alimento hasta una pareja.

Desde los microorganismos unicelulares el procesamiento de la información siguió evolucionando en los microorganismos pluricelulares de diferentes tipos de células, con diferentes funciones. Entre ellas aparecieron las primeras células dedicadas a la transmisión y procesamiento de la información. Esas células nerviosas primitivas de los organismos pluricelulares conectaban la parte externa del cuerpo a través de la piel con la parte interna permitiéndoles sentir su medio externo y responder a estimulaciones táctiles y químicas. Esas células son las precursoras del sistema nervioso y según el registro, los primeros organismos con estas células son las esponjas marinas. Después de un largo proceso evolutivo esas células nerviosas primitivas se convirtieron en las primeras neuronas en un sistema nervioso muy primitivo. Los primeros seres con este sistema nervioso fueron las medusas.

Después con el tiempo, el sistema nervioso primitivo logró desarrollar ganglios o núcleos, los cuales actuaban como centros de procesamiento, permitiendo un contacto más rápido entre las neuronas del mismo núcleo. Este tipo de sistema nervioso es el que tienen los anélidos como los gusanos poliquetos del gran océano. Más tarde, los ganglios evolucionaron hasta formar el ganglio encefálico y después el encéfalo, convirtiéndose en el centro neurálgico principal del procesamiento de la información. Cuando aparecen los primeros animales vertebrados, unos 500 millones de años atrás, su columna incluye neuronas formando varios núcleos. La columna vertebral se inicia en el ganglio encefálico, en la cabeza del animal y se extiende por el cuerpo, albergando en su extensión los grupos de neuronas que transmiten la información al resto de ganglios u órganos. Entre la información transmitida al cerebro tenemos el registro de la presión y las vibraciones en el agua, lo cual es un progreso en el sentido del tacto. El ganglio principal desde un principio ha estado en la parte delantera del animal para que este pudiera captar la información del entorno a medida que el animal se movía, por esa razón el sistema nervioso va siempre en la cabeza.

La Visión

Los ojos empezaron a formarse en los animales hace unos 600 millones de años, en las calmadas aguas del gran océano de la Tierra, donde no había aún ninguna criatura depredadora que perturbara la calma del ambiente. Unos 545 millones de años atrás antes de la llegada del período Cámbrico, el reino animal estaba viviendo un tiempo de transición. Los animales que existían antes de este período eran criaturas pasivas andando a la deriva o anclados en el fondo del océano, pero en un lapso de 50 millones de años vendrían grandes cambios. La vida pasó por una transformación explosiva y miles de nuevas especies se formaron en la explosión Cámbrica. Durante este período se formaron los animales con una estructura mucho más compleja que la de sus antecesores. Estos animales eran más grandes, tenían mejor movilidad y desarrollaron armas para atacar y defenderse. Por primera vez las criaturas desarrollaron las armas naturales que aun usan hoy: mandíbulas, garras, caparazón y lo más importante desarrollaron los ojos.

Los primeros ojos eran muy sencillos, pero evolucionarían con el tiempo en ojos compuestos y por supuesto mucho más complejos. La vida para ese entonces era también sencilla. Los animales no tenían esqueletos, ni corazón, ni cerebro. Eran pequeños o extrapequeños de cuerpos muy blandos con muy poca protección y sobre todo eran bien lentos. Es allí cuando en un grupo de esas criaturas se empezó a desarrollar la visión, en unos animalitos parecidos a las medusas que aún existen nadando en los océanos de hoy. Estos animales solo tenían algo parecido a una red de nervios sueltos y desarrollaron un anillo de pequeños puntos oscuros alineados en su base, con los que podían percibir la luz. Estos puntos negros se convirtieron en células sensitivas a la luz, las cuales les ayudaban a estos animalitos a detectar algunos cambios de luz para así moverse hacia los ambientes claros o buenos con posibilidad de encontrar comida, o alejarse de los ambientes oscuros o malos con algún tipo de peligro o amenaza. Este tipo de células eran una especie de receptores de luz o fotorreceptores para desarrollar el ojo primitivo y con él, la formación de un tipo de visión simple que ayudó a estos organismos a sobrevivir por unos 600 millones de años. Pero la evolución del ojo no se quedó allí. Hace unos 500 millones de años las aguas calmadas del océano se llenarían de una gran diversidad de criaturas, en las cuales se pudo observar un enorme progreso en sus ojos, lo que cambiaría la forma de ver la vida para siempre. Los ojos simples habían evolucionados en ojos compuestos en un grupo de animales invertebrados llamados Trilobites.

Los ojos de los trilobites eran unas estructuras redondas en sus cabezas, formados por cuerpos circulares pequeños en una serie de filas y cada fila tenía varios círculos. Eran como unos ojos de muchos lentes. Estos eran unos ojos rígidos hechos de roca calcita, del mismo mineral que los trilobites segregaban en su piel para formar su concha rígida. De esta misma materia estaba también formado su esqueleto externo o exoesqueleto. Los ojos compuestos de los trilobites eran unos ojos cristalinos y eran mejor que las células sensores de luz que existieron antes. Estos ojos tal vez le dieron a los trilobites su ventaja para sobrevivir, convirtiendo a estos animales en unos grandes visionarios que luego se diversificaron y perduraron por unos 300 millones de años hasta que la extinción masiva del período Pérmico hace 250 millones de años, barrió hasta el último de su especie. Pero otros artrópodos sobrevivieron y un grupo de ellos, los insectos, llevaría el ojo compuesto a un nivel más sofisticado. Los ojos los de los trilobites, así como también los de los vertebrados evolucionarían desde diferentes ancestros.

Los vertebrados, otro grupo de animales de la explosión cámbrica, también desarrollarían sus propios ojos. El ojo de los vertebrados consiste de una cámara de un lente sencillo hecho de tejido suave. Estos ojos empezaron como simples detectores de luz, pero después evolucionarían con el tiempo y se convertiría en un sistema de visión muy sofisticado. Los primeros vertebrados eran animales con columna vertebral, cuyo ancestro común era un pez primitivo que vivió en el gran océano durante la explosión cámbrica. Los genes para formar los ojos se han pasado a través de toda la cadena de los vertebrados. Desde los primeros peces a los tiburones y hasta los animales nadadores de aguas someras, los que finalmente traerían los ojos para explorar la superficie de la Tierra y después evolucionar en los reptiles, pájaros y en los mamíferos. El otro mecanismo de gran importancia a desarrollar por los animales de ambiente acuático para la supervivencia fue la reproducción dentro del agua.

La Reproducción dentro del Agua

Hace unos 700 millones de años la vida en el gran océano estaba limitada a unos organismos de una sola célula. Para pasar sus genes a otras células no tenían que aparearse. Ellas se podían reproducir por sí solas mediante un proceso de reproducción asexual. Eso era hacer copias de ellas mismas y enviarla todas al ambiente. De esta forma las células tenían todos sus genes y no los de alguien más. Este tipo de reproducción garantiza que todos los genes se pasan en su totalidad a otras, pero en la batalla de la evolución esto podía tener problemas serios. Cuando cada organismo comparte exactamente los mismos genes, ellos comparten también las mismas debilidades. Si el organismo comparte un virus por ejemplo ese virus puede atacar a todos los otros organismos pues todas ellas comparten el mismo ADN o genes.

Con la reproducción sexual se incrementa la posibilidad de vida de los organismos. Así es que el secreto para sobrevivir por más tiempo es el sexo. Los primeros animales en adoptar la reproducción sexual lo hicieron hace unos 600 millones de años atrás, pero era un sexo raro. Esas criaturas de las que descienden los corales modernos vivían ancladas al fondo del océano. No se movían, pero estas eyectaban espermatozoides y huevos al océano con la esperanza de que se cruzaran. Esto es conocido como *fertilización externa*. Cada verano miles de millones de pólipos de corales simultáneamente lanzaban al agua sus células reproductivas, cada una de ellas soltaba espermatozoides y huevos. Pero en vez de combinarse unos con otros, ellos esperaban encontrarse con la semilla de otro coral. Raro, pero así lo hacían. Al lanzar tanto espermatozoides y huevos al mismo tiempo incrementaba la posibilidad de sobrevivencia a las crías aun en medio de la amenaza latente de ser depredados en el intento.

Para animales estacionarios lanzar sus ADN al océano, pudo ser la única forma de reproducirse sexualmente. Pero una nueva criatura evolucionó y el sexo evolucionó con ella. Hacen 570 millones de años en un período muy corto de tiempo vemos el origen de muchos diferentes y complejos formas de cuerpos. Algunos de ellos aun andan entre nosotros como los vertebrados modernos, cretáceos y hasta vemos los primeros peces moviéndose como ninguna criatura se haya movido antes. Ya no dependían de la corriente para que dirigiera su destino, sino que se podían mover por si solos para llevar su espermatozoide a los huevos de una pareja. Pero aun este método de apareo todavía tenía sus problemas. Los huevos una vez fertilizados no solo eran pequeños y frágiles, sino que también se exponían mucho a ser depredados. Esto forzaba a los padres a estar en guardia o abandonarlos.

Tomaría muchos otros millones de años para que la evolución desarrollara una nueva estrategia con la participación de los tiburones. Con ellos, se desarrolla un nuevo mecanismo donde el macho deposita su esperma directamente dentro de la hembra. Por eso se dice que los tiburones inventaron el sexo, tal como lo conocemos hoy. Estos son uno de los primeros vertebrados en conectarse físicamente durante el sexo. Estos animales introducen una innovación y desarrollaron un pene y una vagina que encajaba perfectamente uno en la otra. Inventaron también la copulación y quedar embarazadas, lo que se conoce como *fertilización interna*. Esto representa una nueva etapa en la reproducción biológica. Esto no solo protege sus huevos de depredadores, sino que también permite que se desarrollen nuevas crías completamente formadas.

Definitivamente, uno de los mejores inventos de la evolución de la vida ha sido el sexo. El sexo desde entonces se ha convertido en el motor de la evolución y los animales pioneros del sexo, tal como lo conocemos hoy, son los tiburones, pues ellos lo inventaron hace unos 500 millones años atrás. Ellos se convirtieron en los primeros vertebrados en desarrollar un pene en el macho y una vagina en la hembra para así de esa manera crear una nueva forma de reproducirse. Por millones de años el pene probó ser de tanto, valor que evolucionó independientemente en cada uno de los animales como los insectos, pájaros y reptiles.

4
LA VIDA CONQUISTA LA SUPERFICIE

En el tercer capítulo, presentamos el origen y la evolución de la vida en el gran océano de la Tierra. En este cuarto capítulo y para continuar en la búsqueda de la respuesta sobre como llegamos aquí, estaremos presentando como la vida evolucionó para salir del gran océano para conquistar la superficie de la Tierra. Veremos los eventos que hicieron posible la conquista de la superficie, como la vida que salió del agua evolucionó en reptiles y como estos siguieron evolucionando hasta los mamíferos y los primates. Finalmente hablaremos de los mecanismos que desarrollaron o mejoraron estos animales para sobrevivir en la superficie.
    Durante más de tres mil millones de años la vida se mantuvo confinada al gran océano. Sin embargo, después de

la explosión cámbrica, la vida continuó evolucionando, de tal manera, que una de esas criaturas desarrollara los mecanismos necesarios para salir y continuar su evolución en la superficie de la Tierra.

Durante el período Ordovícico una gran variedad de la vida que floreció en el gran océano empezó a aparecer en la superficie. Gracias a la protección contra los rayos ultravioletas de la capa de ozono formada por los grandes volúmenes de oxígeno en la atmósfera, la vida estaría libre para salir del gran océano y conquistar la superficie de la Tierra unos 400 millones de años atrás. Los primeros en salir a la superficie fueron las plantas seguidos por los insectos, los cuales evolucionaron a partir de los trilobites. Las plantas evolucionaron de tal forma que llegaron con el tiempo a formar vastos y densos bosques y selvas tropicales pantanosas con una atmósfera completamente diferente en la faz de la Tierra. Tanto las plantas como los insectos estuvieron haciendo y estableciendo su vida en la superficie. Las plantas con el tiempo desarrollaron semillas, lo que aceleró drásticamente su propagación. Los insectos se adaptaron y prosperaron debido a la gran fuente de alimento proporcionado por las plantas terrestres.

Mientras tanto dentro del agua, hace alrededor de unos 350 millones de años, los peces que vivían en las aguas pantanosas cerca de la orilla de la superficie convirtieron sus aletas en patas a través de un proceso evolutivo para formar así los primeros tetrápodos o animales vertebrados terrestres con dos pares de extremidades. Las patas le permitían a este nuevo tipo de vertebrados levantar la cabeza fuera del agua para respirar aire, permitiéndoles sobrevivir en aguas pobres en oxígeno o perseguir pequeñas presas en aguas poco profundas. Mas tarde los tetrápodos podrían aventurarse en la superficie de la Tierra por breves períodos de tiempo. Pero, progresivamente algunos de ellos llegaron a adaptarse tan bien a la vida terrestre que pasaban casi toda su vida en la superficie, a pesar de nacer y tener que poner los huevos en el agua. Esta nueva forma de vida dio origen a los anfibios, de los que más tarde evolucionarían los reptiles. Con el tiempo los reptiles lograron poner el milagro de la ingeniería evolutiva: el huevo amniótico, el cual podría ponerse en la tierra, dando una ventaja en la supervivencia de los reptiles, los que ahora se podían adentrar en la superficie de la Tierra para lograr su gran conquista, gracias a los eventos que hicieron posible esa gran hazaña.

4.1 EVENTOS HACIA LA CONQUISTA DE LA SUPERFICIE

En este subcapítulo sobre los eventos hacia la conquista de la superficie estaremos revisando en detalle cada uno los eventos que hicieron posible que la vida pudiera salir y sobrevivir en la superficie. Entre estos eventos tenemos: la capa de ozono formada en la atmósfera de la Tierra, la formación de los primeros ambientes de agua dulce y las primeras plantas, la adaptación de los peces a los ambientes de agua dulce, el surgimiento de los primeros anfibios y su gran paso a la superficie.

La Capa de Ozono

Después de la primera y segunda glaciación, los altos niveles de oxígeno disparados por la explosión de la vida en el océano también harían una modificación final en la atmósfera. Por unos 100 millones de años consecutivos, el oxígeno alcanzó los altos niveles de hoy. Un nivel suficientemente denso para permitir que una capa de ozono se formara en la parte más alta de la atmósfera. Esta capa les permitiría la protección necesaria para sobrevivir en la superficie, a las formas de vida confinadas en el océano. Antes, la poderosa luz ultravioleta hubiera destruido cualquier organismo no protegido por el agua. Ahora la capa de ozono actuaría como un escudo protector contra los rayos ultravioletas en la vida que se atrevería en dar el siguiente paso a la tierra seca.

Los Primeros Ambientes de Agua Dulce y las Primeras Plantas

Al subir el nivel del océano, las aguas inundaban las orillas del continente para formar grandes extensiones de tierra húmeda a lo largo de las costas. El agua del océano al meterse en la superficie de los continentes formó unas especies de lagunas someras, en las que después se formarían varios tipos de pequeñas plantas acuáticas con tolerancia al agua salada. Estas plantas crecerían y tratarían de esparcirse hacia dentro de la superficie como huyendo del efecto arrasador de las mareas, las cuales siempre tendían a sacarlas de la tierra firme y devolverlas al océano, en donde se descompondrían para formar ricos nutrientes que beneficiarían a muchos otros organismos viviendo dentro del océano.

En algunas de estas lagunas el agua salada se mezclaba con agua dulce proveniente de lluvia o de ríos, lo que fue disminuyendo su salinidad tornando el agua en salobre y luego formar ambientes acuáticos de agua dulce, lo que favorecería el desarrollo de plantas más productivas. De las lagunas marinas se formarían los esteros en donde las plantas progresaron y continuaron su carrera ascendente para lograr sobrevivir, hasta que una de ellas se haría lo suficientemente fuerte para convertirse en arboles con tallos, ramas y hojas como los *Archaeopteris*. Ellos fueron los primeros arboles reales que emergieron en la Tierra hacen unos 370 millones de años, aunque algunos tipos de plantas habían logrado salir del agua unos 130 millones antes, pero no llegaron ser plantas reales como las de hoy. Cuando estas primeras plantas lograron superar los problemas bioquímicos que les impedían soportar algún peso adicional, ellas se convirtieron en los arboles reales al suprimir las limitaciones de su crecimiento.

Así llegaron los archaeopteris a desarrollar raíces más extensas para tener troncos más fuertes y soportar ramas más grandes. Su corteza ahora protegía mejor la conducción, dentro de la planta, del agua y los nutrientes desde la tierra hasta las últimas ramas. Pero tomaría unos cien millones de años para que estos cambios tuvieran lugar. Los archaeopteris se reproducían al verter sus esporas, pues aún no habían desarrollado las semillas. Estos árboles crecieron en ambientes de agua dulce alrededor de las orillas de las especies de lagunas formadas por el océano al invadir la tierra firme. Estas plantas eran coníferas con raíces, tallos, ramas y hojas bien desarrolladas. Al caer eventualmente las hojas y las ramas al fondo de estas lagunas se formarían sedimentos ricos en nutrientes.

Las raíces de los archaeopteris eran tan fuertes y tan bien formadas que eran capaces de soportar un tronco de más de 20 metros con ramas y hojas. Esos árboles se esparcieron por la superficie a lo largo de las orillas del océano y formaron el primer bosque en la Tierra. Las plantas en la superficie cambiaron el ecosistema. El primer bosque producía sombra y refugio y ayudaría al terreno a retener la humedad, lo cual era beneficioso para el desarrollo de otras plantas y así ayudar a darle la forma al paisaje de la superficie. Los archaeopteris fueron los árboles que en definitiva cambiaron el planeta desde un ambiente de agua dulce. Pero no solamente ellos prosperaron en ese tipo de ambiente, también lo hicieron los peces.... y mucho. Después, por supuesto, de hacer las adaptaciones correspondientes.

Adaptación de los Peces a Ambientes de Agua Dulce

Las primeras plantas que crecieron en las orillas de los ambientes de agua dulce ayudaron después a cambiar el ambiente dentro del agua también. Las partes de las plantas que caían al agua se descomponían y formaban ricos nutrientes. De manera que estas plantas brindaban protección y alimento a los animales del ambiente acuático, lo que lo hizo atractivo para que nuestros ancestros los peces se metieran y exploraran el ambiente rico en nutrientes, pero estos animales tendrían que hacer algunas modificaciones para vivir en un ambiente de agua dulce.

Primero, estos peces tendrían que acostumbrarse a vivir en un ambiente de bajo oxígeno y para ello tendrían que desarrollar pulmones para almacenar cantidades extras de oxígeno y luego tendrían que desarrollar patas para caminar en vez de nadar en este ambiente acuático de poca profundidad y pantanoso. De estos peces evolucionaria nuestro ancestro, el cual enfrentaría, claro está, retos muy interesantes para dar el próximo paso y salir a la conquista de la superficie como ya lo habían hecho las plantas y los insectos. Cuando los ambientes de agua dulce se inundan el nivel del agua sube y se forman gran cantidad de nutrientes lo que hace que crezca una gran diversidad de peces. Cuando el nivel baja, las aguas se retirarán y dejan en la tierra sus nutrientes para que se produzcan más plantas. Mientras que en el fondo del agua se acumulan restos de las plantas, los cuales eran descompuestos luego. Para ese entonces, unos 370 millones de años atrás, las bacterias que descomponían toda esa materia orgánica consumían oxígeno, lo que hacía que los niveles del preciado gas bajaran en ese ambiente somero de agua dulce. Para manejar esta situación de bajo oxigeno los peces desarrollaron un órgano especial para almacenar oxígeno: el *pulmón*.

El pulmón se formó como una extensión del esófago del pez, el cual era una especie de vejiga con vasos capilares para absorber oxígeno. El pulmón se hizo más grande al empeorar la condición de bajo oxigeno del agua dulce. Los peces de hoy son descendientes de aquellos peces que desarrollaron pulmones en ambientes de agua dulce. En los peces modernos de los océanos el pulmón se transformó en una vejiga de aire para ayudarles a mantener el equilibrio cuando cambiaban su nivel de profundidad y con el tiempo esta vejiga se extinguió.

Los peces que se quedaron viviendo en los ambientes de agua dulce a lo largo de las costas usarían su pulmón para respirar aire al sacar la cabeza del agua y almacenar el oxígeno. Estos peces perfeccionaron altamente la capacidad de respirar en el aire. De estos peces evolucionarían los animales que después saldrían del agua a la superficie. Pero para que nuestros ancestros dieran este gran paso, además de poder respirar también necesitaban caminar. El otro importante desarrollo que surgió en los peces hace unos 360 millones de años, fue el desarrollo de las patas. De las aletas carnosas lobuladas de los peces pulmonados evolucionaria después, las cuatro patas de estos animales, con las que se adaptarían para convertirse en una de las formas primitivas de vida terrestre, ya que poseían pulmones funcionales y dos pares de patas, que podían utilizar para mover su cuerpo y aguantar su propio peso sin depender de la flotabilidad del agua. El cuerpo de estos peces pulmonados y con patas era aplanado. De ellos evolucionarían los primeros anfibios.

Los Primeros Anfibios

Los primeros animales vertebrados que salieron a la superficie de la Tierra fueron los anfibios. Estos animales eran unos peces con pulmón y patas anchas, con cuerpo y cabeza aplanada que podían vivir dentro y fuera del agua. Estos primeros anfibios aparecieron en el período Devónico de la Era Paleozoica, hace aproximadamente 350 millones de años. Estos animales representan un gran paso evolutivo de los vertebrados para conquistar la superficie terrestre. De ellos, evolucionaron después los reptiles, así como también los anfibios modernos como el grupo de los anuros, el cual incluye los sapos y las ranas de hoy; y el grupo de los urodelos, al cual pertenecen las salamandras actuales.

Uno de los primeros anfibios fue el *Acanthostega*, el cual tenía cuatro patas cada una con ocho dedos en vez de cinco y una cola formada por una serie de aletas. Era algo entre un pez y un reptil, pues parecía un pez, pero tenía patas en vez de aletas y su cráneo era más aplastado y fuerte que el de los peces y hasta parece que podía mover el cuello. Este animal evolucionó de los peces que se metieron a vivir en el ambiente de agua dulce y que desarrollaron pulmones para respirar y después patas para caminar y tenía casi un metro de largo.

Por ese mismo tiempo, compartiendo el mismo lugar donde vivía el acanthostega, existía otro pez llamado Hyneria, el cual era uno de los más feroces depredadores y que siempre andaba acosando al acanthostega. Podemos imaginar que no todo era paz y tranquilidad para el acanthostega. Es probable que, como cuenta el Discovery Channel, en alguna ocasión, cuando el hyneria perseguía al acanthostega, éste se viera forzado a sacar la cabeza del agua debido al bajo nivel de esta. Al hacerlo, logró respirar aire y así apreciar el beneficio de esa otra nueva forma de obtener el oxígeno. Pues una vez más vemos que no hay mal que por bien no venga, pues al sacar la cabeza el acanthostega, cuando ya creía estar al final, éste encontraría el principio de una nueva vida: la vida fuera del agua. Estos animales pudieron vivir tanto en el agua como en la superficie. Los primeros anfibios, como el que se puede ver en la ilustración de abajo, habían llegado para dar el gran paso a la superficie.

El Gran Paso a la Superficie de los Anfibios

El paso de los vertebrados a la superficie de la Tierra fue un gran proceso evolutivo y de adaptación. Antes de salir del agua, los peces tuvieron que hacer muchas transformaciones por millones de años. Aparte de desarrollar pulmones y patas, su esqueleto se hizo más robusto y más flexible para desarrollar músculos para así aguantar su propio peso sin depender de la flotabilidad del agua y así caminar en la superficie. Sin embargo y a pesar de todo, no sería el acanthostega el que daría el gran paso a la superficie, como era de esperarse. Otro animalito llamado *Pederpes*, un descendiente del acanthostega, sería el primer tetrápodo o animal de cuatro patas que caminó sobre la superficie de la Tierra hace unos 348 millones de años atrás. Desde entonces estos anfibios han librado largos procesos de adaptación y evolución. Para vivir en la superficie tuvieron que desarrollar parpados para proteger sus ojos y prevenir su resequedad. La vida en la superficie los liberó de los depredadores del agua y les proporcionó abundante comida: los insectos que ya habían llegado antes, después de las plantas, a la superficie para establecerse en ella.

Se cree que el motivo por el que los anfibios tuvieron que abandonar la vida acuática fueron las sequías de los medios donde vivían. Por esa razón para superar esa amenaza, algunos de estos animales lograron adaptarse para sobrevivir en la superficie por cortos períodos de tiempo y comenzar la búsqueda de nuevos estanques. De una forma u otra, la transición de estos animales significó un aspecto muy importante para la vida terrestre. A partir de aquí la selección natural se encargó de generar la evolución de estas criaturas. Durante el período Carbonífero los anfibios crecieron en tamaño y diversidad. Ellos fueron una especie de depredadores parecidos a los cocodrilos de hoy. Algunos de estos anfibios desarrollaron pieles escamosas más gruesa para evitar la resequedad cuando estaban mucho tiempo fuera del agua.

Después de algún tiempo, los anfibios eran animales básicamente terrestres. Sin embargo, ellos seguían ligados al agua por sus mecanismos de reproducción y desarrollo, para así poder completar eficazmente su ciclo de vida. Pero posteriormente pudieron cortar la dependencia de los ambientes acuáticos cuando desarrollaron el huevo amniótico. Esto protegería el embrión dentro del huevo con una membrana que retenía fluido permitiendo aún el paso del aire. Este evento daría lugar a la formación de los reptiles.

4.2 LOS REPTILES Y SU EVOLUCION

De los anfibios que habían salido del agua para establecerse en la superficie evolucionaron los reptiles, los cuales estarían mejor equipados para una mejor colonización de la Tierra. En este subcapítulo sobre los reptiles y su evolución estaremos hablando acerca de los primeros reptiles que lograron vivir en la superficie, la gran extinción masiva del período Pérmico y sus causas. También estaremos hablando sobre los reptiles que sobrevivieron a la gran extinción hasta convertirse en dinosaurios.

Los Primeros Reptiles

Los reptiles evolucionaron de los primeros anfibios que lograron vivir en la superficie de la Tierra. Por supuesto ese proceso evolutivo sería acompañado por una serie de adaptaciones y cambios para protegerse en su nuevo hábitat. Entre los cambios más importantes tenemos: el desarrollo de los parpados para proteger sus ojos; el desarrollo de una piel con escamas resistente a la deshidratación al disminuir la transpiración corporal; pero el cambio más importante fue el desarrollo del huevo amniótico. La aparición del huevo amniótico dio lugar a una nueva especie de animales llamados *Amniotas* que dieron lugar a los reptiles hace unos 325 millones de años. Los amniotas desarrollaron una piel a prueba de agua y un par de riñones para filtrar la sangre y luego liberar los desechos. Este proceso era más eficiente que el de sus predecesores. Con la aparición de los reptiles en la superficie empieza la colonización del planeta, pues estos animales habían hecho varias adaptaciones para evitar la deshidratación al vivir fuera del agua. Además, el huevo amniótico les permitiría romper su vínculo con los espacios acuáticos. Este huevo está formado por una cascara calcificada para proteger el contenido de su interior, en donde se encuentra el embrión rodeado de una serie de membranas que lo alimentan y lo protegen. El embrión está conectado a un saco de sustancias de reservas para su alimentación durante su permanencia en el huevo. También se encuentra el embrión conectado a otro compartimiento para depositar las sustancias de desechos dentro del huevo. Todo el interior del huevo está protegido por la membrana amniótica. También hay un pequeño espacio con aire dentro del huevo entre la cascara y la membrana.

Durante el período Carbonífero existió una gran vegetación, de la cual se desarrollaron grandes bosques. Este evento removió de la atmósfera grandes cantidades de dióxido de carbono, dando lugar a un excedente de oxígeno. Los niveles de oxígeno en la atmósfera llegaron a un 35% comparado a 21% que existe hoy. Esa abundancia de oxigeno disparó un incremento exponencial en el tamaño de las plantas y en los insectos también. Llegaron a existir ciempiés de hasta dos metros, cucarachas gigantescas y escorpiones de hasta un metro de largo. ¡Dios mío! Hasta unas moscas parecidas a los dragones del tamaño de las golondrinas con alas de una envergadura de casi un metro.

Durante el período Pérmico emergió el nuevo supercontinente Pangea con un clima de ambientes extremos en donde los pantanos del Carbonífero fueron gradualmente reemplazados por plantas coníferas, helechos de semilla y otras plantas más resistentes a climas adversos. Siendo los reptiles animales *ectotérmicos* o de sangre fría, los cuales no regulan su temperatura corporal, estos reptiles tendrían algunos problemas en mantenerse calientes con las variaciones del clima, desde temperaturas bajo cero en las noches a hasta temperaturas muy templadas durante el día. Pero más tarde con el tiempo, los reptiles de sangre fría evolucionarían en un tipo de reptil, el cual pudo desarrollar unos cambios internos para resolver el problema de su temperatura corporal y se convertirían en animales de sangre caliente o *endotérmicos*. Los reptiles de sangre caliente más exitosos evolucionarían más tarde en los antepasados de los mamíferos y las aves. Es decir, que todos los peces, los anfibios y los reptiles, excepto los reptiles de los que más tarde evolucionaron los mamíferos y las aves, son de sangre fría. Los animales de sangre caliente en su mayoría son los mamíferos y las aves. Estos animales usan el calor generado por los alimentos ingeridos para mantenerse calientes y así pudieron sobrevivir en el supercontinente Pangea y convertirse mucho después en los animales dominantes del planeta al final del período Pérmico.

A finales del período Carbonífero, los primeros reptiles vivieron los movimientos de la masa de la Tierra, de los cuales se formaría el Gran Pangea. Por los siguientes 100 millones de años la vida se esparcirá por toda la superficie de la Tierra, la cual cambiará el planeta. Por primera vez la superficie de la Tierra se había poblado con una nueva biosfera, hasta que vino la primera gran extinción masiva hace unos 250 millones de años. Las pobres criaturas que hacían vida en el planeta experimentarían un verdadero infierno, pues fuerzas desde la profundidad de la Tierra aparecieron en forma de erupción volcánica para producir un evento de inmensas proporciones: la primera extinción masiva en la superficie.

La Gran Extinción Masiva del Pérmico

El Período Pérmico terminó en un gran desastre, en una de las peores extinciones masiva del planeta hace 250 millones de años, entre el final del período Pérmico y el inicio del período Triásico. Normalmente se le conoce a este episodio como la gran extinción masiva del Pérmico, en la que se estima que pereció el 90% de la vida del océano y 70% de los animales en la superficie junto con gran parte de la vegetación. La vida de algunas especies del océano como los trilobites desaparecieron por completo. Se cree que solo pudo sobrevivir cerca de un 10% de toda la vida del planeta. Esta extinción se considera una de las mayores catástrofes de la vida en la Tierra, tan así que se le llamado también la "Gran Mortandad".

Por millones de años la vida en la Tierra había enfrentado numerosos retos, pero nada en la escala de este cataclismo. En esta oportunidad, desde el manto de la Tierra surgió una gran erupción derritiendo la corteza terrestre. Esta erupción continúo por más de un millón de años. Durante este tiempo, inmensas cantidades de rocas derretidas fueron arrojadas a la superficie y grandes volúmenes de gases tóxicos se esparcieron por toda la atmósfera. El ambiente hostil que se formó fue demasiado para ser resistido por las especies que recién hacían vida en la superficie de la Tierra. Y como resultado, casi toda la vida fue arrastrada a la extinción. Hasta entonces, este ha sido el evento más catastrófico que ha experimentado la Tierra.

Llevaría muchísimo tiempo, algunos científicos creen que más de 10 millones de años, para que la Tierra se recuperara de este golpe tan fuerte. Sin embargo, el planeta con su paisaje convertido en casi un desierto despoblado y sin vegetación, se fue recuperando lentamente. Y finalmente, se pudo recuperar de un todo porque aquí estamos y aquí seguimos. Ahora, sobre las causas de esta gran extinción se ha debatido mucho. Sin embargo, todo indica que lo que causó esta gran extinción masiva, fue una gran erupción volcánica masiva acompañada de algo más. Veamos las causas.

Causas de la Extinción

Hace 300 millones de años había un sólo supercontinente llamado Pangea. Esta vasta masa de roca estaba rodeada por una enorme brecha en la profundidad del océano. Y desde esa brecha, las placas rocosas que habían formado el continente se fueron precipitando lentamente hacia el núcleo de la Tierra. Esto resultó en un flujo de lava derretida hacia la corteza, el cual fue forzado hacia arriba hasta irrumpir en la superficie en el lugar que se conoce hoy como Siberia. Esta erupción masiva formó un domo de lava que se levantó desde el centro de la Tierra. Así que la primera causa de la extinción masiva vino desde adentro, desde las entrañas mismas de la Tierra por una gran actividad volcánica. Sin embargo, existe otra causa de gran importancia: los hidratos de Metano.

Esa erupción masiva de la Tierra fue un acontecimiento de escala sin precedente, pero este evento por sí solo no pudo haber barrido casi toda la vida del planeta. Tal vez fue el inicio. Quizás toda la vida en la vecindad próxima al evento pudo haber sido eliminada, pero no a lo largo de todo el globo. Otro factor debe haber ocurrido. Y en efecto, así fue. La evidencia llegaría desde la perforación de un pozo profundo en aguas oceánicas de Japón en 2002 cuando perforaban en busca de hidrato de metano, como una alternativa de energía. Este hidrato de metano se forma cuando el metano y el agua se entrelazan. Cuando este gas está enterrado en lo profundo del océano se le encuentra congelado y es muy estable a temperaturas bajas, pero cuando la temperatura sube se derrite y genera gas metano, aumentando en volúmenes de 150 veces más grande que cuando el gas esta entrelazado con el agua. De esta forma el metano es muy volátil.

En China en las formaciones que demarcan la extinción masiva se encontró evidencia que los grandes montos de hidrato de metano se habían empezado a derretir en el mismo tiempo de la erupción de Siberia. También se encontró que había un incremento del elemento carbono 12. El hidrato de metano contiene también grandes niveles de carbono 12. Se puede ver una conexión entre estos dos elementos. Tal vez el hidrato de metano fue el culpable de la extinción masiva. Al derretirse el hidrato de metano, el gas metano empezó a escapar hacia arriba y luego salió a la atmósfera. La erupción de Siberia produjo grandes montos de dióxido de carbono lo que causó que la temperatura subiera. Al subir la temperatura del agua el hidrato de metano se empezó a derretir.

El metano es 20 veces más efectivo como gas de efecto invernadero que el dióxido de carbono. A medida que más subía la temperatura se producía más hidrato de metano y el calor era inmenso. Una vez que ese proceso empieza es difícil de parar. La temperatura en los polos era de 25 ºC. Esto tuvo un efecto devastador en todo el globo. El ecosistema desapareció y como si esto no fuera suficiente, los niveles de oxígeno bajaron. Esto fue un elemento crítico en la extinción máxima iniciada por la erupción volcánica. La evidencia firme de esto surge en el continente congelado de la Antártica, donde encontraron un elemento llamado *berthierina*, el cual es un mineral bien raro que se forma en condiciones de bajo oxígeno. La condición de bajo oxigeno sofocó a los animales que vivían en la Tierra y que lo necesitan para vivir. Con un nivel de oxígeno en la atmósfera tan bajo como de 10%; la vida sería casi insostenible, sobre todo cuando se ha estado acostumbrado a vivir en abundante oxígeno. Antes de la extinción masiva el nivel de oxigeno era de 35%, mientras que el nivel en la atmósfera de hoy es de un 21%.

Por supuesto, varios otros factores se juntaron para producir la extinción. Por ejemplo, cuando las plantas se murieron estas dejaron de producir oxígeno. Además, el metano que se desprendió del suelo del océano reaccionó con el oxígeno molecular reduciendo considerablemente los niveles de oxígeno en la atmósfera. Pero afortunadamente, la vida pudo sobrevivir.

Los Sobrevivientes Reptiles

Después de la gran extinción del Pérmico, la Tierra empezó a recuperarse lentamente. Las plantas regresaron y los animales que sobrevivieron prosperaron. Los animales que pudieron sobrevivir tal vez lo hicieron por casualidad, por suerte o porque pudieron enfrentar con éxito el reto de vivir con poco oxígeno. Pero como haya sido, los grandes sobrevivientes fueron los reptiles, los cuales dominaron todo tipo de vida en el planeta después de la gran extinción. Se cree que los reptiles lograron su dominio, porque se acostumbraron a vivir con poco oxígeno, lo que los hizo tan activos en comparación con otros animales.

De esos reptiles que sobrevivieron a la gran extinción, descendieron los reptiles *Saurópsidos* y los *Sinápsidos*. De los saurópsidos evolucionaron por un lado las tortugas y por el otro los lagartos y serpientes, así como los cocodrilos, los dinosaurios y las aves. De los reptiles sinápsidos, actualmente extinguidos, evolucionaron los *Cinodontes* del orden de los terápsidos, de los cuales, a su vez, evolucionaron después los *Mamíferos* a finales del Cretáceo. Los cinodontes eran unos animales avanzados que tenían mejor locomoción que los reptiles debido a que sus extremidades eran más largas y estaban más adheridas al cuerpo, el cual a su vez se elevaba más del suelo para poder desplazarse más fácilmente sobre cualquier terreno y con menos consumo de energía. Ya en estos animales la estructura ósea de la cabeza separaba la boca y el conducto nasal, lo que les permitía una mejor respiración, al poder comer y respirar al mismo tiempo.

También habían desarrollado bastante el oído, el cual después se perfeccionaría en los mamíferos.

    Otro de los animales que prosperaron después de la extinción masiva fueron los arcosaurios o reptiles dominantes del inicio del período Triásico, los cuales tuvieron un gran éxito en su proceso evolutivo y en el de diversificación. Este tipo de reptiles, descendientes de los saurópsidos incluye los cocodrilos, las aves y los extintos dinosaurios. Los dinosaurios crecieron hasta convertirse en criaturas gigantes regándose por todo espacio disponible en la superficie, pues el planeta que surgió del caos de la extinción masiva sería muy diferente. Un planeta en el cual había aflorado a la superficie una inmensa masa de tierra, de la cual se formaría un nuevo supercontinente: el Gran Pangea para albergar a estos nuevos animales que evolucionarían para luego convertirse en las criaturas más inmensas y más imponentes que alguna vez caminaron por la superficie de la Tierra.

Los Dinosaurios

Unos 200 millones de años después de la gran extinción, el oxígeno y el dióxido de carbono llegarían a unos niveles altos pero equilibrados. Bajo estas nuevas condiciones la vida que sobrevivió a la extinción evolucionaría en unas especies muy diferentes, De los reptiles saurópsidos evolucionaron los arcosaurios y de estos surgieron los famosos dinosaurios, los cuales llegaron a ser unas criaturas gigantescas que comían inmensas cantidades de alimento para lograr así sus enormes tamaños. Como todos los reptiles de donde evolucionaron, los dinosaurios eran animales ovíparos, es decir que ponían o depositaban huevos para reproducirse. En cuanto a su alimentación, había dos tipos de dinosaurios. La mayoría de los dinosaurios eran *herbívoros*, los cuales eran unas criaturas devoradoras de plantas con un gran estomago que les permitía almacenar hasta 200 Kg de vegetación al día. Sus dientes les servían para arrancar y medio masticar las hojas de los árboles. Para ayudar su digestión algunas especies se tragaban unas pequeñas piedras para que le ayudara a moler la comida en su estómago. Esas piedras usadas para este fin se les llama *gastrolitos*. Entre estos dinosaurios herbívoros tenemos una gran variedad de especies desde los chicos hasta los grandes como los *Apatosaurios* con sus cuatro patas, con cabeza pequeña y con un largo cuello que le permitía alcanzar las hojas en los árboles más altos. Estos animales alcanzaban un peso de más de 27 toneladas y más de 27 metros de largo; y vivieron en lo que es hoy Norte America, hace unos 150 millones de años al final del período Jurásico.

También había los dinosaurios *carnívoros*, los cuales eran devoradores de carne de las presas que cazaban. Aunque algunos de estos dinosaurios carnívoros llegaron ser carroñeros y se alimentaban de animales que ellos no habían cazado, también llegaron a alimentarse de huevos, peces y hasta insectos. Los dinosaurios carnívoros básicamente andaban en dos patas. Tenían dientes afilados y curvados hacia atrás para desgarrar mejor la carne de sus presas. Tenían un cráneo grande, lo que hace pensar que su cerebro era también lo suficientemente grande para desarrollar estrategias para la caza. Sus ojos en posición lateral en la cara les permitían tener una visión global de casi todo su entorno. Entre los dinosaurios carnívoros tenemos el terrible depredador *Alosauro* y el famoso *Tiranosaurio Rex*, el cual ahora se cree que era más carroñero que cazador. Ambos tipos de dinosaurios herbívoros y carnívoros vivían muy felices, pues no les faltaba nada. La abundancia de oxigeno favoreció a la formación de los grandes bosques con mucha comida en forma de plantas y animales para la formación de los grandes cuerpos de los dinosaurios, los cuales crecían y crecían hasta casi 17 metros de altura y 27 metros de largo y pesaban más de 70 toneladas.

Los dinosaurios evolucionaron en una gran variedad de especies incluyendo los dinosaurios voladores, de los cuales evolucionaron los pájaros, cuyos primeros especímenes aparecieron surcando los cielos a finales del Jurásico. El *Archaeopteryx* vivió en el período Jurásico Superior hace unos 150 millones de años. Es considerado por lo general uno de los primeros pájaros. Estos pájaros después se diversificaron para formar los ancestros de los pájaros modernos. También en este tiempo, los insectos eran abundantes y hasta los primeros mamíferos se escurrían entre los pies de los dinosaurios en los bosques de helechos, las plantas cícadas y coníferas. Estos mamíferos serían la especie dominante de la Tierra después de los dinosaurios.

Los dinosaurios vivieron y reinaron sobre la Tierra por unos 150 millones de años hasta que fueron barridos de la faz de la Tierra al final del Período Cretáceo hace 65 millones de años. Justamente cuando todo era como un enorme paraíso con hermosos bosques y la vida prosperaba como nunca con diamantes y todo. Pero los dinosaurios desaparecerían junto con cerca del 75% de la vida en la Tierra. Algo terrible le sucedió al ecosistema completo del planeta: otro evento cataclísmico. Esta otra extinción masiva fue causada por un enorme meteoro de más de 9 Kilómetros de diámetro que cayó sobre la Tierra en lo que es hoy la península de Yucatán, México. De este impacto se formó el Golfo de México como se llama hoy. Esto fue un impacto devastador. Toneladas de la corteza terrestre fueron excavadas por el impacto del meteoro y luego todo ese material se evaporó a la atmósfera, junto con el *iridio* que había traído consigo el meteoro a la Tierra. El iridio es un mineral raro que poco se encuentra en la Tierra y que normalmente se origina en ese tipo de cuerpos rocosos espaciales. De todo esto se formó una espesa nube de polvo con partículas de tierra. Además del impacto del enorme meteoro, también se ha registrado paralelamente una extinción por los lados de lo que es hoy la India, causada por corrientes de lava derretida, pero quizás esta no fue tan catastrófica como lo de México. Estos eventos produjeron el fin de los dinosaurios. Después de esta extinción surge la era de los mamíferos y más tarde el mundo de los humanos.

4.3 LOS MAMIFEROS

En este subcapítulo sobre los mamíferos, estaremos hablando acerca de su evolución, desarrollo y adaptación. También hablaremos de las características que hicieron de los mamíferos las únicas criaturas en el planeta en desarrollar una relación tan especial entre madre e hijo, la cual fue después perfeccionada por los humanos.

Los mamíferos son animales vertebrados de cuatro patas que evolucionaron a finales del período Triásico, unos 200 millones de años atrás, de los reptiles sobrevivientes de la gran extinción masiva del Pérmico, hace unos 250 millones de años. Entre los reptiles sobrevivientes había uno llamado *Cinodonte*, el cual se cree que es el ancestro común de todos los mamíferos. Ver ilustración de al lado.

La evolución de esta nueva especie fue un proceso largo, lento y gradual de unos cien millones de años. La nueva especie había logrado controlar su temperatura corporal para convertirse en unos de los pocos animales de sangre caliente, además de las aves, también descendientes de los reptiles.

Para mantener sus cuerpos calientes en un ambiente frío, generaban energía o calor de sus alimentos y para ello tenían que comer más y más seguido en comparación a los animales de sangre fría como los reptiles de donde evolucionaron. Estos reptiles, como comían poco, no generaban mucha energía y podían estar largos períodos sin comer.

Otra característica de los mamíferos de sangre caliente que los ayuda a controlar su temperatura corporal, es su piel cubierta de pelos. Como animales de sangre caliente, los mamíferos podían adaptarse a climas fríos y adaptarse a la temperatura de la noche para aprovechar los recursos alimenticios sin mayor peligro. La vida nocturna adaptó su visión para ver en la oscuridad. De allí la razón de la escasa capacidad de los mamíferos para percibir los colores. Sin embargo, lograron desarrollar una visión nocturna muy eficiente, así como unos sistemas auditivos y olfativos extraordinarios.

Los mamíferos también introdujeron mejoras en su sistema digestivo haciéndolo más efectivo con una digestión en menos tiempo y un mejor aprovechamiento de los alimentos. Por supuesto, el sistema circulatorio y el respiratorio se hicieron más eficientes aumentando su complejidad para incrementar la capacidad de obtener más oxígeno en la sangre para proporcionar más energía. Esto también conlleva a desarrollar un corazón más eficiente con cuatro cámaras y la separación completa de la sangre oxigenada de la desoxigenada. El cerebro seguía evolucionando y había desarrollado un sistema nervioso central más eficiente para percibir mejor su mundo y procesar la información para responder más apropiadamente a los estímulos externos. Este sistema nervioso les permitió desarrollar su sistema olfativo para percibir los olores y así tener mejor información de su entorno para la mejor toma de decisiones sobre su supervivencia. También desarrollaron los mamíferos un sistema auditivo más eficiente formado por los tres huesillos que aún tenemos hoy en el oído medio: el martillo, yunque y el estribo. La evolución constante de los mamíferos produjo grandes transformaciones en todos sus sistemas orgánicos

Al principio los mamíferos eran unos animales muy pequeños, del tamaño de un ratón, pero con un cerebro bien desarrollado y eran muy activos. Tenían mandíbulas desarrolladas para masticar con dientes desarrollados y especializados como los dientes incisivos para cortar los alimentos, los caninos para desgarrarlos y los molares para molerlos. Vivían generalmente en los árboles comiendo sus frutos y de vez en cuando comían algunos insectos. Sin embargo, ocasionalmente bajaban y se rodeaban entre otros animales, incluyendo los gigantes dinosaurios. Eso lo hacían con mucho cuidado para no ser presa de otro animal o terminar pisado por las criaturas gigantes. Durante el tiempo de los dinosaurios, los mamíferos vivieron como pequeñas criaturas nocturnas. Es decir, criaturas de bajo perfil, medio escondidas entre los árboles y los matorrales para poder sobrevivir.

Después de la extinción de los dinosauros, los mamíferos que existían aún eran pequeños, quizás porque no se habían acostumbrado o adaptado muy bien a los niveles de bajo oxígeno. Pero eso estaría por cambiar. Los mamíferos introdujeron mejoras en su sistema de respiración. Para ello lograron con el tiempo algunos cambios físicos en sus cuerpos para almacenar más oxígeno. Aunque este cambio no fue tan eficiente como los hechos por los dinosaurios para vivir con poco oxígeno. Pero esa adaptación sería muy ventajosa después para que los mamíferos pudieran tener posturas cómodas para alimentar a sus crías. Los mamíferos tienen la gran particularidad de hacer la gestación dentro de la madre, la cual podía entonces alimentar a sus crías, gracias a que habían desarrollado glándulas mamarias, por lo que recibieron el nombre de mamíferos. Estas glándulas secretan leche, un alimento muy completo y con alto valor nutritivo. Con esta nueva modalidad, los mamíferos iniciaron una nueva forma de vida, en la que ellos cuidaban y alimentaban a sus crías con leche de pecho. Se cree que los niveles bajos de oxigeno continuaron por más de 100 millones de años. Esto jugó un papel importante en la evolución de los mamíferos reales.

Otro gran acontecimiento importante en la evolución de los mamíferos ocurrió hacen unos 125 millones de años, con la aparición de los mamíferos placentarios, tal como se observó en fósiles descubiertos en China. De ese hallazgo, podemos deducir que los mamíferos placentarios se originaron en el Período Jurásico Superior, cuando los dinosaurios estaban en su apogeo. Este sería el ancestro de todos los mamíferos con placenta incluyendo los humanos. Se cree que el bajo nivel de oxígeno favoreció el desarrollo de la placenta, ya que de esa forma la madre y el feto podían compartir el oxígeno y la madre podía alimentar el feto en su vientre. Como quiera que sea el caso, esta forma era más eficiente que poner huevos. Además, la nueva modalidad desarrollaría una mejor relación entre madre e hijo, la cual fue después perfeccionada por los humanos y es única en los mamíferos del planeta. Los mamíferos placentarios son animales generalmente vivíparos, es decir, que su embrión, después de su fecundación, se forma y desarrolla en el vientre de su madre. Allí es alimentado por una placenta, de aquí el nombre de mamíferos placentarios.

La placenta evolucionó desde la membrana que recubría el interior de la cascara del huevo en formación en los reptiles de donde evolucionaron los mamíferos. Es la placenta lo que hace posible el nacimiento con vida de los mamíferos placentarios. Esta es lo que envuelve al embrión en desarrollo y regula el flujo de nutrientes y gases entre el feto y la madre a través del cordón umbilical. La alimentación en la placenta permite una transferencia más rápida y eficiente de los nutrientes desde la madre a la cría, lo que permite un desarrollo cerebral más rápido, un cerebro adulto de mayor tamaño y un ritmo metabólico más eficiente. Esas características repercutieron de forma importante en la evolución de los mamíferos.

Los mamíferos placentarios se han extendido y diversificado alrededor del planeta hasta llegar a una variedad de más de 5 mil especies hoy. La mayoría de esas especies viven en la superficie, sin embargo, hay otras especies de mamíferos placentarios que viven nadando y otras volando. Una de esas especies más interesantes por su gran tamaño de unas 160 toneladas, es la ballena, la cual evolucionó de los mamíferos placentarios de la superficie y que después se aventuró al océano quizás para variar durante el período Paleógeno. Para este entonces el océano estaba lleno de peces, lo que proveía una gran fuente de alimentos, un estímulo fuerte para quedarse.

La otra especie de mamíferos placentarios que evolucionó en una forma también interesante, quizás por lo raro y la más pequeña, fue el murciélago. Este es el único mamífero que vuela y para ello convirtió sus extremidades delanteras en alas. Ellos se alimentan mayormente de insectos, aunque también se alimentan de otros animales vertebrados como ranas, ratones, aves, y peces. Cazan a sus presas con un sistema que desarrollaron para orientarse y que también usan con el fin de cazar. Es una especie de sonar biológico, el cual emite ultrasonidos que rebotan cuando alcanzan la presa y que, de regreso, sus ecos transmiten al cerebro señales que les ayuda a detectar la ubicación de las presas.

Pero la especie de mamíferos placentarios de la superficie seguiría el camino evolutivo para llevar a la especie que surgiría luego para dominar el mundo. Esta especie lograría sentir y ver el mundo como nunca antes creatura alguna había podido. Nuestros ancestros, los primates habían llegado.

4.4 LOS PRIMATES

En este subcapítulo sobre los primates, estaremos cubriendo su evolución, desarrollo y los cambios y adaptaciones por las que tuvieron que pasar para convertirse en nosotros los humanos. Veremos que después de la desaparición de los dinosaurios, los mamíferos empezaron a ocupar cada espacio disponible. Y que, entre esos mamíferos, había un grupo que había aparecido alrededor de unos 70 millones de años al final del período Cretáceo. Estos animales empezarían una nueva vida en la ruta de la evolución. Ellos serían los primates, los cuales evolucionaron de los mamíferos, vivían en las copas de los árboles y desarrollaron una gran capacidad para sobrevivir.

La aparición de un fósil del esqueleto de un primate llamado *Carpolestes*, en USA y que vivió hace unos 56 millones de años, ayudó un tanto a reconstruir la vida y la evolución de los primeros primates. En consecuencia, se piensa que estos primates pasaban la mayoría de su tiempo en los árboles donde se sentían más seguros que en el suelo del bosque; su dieta pudo haber sido hojas y frutas; y que este animal probablemente fuera un mamífero nocturno.

En el fósil del carpolestes encontrado se pueden ver un animal con algunas características de los primates como su cuerpo y su larga cola, así como las manos con dedos con uñas que le permitirían agarrarse de las ramas para trepar entre ellas, así como también tomar sus hojas y frutos para llevárselos a la boca y masticarlos con su dentadura diseñada para tal fin. Sin embargo, este animal, no tenía sus ojos

viendo hacia adelante, lo cual es una característica de los primates, como se puede ver en la ilustración al lado. Este carpolestes tampoco tenía otra característica de los
primates como la estructura ósea que le pudiera permitir el salto especializado de los primeros primates. Sin embargo, algunos estudios sugieren que ciertamente estas características del animal pudieron ser desarrolladas después. Por el estilo de vida de los carpolestes, los primates de ese entonces no habían cambiado mucho desde los tiempos de los dinosaurios.

Los primates forman el grupo animales que evolucionó de los mamíferos. Ellos tienen las mismas características de los mamíferos. Sin embargo, lograron desarrollar algunas otras características que les ayudaría a adaptarse a su estilo de vida. Desarrollaron un cerebro superior que les permitía poder coordinar la vista y el movimiento de su cuerpo y el de sus manos. De hecho, su locomoción o manera de desplazarse de rama en rama o de árbol a árbol y hasta saltar para buscar su alimento, es una característica sobresaliente en los primates. Con el movimiento desarrollado en sus manos podían agarrar sus alimentos y llevárselos a la boca, así como también podían agarrar y desechar o apartar cualquier otro objeto que le impidiera llegar hasta sus alimentos. La posición de los ojos viendo hacia adelante en la parte frontal del cráneo les permitía una visión en tres dimensiones.

Los primates además lograron desarrollar otras características como: manos y pies con cinco dedos con uñas; pies plantígrados, pues caminan apoyándose en la planta de los pies; pulgar sobresaliente en las manos y los pies; clavículas; uñas planas en lugar de garras; visión a color en la gran mayoría de las especies; visión binocular en diferentes grados; articulaciones del hombro y del codo bien desarrolladas; también tenían los hemisferios el cerebro bien desarrollados. La vista de los primates evolucionó para ser más precisa, de manera que podían calcular la distancia a la que se encontraban de las cosas a su alrededor. También su cerebro creció para ser más inteligente ampliando su percepción sensorial. Como resultado logró desarrollar más sus sentidos como el del tacto, olfato y del oído. Y más tarde con el tiempo, llegaron a caminar en dos patas, las cuales después convirtieron en piernas para finalmente reinar sobre el planeta convertidos en seres humanos. Pero por supuesto la continua evolución de las especies les proveería de los aspectos necesarios para su supervivencia.

4.5 EVOLUCION PARA LA SUPERVIVENCIA EN LA SUPERFICIE

En este subcapítulo sobre la evolución para la supervivencia en la superficie, estaremos hablando acerca de las mejoras y adaptaciones que las criaturas que hacían vida en la superficie habían introducido a los mecanismos que habían desarrollado para sobrevivir antes de salir del agua, de manera de asegurar su supervivencia y continuar su evolución hasta llegar a los seres humanos. Entre esas mejoras y adaptaciones tenemos las hechas al sistema nervioso central y los sentidos, especialmente a la visión, al sistema digestivo, circulatorio y al respiratorio. Finalmente, hablaremos sobre los cambios que se tuvieron que hacer en cuanto a la forma de reproducirse en la superficie.

Sistema Nervioso Central y Los Sentidos

El pequeño cerebro de aquel pez que evolucionó hace unos 500 millones de años atrás, fue el que trajeron los primeros peces convertidos en anfibios cuando salieron del agua para hacer vida en la superficie. Este pequeño cerebro fue evolucionando con el tiempo a medida que los anfibios iban evolucionando en otro tipo de especie, desde reptiles hasta nosotros. El cerebro de los reptiles desarrollado hace unos 200 millones de años estaba formado por el tallo encefálico y los sentidos, los cuales eran aún muy precarios. Sin embargo, este cerebro les permitía a los reptiles realizar las funciones básicas de movimientos automáticos, así como también la respiración y reacciones metabólicas. Además, el cerebro era responsable de los instintos básicos de la supervivencia como la búsqueda del alimento, el deseo de aparearse y las respuestas agresivas de pelear o huir.

A medida que los reptiles evolucionaron en otras especies como en los mamíferos, por ejemplo, durante el período Pérmico, unos 260 millones de años atrás, se puede ver una gran diferencia entre el desarrollo del cerebro de los mamíferos comparado al de los reptiles. En cuanto al tamaño, la masa cerebral en los mamíferos llega a ser muchísimo más grande y compleja que el de los reptiles, lo que afortunadamente se tradujo en inteligencia. De esta masa cerebral grande en tamaño y complejidad se desarrolló nuestro sistema nervioso.

A través de millones de años, el sistema nervioso ha podido evolucionar desde el cerebro primitivo que heredamos de los peces y los reptiles hasta el sistema nervioso que tenemos hoy, capaz de sentir y pensar. El sistema nervioso de los primeros mamíferos empieza con el desarrollo del tronco cerebral o cerebro primitivo heredado de sus antepasados. Este cerebro primitivo es el que regula las funciones vitales básicas para asegurar la supervivencia del ser, como la respiración, el ritmo cardiaco y el metabolismo, además de controlar las reacciones y los movimientos del cuerpo.

Con el cerebro primitivo los primeros mamíferos podían sentir, pero quizás no llegarían a pensar. Este cerebro era más bien emocional. Con el paso del tiempo en los primeros mamíferos, se desarrolló el sistema límbico compuesto por el tálamo, hipotálamo, hipocampo y la amígdala. Estas nuevas estructuras cerebrales se desarrollaron hace unos 60 millones de años, sobre la estructura del cerebro primitivo alrededor del tronco cerebral o tallo encefálico. A medida que evolucionaba, el sistema límbico desarrolló el aprendizaje y la memoria. Esto les permite a los mamíferos recordar una experiencia del pasado para repetirla o no en el presente. Estas dos poderosas herramientas le permitían a un animal ser mucho más inteligente al elegir una respuesta más adecuada para adaptarse mejor a las situaciones cambiantes que se le presentaban. Por ejemplo, si un alimento producía algún malestar, podía evitarse en la siguiente ocasión. Decisiones tales como saber qué comer y que desechar aún eran determinadas en gran parte por el olor. Gracias al trabajo interrelacionado entre el bulbo olfativo y el sistema límbico, los olores eran distinguidos y reconocidos para luego compararlos con olores pasados y determinar así lo bueno y lo malo.

Con el sistema límbico también llegaron las emociones como el miedo y el placer inicialmente. El cerebro emocional había llegado. Sin embargo, la evolución continuaría su trabajo y más tarde, de los mamíferos evolucionarían los primates, cuyo sistema nervioso crecería enormemente. Pero ya en los humanos que descendieron de los primates hace unos 5 millones de años el desarrollo del sistema nervioso fue aún más asombroso. A lo largo de la evolución, el cerebro seguía creciendo de abajo hacia arriba.

A partir del cerebro de donde surgieron los centros emocionales, se formaron después, hace unos 2 millones de años, otras capas de tejidos adicionales. Esta nueva parte del cerebro se conoce como la neocorteza, de la cual evolucionó el cerebro pensante. Es aquí donde residen las capacidades cognitivas superiores como el leguaje, el análisis, la abstracción, la resolución de problemas y la planificación. Estas capacidades permitieron desarrollar la voluntad. El cerebro emocional también se vuelve pensante.

Después de formarse la neocorteza, el cerebro ha seguido evolucionando con el tiempo. Ya en el Homo Sapiens que vivía hace unos 200 mil años, la neocorteza era mucho más grande que en ninguna otra especie. La neocorteza es el asiento del pensamiento, contiene los centros que comparan y comprenden lo que perciben los sentidos. Además, añade a un sentimiento lo que pensamos sobre él y nos permite tener sentimientos con respecto a las ideas, el arte, los símbolos y la imaginación. Es la neocorteza lo que definidamente nos hace humanos. En su evolución, la neocorteza fue creando mecanismos que ayudarían al ser a sobrevivir ante la adversidad. Así, la neocorteza llegó a diseñar estrategias y planificar a largo plazo para conquistar el mundo.

Uno de los factores determinantes en el desarrollo del sistema nervioso de los humanos fue la mejora en los sentidos, especialmente en el sentido del olfato y del tacto introducida por los mamíferos. Una vez que el sistema nervioso de los mamíferos se volvió más grande y más complejo, el sentido de la vista también hizo mejoras para ver en color. Los sentidos en los mamíferos evolucionarían como nunca en alguna otra especie. En los mamíferos se desarrolló un gran número de receptores sensoriales para captar información muchísimo mejor sobre la luz, el olor, los sonidos, el calor y hasta el sabor de su mundo para conocerlo mejor y así tener más posibilidades de sobrevivir en él.

Con el sentido de la vista pueden ver todo su entorno como el tamaño, forma, color y ubicación de las cosas que están a su alrededor. El ojo, el órgano del sentido de la vista, puede distinguir y percibir variaciones muy pequeñas de forma, color, luminosidad y distancia del objeto o panorama que se enfoque y que luego convierte las ondas o vibraciones electromagnéticas de la luz que percibe, en un determinado tipo de impulsos nerviosos que transmite por el nervio óptico al cerebro, el cual lo procesa para convertirlo en la imagen que vemos.

Con el sentido del olfato se puede oler y diferenciar los olores de las cosas del entorno. Se cree que las mejoras introducidas al sentido del olfato, haya sido el paso inicial de la evolución y el enorme desarrollo y complejidad del sistema nervioso en los mamíferos. Uno de los sensores más primitivos del sistema nervioso, es el sentido del olfato, el cual es un sentido químico, pues detecta compuestos químicos en al ambiente. Los olores de las cosas a nuestro alrededor llegan envueltas en el aire que inhalamos por la nariz, el órgano del olfato. Dentro de la nariz, en las fosas nasales las partículas del olor se disuelven en las mucosidades. Luego las células o neuronas receptoras del olfato detectan los olores y transmiten la información al bulbo olfatorio en el cerebro en donde las sensaciones olfativas son asociadas con recuerdos de personas, lugares o situaciones relacionadas con esos olores.

Después de analizar los olores, se puede detectar la existencia de otras especies vivientes. El cerebro puede distinguir entre algo nutritivo, como una presa; algo venenoso o peligroso como un depredador; y hasta podía detectar una compañera sexual. En los tiempos primitivos detectar el olor se convirtió en el sentido supremo para la supervivencia. Los antiguos centros de la emoción empezaron a evolucionar a partir del olfato, el cual inicialmente estaba compuesto por unas delgadas capas de neuronas para analizar el olor. Una de esas capas de neuronas tomaba el olor y lo clasificaban como: alimento o tóxico, pareja sexual, amigo o enemigo. Otra segunda capa enviaba mensajes al sistema nervioso indicando al organismo como actuar: morder o no, acercarse o huir.

El sentido del gusto al igual que el olfato, es también un sentido químico. En los primeros animales el sentido del gusto les permitía detectar si una sustancia podía ser alimento o algo toxico para tomar la decisión correcta para seguir sobreviviendo. También podían usar su lengua para lamer marcas olorosas en objetos para obtener información sobre otros animales. Las células sensoriales de esos primeros animales para detectar los sabores no solo estaban en la lengua, algunas podían estar en la piel, en las patas, en los bigotes y en otras partes del cuerpo. En los mamíferos y sobre todo en los humanos, el sentido del gusto ha evolucionado mucho. Este sentido le permite al ser percibir el sabor de las cosas de su entorno, especialmente de la comida que se lleva a la boca, en la cual se encuentra la lengua, el órgano principal del sentido del gusto. Cuando el alimento entra en la boca su sabor es una combinación de información sensorial que envían el sentido del gusto, el olfato y el tacto. Es decir que además del sabor, también sabemos su olor, así como su textura y temperatura.

En la lengua de los humanos se encuentran miles de papilas gustativas con células receptoras te terminan en una especie de pelitos, los cuales, al ser estimulados por los químicos del alimento, envían impulsos nerviosos al cerebro. La lengua puede detectar los cuatro sabores básicos tradicionales: dulce, salado, amargo y acido. Aunque, recientemente se ha agregado un quinto sabor: umani, que distingue el sabor de las proteínas como las de las carnes. La función inicial del sentido del gusto ha sido la de proteger al ser de no comer alimentos que puedan causar algún daño al cuerpo. Sin embargo, el sentido del gusto también permite tener una sensación de disfrute.

Con el sentido de la audición se pueden oír los sonidos que emiten las cosas del entorno, así como también se puede percibir el volumen, tono, timbre y la dirección de la que proviene el sonido. El oído es el órgano responsable de la audición. Este órgano capta las ondas sonoras del medio del entorno como el aire y las transmite a través del canal auditivo externo hacia el tímpano, el cual vibra al ser golpeado por las ondas sonoras y produce vibraciones que son enviadas al oído medio, en donde mueven la cadena de huesecillos, formada por el martillo, el yunque y el estribo. Y las vibraciones resultantes son enviadas al oído interno en donde hay una especie de caracol llamada *cóclea*, llena de un fluido en donde las vibraciones se transforman en impulsos nerviosos que luego se envían al cerebro por el nervio auditivo para ser interpretadas en sonidos.

El oído también es responsable por el equilibrio del cuerpo. Dentro del oído interno por encima de la cóclea hay tres canales semicirculares que se comunican entre sí, dentro de los cuales hay un fluido gelatinoso y miles de pelitos conectados a un nervio craneal que conecta con el cerebro. Cuando movemos la cabeza, el líquido gelatinoso también se mueve y los pelitos envían al cerebro información sobre la dirección y velocidad del movimiento, lo que le permite al cuerpo mantener su equilibrio, el cual se hace más estable con la ayuda de la vista también. Cabe señalar que el sentido del equilibrio empezó a evolucionar en los peces, luego en los anfibios y los reptiles sin tener mucho que ver con la audición.

El sentido del tacto ha sido el primero en desarrollarse. Desde los primeros microorganismos que se formaron en las aguas del gran océano, los primeros organismos que salieron del agua para establecerse en la superficie, en toda la evolución hasta nosotros, el sentido del tacto ha estado siempre. Los primeros mamíferos introdujeron mejoras al sentido del tacto con el desarrollo del pelo corporal lo que produjo una mejora en la coordinación motora, pues el pelo corporal además de servir como aislante térmico, también lo usaron como receptores que proporcionaban información de cómo moverse con seguridad en espacios cerrados y evitar daños en la oscuridad.

Los humanos con el sentido del tacto pueden percibir, sentir y conocer la textura, dureza, y la temperatura de las cosas que les rodean. El sentido del tacto, mediante receptores mecánicos en la parte más externa de la piel, permite detectar cambios de la temperatura y presión, tipo de superficie y vibraciones del ambiente que les rodea. También hasta pueden percibir sensación del dolor interno del cuerpo. La información de estos receptores es enviada al cerebro a través de fibras nerviosas. La piel además de ser el órgano del sentido del tacto también tiene la función de proteger al cuerpo de la acción de agentes físicos, químicos y bacterianos. También mantiene el cuerpo a temperatura constante al regular la temperatura corporal gracias a la acción de las glándulas sudoríparas y los capilares sanguíneos.

La evolución nos ha llevado al desarrollo de nuestro maravilloso sistema nervioso, pero también nos llevó a un cambio drástico es su posición. Después que, de los mamíferos descenderían los primates y de estos los primeros homínidos, tuvimos que como bípedos caminar en dos patas hace unos 7 millones de años. Esto trajo como consecuencia que la posición de nuestro sistema nervioso también cambiara: antes cuando caminamos en cuatro patas, nuestro sistema nervioso iba delante del cuerpo, ahora que caminamos en dos pies, va en lo alto de nuestro cuerpo. Sin embargo, aún sigue estando en una posición muy privilegiada junto a los órganos de nuestros sentidos como los ojos, los oídos, la nariz y la boca, recibiendo antes que cualquier otro núcleo la información sensorial.

Afinación de la Visión

Los primeros insectos evolucionaron de los trilobites que vivían en el gran océano unos 400 millones de años atrás. Estos insectos fueron los primeros en salir del agua a la superficie y siguen siendo los animales más abundantes en la superficie de la Tierra. Todos ellos tienen ojos compuestos muy complejos. Los insectos desarrollaron sus ojos compuestos independientemente, pero de la misma estructura genética. En un arreglo de lentes microscópico que trabajan juntos para formar imagines. Mientras más lentes más finos los detalles de la imagen. Los ojos compuestos de los insectos fueron los más exitosos de la naturaleza para su época.

Los primeros peces que se convertirían en los nadadores de aguas someras fueron los primeros animales vertebrados que finalmente traerían sus ojos para ver y explorar la belleza de la superficie de la Tierra. Esos ojos continuarían en las criaturas que conquistaron la superficie y que después de unos 230 millones de años, se convertirían en los dinosaurios. Por los siguientes 160 millones de años, ellos dominarían el reino animal. Algo que hizo a estos animales tan exitosos fue su habilidad de enfocar a su presa.

Los dinosauros tenían los ojos más grandes de la historia. Sus ojos les daban una visión binocular para tener mejor alcance sobre sus presas. En visión binocular, la visión de cada ojo se entrelaza con la del otro para tener una mirada de mayor barrido. Es una visión en tres dimensiones. En los dinosauros la visión fue evolucionando para tener una visión de depredador, mientras que en las presas la visión evolucionó para protegerse de los depredadores. Los depredadores desarrollaron ojos, uno más cerca al otro, mientras que las presas los desarrollaron más retirados, uno del otro. El conejo, por ejemplo, los tiene extremadamente retirados, lo que les da una visión de 360 grados al rededor.

Los mamíferos que coexistían con los dinosauros cuando éstos reinaban desarrollaron una visión para evadir a sus depredadores.

Hacen 100 millones de años, cuando los dinosauros dominaban la Tierra, los mamíferos eran no más grandes que los ratones de hoy. Ellos se adaptaron a vivir en la noche para protegerse mejor de los grandes depredadores. Así desarrollaron un sistema de visión que les permitía ver en la oscuridad. La visión nocturna es considerada un éxito de la evolución del ojo y esencial para la sobrevivencia de muchos mamíferos hoy. Para ver mejor en la noche la córnea del ojo se desarrolló más grande. Otros mamíferos como los felinos desarrollaron otro tipo de visión para ver de noche, unos ojos que brillan en la oscuridad y funcionan como una especie de espejos reflectores. Con este tipo de ojo los felinos solo necesitan un 17% de la luz que necesitaríamos nosotros para ver en la oscuridad.

Los humanos aun siendo mamíferos no tienen hoy la capacidad de ver en la oscuridad como los otros mamíferos. Esto se debe a que hace unos 30 millones de años nuestros ancestros cambiaron la noche por el día. Cuando los primates bajaron de los arboles tuvieron que desarrollar ojos para ver el mundo como nunca. El ojo humano es capaz de ver 2,3 millones de colores con mayor velocidad y precisión que una computadora. Nuestra visión a color es superior a la de muchos otros mamíferos. Solo un pequeño número de especies incluyendo nuestros primos los primates, puede ver una gama completa de amarillos, azules, verdes y rojos. Pero esta profundidad de la visión no existió en los primeros primates. Su evolución tiene sus raíces como consecuencia de la extinción masiva de hace 65 millones de años atrás, cuando el asteroide gigante causó la extinción de los dinosauros y dejó el camino libre para que surgieran los mamíferos.

Después que los primates bajaron de los árboles para establecerse abajo, ellos se convirtieron en una nueva especie. Uno de esos linajes se hizo activo durante el día. Estos eran los simios, los ancestros de los monos de hoy y los humanos. Ellos desarrollaron una nueva adaptación en sus ojos no vista en especies pasadas. Esto era una expansión de su visión a color. Un rango estándar de colores consistiendo en azules y verdes y ahora incluye rojo. La selección natural mejoró la visión a color para que los primates pudieran ver mejor los alimentos. El rojo en particular fue desarrollado para distinguir lo rojo de las hojas que comían. Mientras más rojas, éstas contenían más nutrientes por eso, estos animales desarrollaron este color para ver las hojas a la distancia y tener más oportunidad de sobrevivir. De esta forma podían ahorrar tiempo e ir directo a las hojas rojas.

Los primates pronto también cosecharían el fruto de otra de sus adaptaciones cruciales: la visión binocular. Un rasgo que los depredadores desarrollaron, pero en los primates sirve una función nueva, la cual les da una percepción de la profundidad. Esto es muy importante cuando se tiene que saltar de un árbol y aterrizar en otro. Con el tiempo los primates desarrollaron una visión binocular de 60 grados a la par de los pájaros y los animales presas. Esta les servía a los primates para capitalizar sobre su coordinación de las manos y los ojos.

Los ojos son los logros más grandes de la evolución. No hay dos especies que miren el mundo de la misma forma. Cada uno tiene sus ojos dependiendo a sus necesidades. Entre los ojos más precisos están los del águila. En la mayoría de los casos mientras más grande sea el ojo mejor será la visión. Los ojos del águila son casi del tamaño y peso del nuestro. Sin embargo, su visión es mucho más aguda que la nuestra. El águila puede tener visión de hasta 3 veces mejor que nosotros.

La fuerza que ha impulsado esta gran innovación en la visión ha sido por supuesto la evolución. El águila ha desarrollado los ojos más poderosos en la naturaleza, pero sus ojos son solo unos de los tantos que han evolucionado con el tiempo. Los ojos en los animales no han evolucionado desde un mismo ojo ancestral. Ellos han evolucionado varias veces en diferentes linajes de animales. Sin embargo, la evolución ha usado los mismos genes básicos para formar los ojos en animales completamente diferentes como las moscas, los calamares, y hasta los humanos.

Adaptaciones del Sistema Digestivo

Hace unos 350 millones de años un linaje de peces descubrió un nuevo lugar de oportunidades al salir del agua a la superficie y una nueva forma de alimentarse creó nuevas oportunidades evolutivas. Algunos vertebrados en la superficie desarrollarían sistemas digestivos apropiados para comer hojas. Por ejemplo, los pájaros y las aves, descendentes de los dinosaurios, usan unas pequeñas piedras llamadas gastrolitos para ayudar su digestión. Las aves se tragan intencionalmente los gastrolitos con su alimento. Estos gastrolitos se alojan en el estómago o molleja, el órgano digestivo de las aves, y allí los gastrolitos actúan como dientes. El alimento entra en la molleja y los gastrolitos lo trituran para sacar los nutrientes. Este es el mismo sistema que usaban los dinosaurios para ayudar su digestión.

En los días de los primeros mamíferos después de la extinción de los dinosaurios, un tipo de lagarto también evolucionó para tomar ventaja sobre la generosa fuente de alimentos. Las serpientes, unos animales sin patas, de sangre fría y de movimiento lento, inventaron una forma radical de alimentarse. Como no pueden masticar su alimento porque no tienen dientes o mandíbulas para hacerlo, entonces se tragan sus víctimas. Tienen la habilidad de tragarse una presa más grande en diámetro que su cabeza, pues todo su cuerpo es un largo tubo digestivo. Después de 7 días la presa es digerida y la mayor parte de ella es almacenada como energía, lo que hace que las serpientes ayunen por un largo tiempo en algunos casos por años. Pero las serpientes no son los únicos animales que han desarrollados tractos digestivos extremos para enfrentar una dieta tan difícil para sobrevivir. Otros animales harían otras modificaciones especiales también.

Hacen unos 20 millones de años atrás apareció el australopiteco, un homínido pequeño en tamaño, pero con un cerebro un poco más grande que el de los otros primates. El australopiteco con sus mandíbulas, dientes y su sistema digestivo, lograron desarrollar mejoras en su digestión. Estos homínidos fueron nuestros ancestros, pero la nueva especie desarrollaría un cuerpo más grande, dos veces el tamaño de su predecesor, mientras sus dientes y estómagos se redujeron. Todos estos cambios se debieron a cambios radicales en sus dietas. Cada órgano del cuerpo necesita de su parte de energía de los alimentos. El cerebro y el tracto digestivo son los que más requieren energía.

Los australopitecos aprendieron dos cosas: a comer más alimentos y a usar herramientas para ayudarlos a obtenerlos. Con las herramientas lograron cortar los alimentos, machacarlo y así ayudar la digestión. Pero lo que más ayudó en la dieta fue el uso del fuego. Así era como comer alimentos pre-digeridos, ellos aprendieron que la carne cocida sabía mejor. Cocinar los alimentos cambiaria todo. Nos permitió obtener más energía de los alimentos con menos esfuerzo. Es una de las mejoras en la historia de las dietas. Esta nueva tecnología de preparar alimentos cocinándolos nos daría como resultado un cerebro más grande. La comida cocinada reduce el costo en monto de energía para la digestión. Se puede tener hasta 40% más calorías de la comida. Toda esa energía que se usaba para mantener grandes tractos digestivos podía ser usada ahora para el cerebro.

Adaptaciones de los Sistemas de Circulación y Respiración

El sistema a circulatorio de los vertebrados evolucionó a la par con el sistema respiratorio. Estos animales también tienen un par de órganos para filtrar la sangre llamados riñones. Ambos el sistema circulatorio y respiratorio continuaron su evolución cuando el primer pez se convirtió en anfibio para salir del agua a la superficie de la Tierra y luego ese anfibio se convirtió en reptil para tomar el camino hacia la población del planeta.

Los peces respiran por un sistema de branquias por donde obtienen el oxígeno del agua para pasarlo a su sistema circulatorio, el cual es un sistema cerrado, en donde la sangre va del corazón a las branquias, luego al resto del cuerpo, y finalmente, vuelve al corazón. Su circulación es simple y su corazón tiene dos cámaras: un ventrículo y una aurícula. En la aurícula entra la sangre desoxigenada que proviene de los tejidos del cuerpo y pasa al ventrículo, desde donde es enviada a las branquias para su oxigenación y luego la sangre oxigenada es distribuida por todo el cuerpo.

En los anfibios, la circulación se vuelve doble por la aparición de un circuito menor o pulmonar de circulación, además del circuito mayor o sistemático de la circulación ya existente. En el circuito pulmonar la sangre venosa es enviada a los pulmones para su oxigenación y luego es enviada de vuelta al corazón. El circuito sistemático de circulación entonces lleva esa sangre oxigenada por todo el cuerpo, trayendo de vuelta al corazón la sangre desoxigenada recogida de los tejidos del cuerpo. Los pulmones de los anfibios eran pequeños y poco desarrollados, pero servían el propósito de realizar el intercambio de gases con el medio externo. Es decir, respirar oxígeno y expulsar dióxido de carbono. El oxígeno absorbido es difundido de estos pulmones hacia la sangre del sistema circulatorio. Su corazón es de tres cámaras formado por un ventrículo y dos aurículas.

La circulación de los reptiles es doble porque hay dos circuitos: un circuito lleva la sangre a los pulmones y luego después de oxigenarse la regresa al corazón, mientras que el otro circuito lleva la sangre oxigenada a todo el cuerpo y recoge la sangre desoxigenada y la regresa al corazón. También la circulación de los reptiles es vascular porque sale del corazón a través de vasos sanguíneos. Es cerrada porque nunca abandona estos vasos, es decir, que no se encuentran grandes espacios o lagunas sin sangre. Y también es una circulación incompleta porque la sangre desoxigenada y la oxigenada se mezclan en el ventrículo, al igual que en los anfibios.

El corazón de los reptiles es de tres cavidades: dos aurículas y un ventrículo, parcialmente separados por una membrana que no llega a dividirlos completamente. En el corazón de los anfibios y la mayoría y los reptiles, la sangre desoxigenada del cuerpo llega a la aurícula derecha y la sangre oxigenada de los pulmones llega a la aurícula izquierda. Ambas aurículas se comunican con el ventrículo. Sin embargo, la sangre desoxigenada tiende a permanecer en la parte derecha del ventrículo para ser bombeada por los vasos sanguíneos hacia los pulmones, mientras que la mayor parte de la sangre oxigenada permanece en la parte izquierda del ventrículo para ser bombeada al resto del cuerpo. En los reptiles la separación de la sangre es más controlada por que la parte derecha e izquierda del ventrículo están separada por una membrana. Todos los reptiles poseen este corazón de tres cavidades a excepción de los cocodrilos que poseen un corazón dividido en cuatro cámaras, como los mamíferos y las aves.

En las aves y los mamíferos, así como en los cocodrilos la circulación es doble, completa y cerrada. El corazón posee cuatro cavidades: dos aurículas, por donde entra la sangre y dos ventrículos, por donde sale. A la aurícula derecha llega la sangre desoxigenada que procede de los tejidos del cuerpo, esta, mediante la contracción de la aurícula es enviada al ventrículo derecho y es bombeada a los pulmones, los cuales son muy desarrollados en las aves y en los mamíferos. Allí, en los pulmones, la sangre recoge el oxígeno por medio de la respiración, entra luego por la aurícula izquierda, pasa al ventrículo izquierdo y se reparte por todos los tejidos del cuerpo.

Las aves y mamíferos de sangre caliente tienen un alto requerimiento de oxigeno por lo que su suministro tiene que ser más eficiente, que los animales de sangre fría. Esta demanda dio como resultado el desarrollo de mejores pulmones y de un corazón de cuatro cavidades. Este nuevo corazón de las aves y los mamíferos es el mismo de los seres humanos. Tiene dos ventrículos, derecho e izquierdo, los cuales separan la sangre oxigenada de la desoxigenada, garantizando así que la sangre que llega a los tejidos del cuerpo tenga el contenido de oxigeno más alto posible. Las contracciones coordinadas de las aurículas y los ventrículos forman el ciclo cardiaco.

La Reproducción en la Superficie

Por cientos de millones de años, los animales permanecerían confinados en los océanos de la Tierra. Pero unos 370 millones de años atrás, un linaje único de peces empezó a moverse hacia las costas de la Tierra. Estos animales eran los anfibios, los cuales desarrollaron patas de sus aletas al vivir por mucho tiempo en las aguas pantanosas de la costa. Con el tiempo esas patas se volvieron lo suficientemente fuerte para permitirles salir del agua a la superficie. Pero este nuevo mundo representaba nuevos problemas en cuanto a la reproducción.

En el gran océano, los ancestros de los anfibios sencillamente dejaban caer su esperma en la corriente del agua para que se fertilizaran los huevos. Eso se conoce como fertilización externa. Pero eso no funcionaría en la tierra seca. De manera que un grupo de estos anfibios, los ancestros de los reptiles y los mamíferos cambiarían con éxito su método de reproducción de una manera muy diferente como lo hacen dentro del agua.

Los reptiles desarrollaron la fertilización interna y así continuaron evolucionando una forma extraordinaria para proteger su criatura: el *huevo amniótico*. Esta maravilla de la evolución no sólo nutre las criaturas dentro, sino que también su concha dura protege al huevo para que no se seque. El huevo amniótico les dio a los reptiles la habilidad de conquistar la Tierra reproduciéndose, esparciéndose y creciendo a una escala sin precedente. Pero para los dinosaurios esta actividad sexual podía ser un problema, pues cuando se es muy grande, aparearse podría no ser cosa fácil. Su propio tamaño podía interferir en la divina y necesaria actividad sexual.

Los dinosaurios evolucionaron para ser los animales más grandes que vivieron en la Tierra, pero el sexo entre criaturas grandes pudiera ser complicado. Pero los registros fósiles dicen que si tenían sexo y se reproducían por fertilización interna como los pájaros hoy. Ahora, ¿cómo tenían sexo estas criaturas? Esta es una buena pregunta que los paleontólogos aún no han dado respuesta. Este es casi un misterio, pero lo hacían y debieron hacerlo bien, pues vivieron y dominaron el planeta por más de 160 millones de años.

Después que desaparecieron los dinosaurios, la Tierra se convirtió en un sitio de desperdicio y los insectos perduraron. Como han sobrevivido es aún un misterio. A lo mejor el impacto del asteroide causó un cambio de temperatura que puso los insectos a invernar y cuando reemergieron florecieron, desarrollando nuevas formas de reproducción a altas tasas. Pero en el mundo de los insectos, el sexo más que reproducirse es una batalla de sexo, una guerra de esperma. En la competencia de esperma, las hembras buscan amigos sexuales múltiples, muchos machos para que sus crías tengan más chance de sobrevivir y a los padres les toca cuidar las crías. Los insectos han desarrollado la variedad más grande de formas de penes en el planeta, ¡Quién iba a pensar!

La fuerza que impulsa a las criaturas a tener sexo para pasar sus genes para asegurar la sobrevivencia de su raza es muy fuerte y causa cambios evolutivos. Este proceso es llamado *selección sexual*. Para tener éxito en términos de evolución nuestros genes deben estar contenidos en la próxima generación y para garantizar la sobrevivencia de la especie los genes deben compartirse con los seres con mejores cualidades. Ahora, ¿hacemos nosotros los humanos eso? Los animales no cometen tantos errores como nosotros los humanos. Ellos no se aparean con cualquiera, solo con las mejores. Pues su meta es esa, la de garantizar la continuidad de su especie y sólo confían esta linda tarea a aquellos otros seres que les permitan a sus crías sobrevivir. Es decir, que sean capaces de lograr esta responsabilidad. Algunos machos les toca hasta pelear, otros bailar, o que se yo, para atraer una pareja, pero nosotros a veces no tenemos que hacer nada, a lo mejor consumir drogas.

Los seres humanos emergieron de sus primos los primates sólo unos millones de años atrás. Cuando nuestros ancestros bajaron de los árboles y empezaron a caminar en dos patas en vez de cuatro, tuvieron que hacer varios cambios en cuanto al sexo, pues la vagina, el canal vaginal y el clítoris de la hembra cambiarían considerablemente.

Durante el lento proceso evolutivo hacia el bipedismo la vagina había cambiado su posición de penetración. Antes era por detrás solamente, mientras que en la posición bípeda también podía ser penetrada por delante. En cuanto al canal vaginal, con la posición bípeda, este pasó de horizontal a vertical haciendo que el pene tuviera que penetrar más profundo dentro del canal vaginal, lo que produjo un agrandamiento del pene. El clítoris también tuvo que evolucionar y adaptarse a diferente formas y tamaños para proporcionar más placer y tener mejores orgasmos. Especialmente el orgasmo de la mujer, pues este estimula la eyaculación del hombre y así asegurar la fertilización.

Con la evolución de los seres humanos la corteza cerebral se empezó a formar hace unos millones de años atrás. Esto hizo que el cerebro se hiciera más grande. Con el crecimiento del cerebro la sexualidad también aumentó. Sin embargo, el cerebro creció tanto que se convirtió en un problema en la reproducción sexual debido a que el cráneo es muy grande para que los bebes pasen por el canal de parto de su madre, el cual a su vez se había hecho más angosto debido al peso y a la presión adicional que representa el caminar erguido. Por esta razón los bebes no se pueden estar mucho tiempo adentro del vientre de su madre, pues el cráneo le crecería mucho y no podrían salir por la vía natural. En ese caso habría que practicar una operación de cesárea.

Básicamente los bebes nacen prematuramente, pero los lazos entre madre e hijo y toda la familia se desarrollaron aún más para garantizar supervivencia de la especie y así profundizar el amor entre los seres humanos. El sexo y la mente se han interconectado y los humanos han cambiado el mecanismo del sexo para siempre con la evolución del amor y hasta han ido más allá. Hoy día se puede no tener sexo y aun poder reproducirse. Se puede clonar y fertilizar criaturas sin tener sexo. Los seres humanos están controlando su propia evolución. En el futuro los padres escogerán a los hijos que quieran tener. Solo aquellos con las cualidades deseables. De la forma que ellos quieran que sus hijos sean: inteligentes, bonitos, buenos, como ellos quieran. La selección no es natural ahora. Es la selección artificial manipulada por el ser humano.

5

LOS SERES HUMANOS

En el cuarto capítulo, presentamos como la vida evolucionó para salir del gran océano para hacer vida en la superficie de la Tierra y como continuó su evolución para conquistar el planeta. En este quinto capítulo y para continuar y terminar con la búsqueda de la respuesta sobre como llegamos aquí, estaremos presentando la evolución de los seres humanos. Hablaremos sobre los primeros homínidos llamados los australopitecos y su evolución para formar los miembros del género homos. Y como éstos evolucionaron en Homo Habilis, Erectus y Sapiens. Además, cubriremos las grandes migraciones humanas por todo el globo terrestre, así como también todos los aspectos de la evolución humana para finalmente terminar hablando sobre los humanos modernos.

5.1 LOS PRIMEROS HOMÍNIDOS: LOS AUSTRALOPITECOS

De los mamíferos evolucionaron los primates hace unos 70 millones de años. Después, de los primates evolucionaron los monos o simios. Luego una parte de esos monos llamada los grandes monos, la cual incluía a los bonobos, chimpancés, gorilas y orangutanes; se separó de los grandes monos hace unos 7 millones de años. Los miembros de esta nueva especie de primates para sobrevivir se vieron forzados a caminar erguidos en sus dos patas traseras, dando lugar así al surgimiento de los llamados homínidos. Ellos constituyen la familia de los primates superiores, de los cuales evolucionaría más tarde el género de los homos, de los que, a su vez, surgiría el hombre. En este subcapítulo sobre los primeros homínidos: los australopitecos, estaremos hablando acerca de cómo surgieron y los cambios cruciales que tuvieron que hacer para transformase en el primer miembro del género homos.

Hace más de 7 millones de años el continente africano hacía ciertos cambios que tendrían grandes implicaciones en ese grupo de primates de los que se formaron los primeros homínidos y en el proceso evolutivo hacia los humanos. África se estaba volviendo más seca, lo que redujo los bosques y las selvas haciendo el continente más desértico. Este fenómeno tiene su causa después de la formación del Himalaya a unos 4 mil kilómetros al este del continente africano. Antes del Himalaya el clima en África era cálido y húmedo durante todo el año. Pero después de la formación de la cordillera más grande del planeta el clima africano empezó a cambiar. Al superar las montañas del Himalaya cimas de más de 5 mil metros, esto tuvo su impacto en el clima global. En verano el calor del Sol genera una gran corriente ascendente de aire caliente y seco por encima del macizo montañoso del Himalaya, la cual desciende después hacia África. Debido a esa corriente se instaló en este continente un ciclo anual que incluye una estación seca. Esto hizo que el desierto del Sahara se empezara a extender y los bosques húmedos perdieran una gran parte de su espacio.

Estas nuevas condiciones forzaron a los primates a tener que caminar sobre la superficie en busca de su alimento, ya que sus árboles habían desaparecido. Pero caminar en cuatro patas traía muchos inconvenientes pues su estructura corporal no había sido desarrollada para esta nueva forma de moverse de un lado al otro. Para mirar en busca del alimento tenían que levantar la cabeza para ver mejor, sobre todo en partes con pastizales altos. Además, la posición con la cabeza levantada les ayudaba a ver cualquier amenaza que se encontraran en el camino incluyendo a los depredadores. Esto dio como resultado que ese grupo de primates pasaran en esa posición gran parte del día. Eso trajo como consecuencia que este grupo se acostumbrara a caminar en sus dos patas traseras y convertir sus dos patas delanteras en manos dando lugar a lo que hoy llamamos *bipedismo* y a las especies que caminan en dos patas se les llama bípedos. Es así como ese grupo de primates evolucionaron en los primeros homínidos hace unos 5 millones de años. Los homínidos eran muy similares a los monos de hoy. De estos homínidos evolucionaron los seres humanos. De hecho, desde el punto de vista genético la diferencia entre el humano y el mono es muy pequeña: solo 2%.
Además de la capacidad de caminar en posición erguida, los homínidos desarrollaron un tamaño de cerebro más grande, lo que les permitió iniciar la carrera evolutiva hacia el ser humano. Los primeros homínidos pudieron adaptarse a la vida que les tocó vivir en las sabanas y llanuras africanas, debido al cambio climático. Definitivamente extrañarían vivir encaramados en los árboles de los bosques. Uno de los

primeros homínidos que caminaron erguidos en sus dos patas traseras y con sus manos libres, tal como lo hacemos hoy, fueron los Australopitecos o monos del sur hace aproximadamente 5 millones de años en África, en lo que hoy conocemos como: Etiopía, Tanzania, Kenia, Sudáfrica y Chad, donde sus restos han sido encontrados.

Los Australopithecus tenían largas extremidades, poderosas mandíbulas y fuertes molares. Al igual que los chimpancés los Australopitecos básicamente se alimentan de frutas que recogían de los árboles. Sin embargo, también comían ciertos animales pequeños como las hormigas que les servía como un aporte extra de proteínas en sus dietas, tal y como hacen los chimpancés. La diferencia entre estas dos especies fue el ecosistema en que a cada uno de ellos les tocó vivir. Los chimpancés vivían en los bosques que no fueron afectados por el cambio climático. Mientras que los Australopitecos les tocó la peor parte: vivir en la sabana, en la que tuvieron que caminar y recorrer largas distancias y así recolectar su alimento. Los Australopitecos vivieron la mayor parte de sus vidas en ambientes de sabana que contaron quizás con la presencia de ríos.

La estatura del australopiteco apenas alcanzó algo más que un metro con un peso de unos 30 kg, sus manos largas y finas las utilizaron para prensar o agarrar objetos, frutos y raíces. También tuvieron la capacidad de hacer algunas herramientas rudimentarias de palo y probablemente vivieron formando pequeñas comunidades, en las que cada uno convivió con un grupo de hembras.

Es posible que el momento más glorioso de aquellos primeros homínidos, de los que nosotros evolucionamos, hubiese sido cuando alguno de ellos agarraría un pedazo de palo y empezó a mirarlo y hasta llegar a hacerse imágenes mentales para revolucionar el mundo para siempre. Al levantar ese pedazo de palo habría inventado un arma para protegerse de sus depredadores y hasta para matar otros animales más pequeños y así conseguir su sustento. Después con el tiempo y la evolución, le sacaron punta a su pedazo de palo y lo convirtieron en lanza para defenderse mejor de los depredadores y convertir otros animales más grandes en su presa de una forma más eficiente y segura. Así comenzaron a surgir los destellos de inteligencia en la pequeña cabecita de esos primeros seres de los que nosotros evolucionamos. Con el pasar de los años los descendientes de estos primeros homínidos también usarían el pedazo de palo para hacer algunas herramientas como el garrote, el cual le acompañaría por mucho tiempo.

El cerebro de los Australopitecos tuvo poco desarrollo, su cráneo pudo tener un volumen de unos 500 centímetros cúbicos. El Australopiteco más famoso fue la llamada "Lucy", cuyos restos fosilizados fueron encontrados en África. Esos restos eran de un esqueleto de una hembra de reducido tamaño; de aproximadamente 1,20 metros y su edad se calcula en unos 20 años. Era un homínido, porque su posición era erguida.

Se cree que los Australopitecos como tales desaparecieron debido a la crisis climática que transformó las sabanas arboleadas de África en desiertos. Esas nuevas condiciones hacían mucha más difícil la forma de obtener su alimento, por lo que tuvieron que comer de todo lo que encontraban incluyendo raíces y hasta sobras de carnes dejadas en los huesos por los animales carnívoros de ese entonces. Antes de su desaparición, los Australopitecos pasaron por una enorme escasez de alimentos, la cual se convirtió en una amenaza de muerte hace unos 2 millones de años. Hubo un enfriamiento global y una sequía haciendo que los bosques tropicales disminuyeran y forzaran a los Australopitecos a retirarse hacia arriba hacia el Ecuador. Para sobrevivir a esa enorme escasez de alimentos los Australopitecos tuvieron que buscar un nuevo régimen alimenticio para reemplazar los frutos como la base de su dieta diaria.

En efecto, llegaron a existir en el sur de África, según el registro fósil, dos tipos de Australopitecos. Uno de ellos incorporó raíces a su dieta para continuar siendo vegetariano. Este tipo de Australopitecos es referido por algunos paleontólogos como *Paranthropus*. Las raíces que comían los paranthropus aparentemente tenían un gran valor nutritivo y aunque el clima fuera seco se podían encontrar todo el tiempo. Estos Australopitecos vegetarianos eran de una estatura de 1,5 metros y de corpulencia robusta. Ellos lograron sobrevivir por algo más de un millón de años aproximadamente comiendo sus raíces hasta desaparecer.

El otro tipo de Australopitecos, para sobrevivir se fue por el camino de las carnes como base de su alimentación para convertirse en carnívoro hace unos 2,5 millones de años. Esta nueva dieta le permitió al Australopiteco alcanzar una estatura de 1,70 metros y una silueta muy delgada quizás por las largas caminatas que tenía que hacer en busca de su alimento, el cual encontraba en las sobras de las presas que dejaban otros animales. En la mayoría de los casos, las sobras eran huesos con poca carne. Sin embargo, los Australopitecos raspaban esos huesos para obtener la carne y comerle hasta el tuétano dentro del hueso para poder sobrevivir.

Desafortunadamente, los Australopitecos que aun habían sobrevivido enfrentarían luego una etapa crucial en su evolución: hacer frente a tantas adversidades en el ecosistema del Gran Rift africano en el que les tocó vivir. El Valle del Gran Rift de África se había formado hace más de 30 millones de años. Este valle es una gran fractura geológica de unos 100 kilómetros de ancho y que se extiende por unos 6 mil kilómetros de sur a norte, a lo largo del continente africano en su mayor parte, aunque otra parte se extendió hasta el Mar Rojo y la otra hasta el Valle del Jordán. Este inmenso valle dividió la sabana africana en varios ecosistemas, lo que llevó al desarrollo de los animales en distintas direcciones.

El desarrollo amplio de animales en los varios ecosistemas del Grand Rift implicaría unos nuevos cambios en la vida del Australopiteco carnívoro. Esto jugaría un papel muy importante en su evolución, pues al decidir ser carnívoro tendría que enfrentar retos de grandes proporciones. Para satisfacer la demanda de comer carne en su alimentación, el Australopiteco decidió tener una fuente más segura de su alimento. Entonces decidió ir tras animales pequeños para matarlos y comerlos. Así inventó la caza. Pero en esa nueva tarea tendría que competir con grandes animales carnívoros de la época. Esta sería una competencia fuerte hasta el punto de poner en riesgo su propia vida. Competir con tigres y leones no sería nada fácil, pues ellos dominaban el ambiente por estar mejor desarrollados y equipados para ello. Además, al "Tigre Dientes de Sable" le gustaba comer homínidos, quiénes a veces terminaban siendo su cena.

El Australopitecos carnívoro aún no estaba preparado para enfrentar esta pelea tan desigual, pues no tenía ni los recursos ni la inteligencia para ese entonces. ¡Ah! pero eso estaría por cambiar más tarde debido precisamente a su nueva dieta basada en la carne. El consumo de carne definitivamente tuvo un gran impacto en el crecimiento del cerebro, el cual es la parte del cuerpo que consume más energía. El alto contenido calórico de la carne podía producir esa energía. Mientras más energía recibía el cerebro más crecía y más inteligencia le daba al Australopiteco "come carne". La desventaja del Australopitecos en la caza de sus presas sería entonces compensada por su inteligencia, con la cual pudo lograr ser mejor cazador que los otros animales. Y así disponer de más alimento para más hembras y por consiguiente tener muchos más hijos trayendo esto como resultado un incremento en la población de esta especie. Los

Australopitecos trasmitieron a sus nuevas generaciones, mediante el ejemplo, sus habilidades para cazar y hacer herramientas. Ellos lograron hacerse más aptos para sobrevivir y dar paso al camino evolutivo del Homo Habilis y al resto de los Homos.

5.2 LOS HOMOS

En este subcapítulo sobre los homos, estaremos cubriendo la evolución de los miembros del género homos. Veremos como el Homo Habilis empezó a trabajar la piedra, como el Homo Erectus logró manejar y controlar el fuego con tanto éxito hasta el punto de ser llamado "El Gran Maestro del Fuego", y como el Homo Sapiens perfeccionó el lenguaje. También, hablaremos de las grandes características muy exclusivas de los Homos como el intelecto y el lenguaje, los cuales los hacen una especie única en todo el planeta.

El Homo Habilis

Estos homínidos, descendientes de los Australopitecos, fueron unos seres que también caminaban erguidos en dos pies y tenían grandes habilidades, por lo que se les llamó Homo Habilis. Se cree firmemente en que eran hábiles porque sus fósiles fueron encontrados con algunas de sus herramientas hechas de piedra. Este homínido tenía unas manos muy fuertes y robustas para trabajar con ellas, lo que los hizo destacar como la primera especie que utilizó y creó herramientas de piedras. Además, fueron los primeros en construir una especie de cabaña con ramas de los árboles, las cuales sostenían en el suelo con un montón de piedras. Como simulando la copa de un árbol, la cual fue su hogar por mucho tiempo.

En cuanto al uso de la piedra, tal vez, el Homo Habilis empezó utilizando las piedras disponibles a su alrededor para arrojarlas en contra de sus depredadores y así lograr protegerse. Después que se dio cuenta que podía hasta matar a otro animal con estas piedras, entonces las utilizó también para cazar y de esta manera obtener su alimento. Para protegerse y lograr su alimento, el Homo Habilis se volvió un experto tirador de piedra pudiendo matar un animal de un solo piedrazo.

Después, quizás por accidente descubrió que algunas piedras con ciertos bordes filosos podían cortar hasta su propia mano. Esto hizo que le diera un nuevo uso a la piedra. La utilizó para cortar la piel del animal, así como para cortar la carne del animal para comérsela en pedazos. El aprovechar la piedra para mejorar sus condiciones de vida dio inicio a lo que se conoce hoy como la edad de piedra. Ver la ilustración del Homo Habilis a la derecha, quién vivió en África hace entre unos 2,5 y 1,5 millones de años y se piensa que coexistió con sus predecesores los Australopitecos antes que estos desaparecieran por completo.

Los Homo Habilis, debieron adoptar una posición más erguida que sus ancestros, porque las variaciones climáticas hicieron crecer los pastizales y los obligó a que se pararan más rectos sobre sus pies para divisar mejor los posibles peligros. Tenían un cerebro de alrededor de 750 centímetros cúbicos. Más grande que el de los Australopitecos. Su característica más importante fue el cambio en su forma de alimentación: ya no sólo comían frutas y vegetales sino también animales. Cambio este que heredaron de sus antecesores. La incorporación de la carne como parte de la dieta diaria de los primeros Homos fue un factor muy importante en el desarrollo de la neocorteza de su cerebro, la cual continuó evolucionando para dar pasó al Homo Erectus. El resto de los Homos Habilis se extinguieron hace unos 1,5 millones de años.

El Homo Erectus

Como ya hemos visto, los homínidos evolucionaron entonces en el Australopiteco y estos en Homos Habilis, quiénes con sus manos libres empezaron agarrar, transportar y hacer algunas cosas. Al darse cuenta los Homos Habilis que mientras más erguidos caminaran mejor podían divisar las oportunidades y los peligros, terminaron por adoptar la posición erecta completamente al caminar para mirar mejor el horizonte por encima de la vegetación herbácea. Así el Homo Habilis evolucionaría en el Homo Erectus.

El Homo Erectus u hombre erguido era de cuerpo alto, cejas espesas, de gran musculatura y con rasgos faciales más pronunciados que el Homo Sapiens. El Homo Erectus vivió y prosperó en las sabanas arboladas de África hace casi dos millones de años y tenía un cerebro de unos 1.100 centímetros cúbicos, mucho más grande que las especies anteriores, casi del tamaño del humano moderno. El Homo Erectus logró manejar el fuego hace unos hace 1,5 millones de años. Ver ilustración al lado. También logró el

mejoramiento de sus herramientas, así como tener la capacidad de un lenguaje rudimentario.

Este gran ancestro nuestro fue un gran innovador. Desarrolló técnicas para trabajar la piedra y producir mejores herramientas. Entre sus herramientas estaban los trituradores, las hachas de mano trabajadas por los dos lados y diseñadas para cortar y machacar. También estaban los cuchillos, como se puede ver ilustración de abajo. El Homo

Erectus descubrió como sacar lajas de una piedra al golpearla cerca de los bordes con otra piedra más fuerte. El trozo grande de la piedra podía labrarse para formar una herramienta pesada, la cual se podía usar para machacar o triturar y las lajas eran convertidas en herramientas ligeras como los raspadores usados para preparar el cuero. Estas piedras por lo general eran de un tipo de roca sedimentaria como el sílex, el cual está constituido por sílice microcristalino. El sílex se considera duro y tiene una tendencia de romperse en pedazos. Para sacar lajas de una piedra de sílex, él sostenía la piedra firmemente con una mano sobre el muslo de su pierna o contra otra piedra más grande y luego la golpeaba con otra piedra; después le daba vuelta a la piedra que trabajaba para sacar lajas del otro lado. Con sus mejores herramientas el Homo Erectus se convirtió en un mejor cazador en busca de su alimento. Merecía este gran ancestro nuestro tener una mejor vida ya que fue un gran trabajador.

El Homo Erectus perfeccionó el uso del fuego a tal forma que se le conoce como el gran maestro del fuego. Lo llegó a manejar y controlar como nunca nadie lo había hecho jamás. Para hacer su propio fuego, tomaba un palo por la parte de arriba y lo giraba entre sus manos. Esto transmitía un movimiento circular al palo, cuya punta de abajo en contacto con un trozo de madera seca se calentaba por la fricción hasta empezar a quemarse y soplando con su boca lograba producir el fuego con la ayuda de paja seca. El Homo Erectus utilizó el fuego para alumbrarse y así aprovechar más y mejor parte de la noche; protegerse de sus depredadores, pues estos ni se atrevían a acercarse cuando veían una fogata en la entrada de la morada de un Homo Erectus. También utilizaron el fuego hasta para para cocinar. ¡No más comida fría! Y bien que lo merecía este gran hombre.

El Homo Erectus fue el primer homínido que se desplazó ampliamente por la superficie de la Tierra. Fue él quien inició el gran viaje para poblar el planeta. De África viajó al sureste de lo que es hoy Asia, Europa y hasta llegó a lo que es hoy China. A medida que se enfrentaba al clima frío del norte iba desarrollando sus ropas. Con el inicio de las glaciaciones hace unos 120.000 años, comenzó la época en que el clima se hizo más riguroso y frío, la situación se hizo más complicada y mantenerse caliente era un requisito indispensable para la supervivencia. Al principio descubrió que podía ponerse pieles de animales encima de su cuerpo y luego comenzó a coserlas usando tiras del mismo cuero y abriendo huecos en la piel con su cuchillo de piedra hasta que después lo convirtió en perforador y luego en aguja. La necesidad de cubrirse surge para combatir las inclemencias del clima especialmente durante la glaciación. Para ello los Homos Erectus cazaban animales para comer su carne y para abrigarse con sus pieles. Para ese entonces, ellos ya tenían control del fuego y el de la preparación del cuero de las pieles de animales que usaba como vestimenta, lo cual les permitió vivir en zonas cercanas a los glaciares en la época de la glaciación.

El Homo Erectus utilizaba prendas simples de pieles de animales, esto se deduce debido a que entre sus herramientas y utensilios hallados se han encontrado perforadores y raspadores para limpiar las pieles con las que hacían la vestimenta. Quizás las primeras pieles tratadas no se usaron como prendas de vestir, sino como material para cubrir la vivienda. Y después las pieles fueron usadas como manta o como forma de camuflarse entre los animales que quería cazar. Lo que sí es seguro es que, de esta práctica, surgió la idea de cubrirse con pieles para mantenerse cálidos sobre todo fuera de su morada donde no podían estar cerca de alguna de sus fogatas.

El Homo Erectus confeccionó sus primeras prendas de vestir con las pieles de los animales que cazaba. En la confección usaba su boca como una herramienta más. Cuando trabajaban con pieles, sujetaban éstas con los dientes y con las manos las rasparían para limpiarlas y prepararlas para la confección de las prendas de vestir y otras utilidades. También es posible que ablandaran con golpes las pieles duras. Con el tiempo, quizá miles de años después se fueron afinando las técnicas y aparecieron los primeros raspadores mejorados, punzones, perforadores y tiras con las que se unían o se cosían las pieles. Lo que empezó como una especie de manta enrollada por el cuerpo, con los años terminó en una prenda cosida, la cual fue luego perfeccionada por el Homo Sapiens.

El Homo Sapiens

La evolución no se detuvo, ni se detendrá jamás. El Homo Erectus seguiría su camino evolutivo con cambios importantes. Sus características físicas se harían menos pronunciadas y se volvería más inteligente para convertirse hace unos 200 mil años atrás en el Homo Sapiens, el hombre sabio que luego evolucionaría en nosotros. De hecho, es físicamente muy parecido a los humanos modernos. El Homo Sapiens surgió en el continente africano y llegó a desarrollar un cerebro con una capacidad de unos 1.400 centímetros cúbicos para albergar un cerebro más grande debido al gran desarrollo de la neocorteza cerebral.

Después de formarse la neocorteza en el cerebro de los primeros Homos, esta siguió evolucionando con el tiempo. Ya en el Homo Sapiens esa parte del cerebro era mucho más grande que en ninguna otra especie. La neocorteza es el asiento del pensamiento, contiene los centros que comparan y comprenden lo que perciben los sentidos. Además, añade a un sentimiento, lo que pensamos sobre él y nos permite tener sentimientos con respecto a las ideas, el arte, los símbolos y la imaginación. Es la neocorteza lo que en definitiva nos hace humanos. En su evolución, la neocorteza fue creando mecanismos que ayudarían al ser a sobrevivir ante la adversidad. Así, la neocorteza llegó a diseñar estrategias y planificar a largo plazo para conquistar el mundo.

Los primeros fósiles del Homo Sapiens fueron encontrados en África mostrando una mayor reducción de la mandíbula y una frente más prominente como resultado de tener un cráneo más grande, debido al crecimiento del cerebro. El Homo Sapiens, por lo tanto, tendría mayor capacidad de pensamiento y sería más inteligente. Esto, les permitió a nuestros ancestros inmediatos hace unos 170 mil años atrás inventar la imaginación. Es realmente con ese transcendental evento con el que se catapulta el Homo Sapiens. Este hombre sabio, entonces con el empleo inteligente de algún objeto para la solución de un problema, puso de manifiesto su gran capacidad técnica, haciendo surgir la tecnología. Primero empezó a impulsar la fabricación de mejores herramientas y después la continuaría con el manejo y control el fuego para tener mejor forma de vida.

La imaginación les permitió hacer importantes cambios en su comportamiento y forma de vida. La perfección del lenguaje oral fue determinante en el progreso alcanzado por los Homos Sapiens. Eso les permitió mejorar sus cacerías para llevar una vida mejor. Antes o durante una jornada de caza, ellos podían, gracias al lenguaje, intercambiar información sobre hacia donde podían ir los rebaños de los animales que querían cazar, ya que esos animales migraban al ritmo de las estaciones climáticas. Esto les permitía organizar su actividad de caza y predecir su resultado. Después de una jornada de caza, los Homo Sapiens se podían reunir para analizar y discutir sobre lo que hicieron bien o mal durante la caza para aprender de esa experiencia y hacerla mejor la próxima vez.

El lenguaje fue clave para todo su progreso. Este facilitaría la transmisión del conocimiento de generación en generación. Hace unos 35 mil años, el Homo Sapiens ya había inventado un instrumento que les permitía predecir cuando los animales que les interesaban llegarían a ciertos lugares para poder cazarlos. ¡Dios! Surge así la planificación en pleno. En algunas de sus pinturas rupestres en esa época plasmaban en las paredes de sus cuevas donde aún vivían, la planificación de su cacería. Definitivamente el lenguaje les hizo entender el mundo de una forma diferente como nunca nadie antes lo había hecho.

Además de mejorar sus técnicas de caza, los Homo Sapiens también utilizaron herramientas de piedra y hueso más y mejor trabajadas, lograron un completo dominio y control del fuego, y usaron mejores vestimentas. Sobre el progreso de sus herramientas, podemos observar que durante más de 2 millones de años las herramientas se usaron a mano sin ningún tipo de mango; no fue sino hasta hace unos 200 mil años que se les comenzó a adaptar mangos de madera. Las piedras se fijaban en éstos con cuerdas de fibras vegetales o con resinas; estas últimas se mezclaban a veces con cera o con betún. Las lascas pequeñas y puntiagudas se usaban para hacer flechas, lanzas y arpones, y también como cuchillos o sierras insertas en mangos de madera tallados a mano.

En cuanto a la vestimenta, podemos notar que al principio esta tendría un papel básicamente práctico para luego tener un papel más decorativo e informativo de la persona y de la imagen que se quería transmitir. Con el pasar de los años, la vestimenta fue evolucionando de simple y básica a prendas de vestir muy elaboradas con cierta complejidad. Algunas de esas vestimentas incluían conchas y plumas como adornos. Vemos pues que la ropa dejó de tener una utilidad únicamente práctica para cumplir también una función ornamental. Pero fue nuestra especie, el Homo Sapiens quién bien por imitación, o bien por propia creatividad, empezó a confeccionar diferentes diseños. Diferenció trajes para diferentes propósitos, para diferentes sexos, e incluso con el tiempo para diferentes clases.

Podríamos decir que la moda empezó en la prehistoria, en esa parte de la historia de la humanidad cuando aún no se había inventado la escritura. Más tarde, en el período Neolítico o parte final de la Edad de Piedra la agricultura y la ganadería ofrecieron nuevos materiales para nuevas prendas. La complejidad de las sociedades aumentó y la ropa fue un rasgo significativo. La mayor cantidad de materiales y su continuo suministro que se dio con la aparición de la ganadería y la agricultura en el Neolítico fue una ventaja que permitió practicar y experimentar con nuevos tejidos y diferentes vestimentas.

Todos los avances hechos por los Homos Sapiens trajeron como resultado un incremento en el tamaño de sus poblaciones, así como sus manifestaciones rituales y artísticas. Es el Homo Sapiens, el gran genio de la especie Homo quién perfeccionó el diseño y fabricación de herramientas, vestimentas y el lenguaje. Fue él, quién protagonizó los cambios más importantes en la organización económica y social, como las primeras formas de agricultura y domesticación de animales. Así como la vida en pueblos y ciudades. Fue el Homo Sapiens quién con su gran sabiduría nos trajo en sus grandes migraciones desde África hasta donde estamos hoy gracias a su intelecto.

El Intelecto: Gran Característica de los Homos

La característica más notable e importante del género Homo, de donde deriva la palabra hombre, es su inteligencia. Los miembros de este género evolucionaron del Australopiteco y se han caracterizado por el gran tamaño de su cerebro. La mayoría de los miembros del género Homo tiene cerebros superiores a los 700 centímetros cúbicos de capacidad, considerablemente mayores que los primeros homínidos y Australopitecos, y con una estructura distinta. El cerebro de los primeros Homos ya era más asimétrico. La asimetría entre ambos hemisferios del cerebro está relacionada con la especialización de cada una de las regiones cerebrales en distintas funciones. En los cráneos de los primeros Homos ya se podía observar esta asimetría cerebral.

Además, tenían más desarrollado el lóbulo frontal, la región delantera de la neocorteza cerebral. El lóbulo frontal es responsable de la capacidad de pensamiento complejo exclusiva de los Homos, en los que esa capacidad de pensamiento aparece muy desarrollada. Entre las funciones del lóbulo frontal se encuentran la de establecer la secuencia de movimientos del aparato fonador para producir sonidos, el control de las emociones, la concentración, la planificación y anticipación y el control de la memoria.

A lo largo de la evolución humana, la neocorteza cerebral, incluyendo el lóbulo frontal, ha incrementado su desarrollo. El aumento del cerebro de los primeros Homos se relaciona con más ventajas para desenvolverse socialmente dentro del grupo. También el mayor tamaño del cerebro se relaciona con el desarrollo de las capacidades lingüísticas, necesario para tener un mayor desenvolvimiento social. Esto nos lleva a la otra característica de los Homos: el lenguaje.

El Lenguaje: La Otra Gran Característica

El lenguaje, la habilidad de transmitir oralmente sus pensamientos a otros, es la otra característica muy exclusiva de los Homos. Para desarrollarlo, muy probablemente los primeros homínidos continuaron usando los sonidos vocales en forma de grito, gruñido o quejido ante el temor, la rabia y el dolor, los cuales habían heredado de sus ancestros los grandes monos. Estos monos podían por ejemplo emitir un grito ante la amenaza de algún peligro, cuya magnitud se reflejaba en la intensidad del grito. Llegaron a emitir gritos diferentes para tipos de peligros distintos. Por ejemplo, el grito cuando se acercaba un águila podía ser más fuerte que cuando se acercaba un tigre, pues el águila constituía un peligro mayor que el tigre, dado que el águila los podía atrapar hasta en la copa del árbol. Pero, quizás lo más glorioso de esto, es que los otros monos lograron asociar los gritos con los peligros y por supuesto actuar para evitar la amenaza. Es en ese momento en que podemos decir que nace la comunicación entre ellos, pues lograron pasar un pensamiento de un ser a otro.

Con el tiempo los homínidos, además de emitir los gritos, pudieron usar sus manos libres para indicar la dirección del peligro. Dándole mayor efectividad a la comunicación. De ese modo pudieron emitir un sonido y con su mano podían señalar a lo que se referían. Podían también señalar un objeto y por señas tratar de comunicar lo que querían. También usaban gestos para comunicarse. Con el tiempo, la comunicación fue haciendo algunos progresos, sobre todo con la llegada de los miembros del género Homos. Estos, además de transmitir mensajes, también los podían intercambiar entre ellos hasta llegar a formar un sistema de comunicación utilizando señas, gestos y sonidos.

Más adelante los sonidos vocales se convirtieron en palabras y el sistema de comunicación se convirtió en el lenguaje oral, el cual fue perfeccionado con la llegada del Homo Sapiens unos 200 mil años atrás. Este ancestro nuestro ya tenía desarrollada la región del cerebro llamada *Broca* en donde se produce el lenguaje. Además, su laringe estaba situada por debajo de la cara, lo que hacía que las cuerdas vocales resonaran mucho mejor. Por esa razón los otros primates no pueden articular los sonidos precisos requeridos para formar palabras, pues su laringe está muy alta.

El Homo Sapiens logró articular palabras y expresarlas al tiempo que se generaban en su mente. Este gran avance pudo haber ocurrido unos 100 mil años atrás. El lenguaje nace por la necesidad de comunicarse con los demás y así transmitir las ideas y pensamientos. Se cree que ese lenguaje oral inicial se fue modificando con el tiempo para incluir nuevas experiencias en el transitar por la vida. Es probable que de ese primer lenguaje se hayan derivado todas las lenguas del mundo actual, ya que ese lenguaje fue llevado con los Homo Sapiens en sus grandes migraciones por el planeta. Esto ha sido clave en el desarrollo intelectual de la especie humana.

5.3 GRANDES MIGRACIONES HUMANAS

En este subcapítulo sobre las grandes migraciones humanas, veremos que los Homo Erectus fueron los primeros homínidos que desde África iniciaron las grandes migraciones humanas por la superficie de la Tierra. Ellos lograron llegar a China y a Europa cientos de miles años antes que los Homos Sapiens aparecieran, según indican los registros de fósiles. Con el andar de los años esta especie del género Homo desarrolló cerebros más grandes con más inteligencia para formar el Homo Sapiens unos 200 mil años atrás. Los Homos Sapiens se esparcieron por África, luego por lo que es hoy Asia, India, Australia, Europa, y Asia Nororiental hasta finalmente llegar hasta las Américas de hoy.

Después de evolucionar del Homo Erectus, el Homo Sapiens vivió en África hace unos 200 mil años. Allí vivían formando pequeños grupos sociales, los cuales se dedicaban a la caza, pesca y a la recolección de los frutos silvestres para obtener su sustento. Los Homo Sapiens se esparcieron por el continente africano desde el este hacia el norte y el sur. Luego se extendieron fuera de África. Se considera que emprendieron varias migraciones. En una de las primeras, el Homo Sapiens llegaría hasta Egipto en el noreste de África y luego se expandió hacia fuera de África hasta llegar a lo que es hoy Israel en Asia hace unos 110.000 años. En Egipto e Israel se establecieron y tal parece que se sintieron muy bien allí, pues allí se quedaron sin continuar hacia ninguna otra parte hasta que se extinguieron hace unos 90.000 años. Esta primera migración del Homo Sapiens no es considerada de mucho impacto ya que no tuvo continuidad.

Las grandes migraciones tuvieron lugar durante el Período Cuaternario, cuando los glaciares avanzaron desde los polos para dar lugar al cuarto y último período glacial o edad de hielo, la cual duró unos 100 mil años seguida por unos períodos interglaciares. Al congelarse los polos, mucha del agua se quedó retenida en forma de hielo, lo que hizo que el nivel del mar bajara para exponer los puentes de tierras entre los continentes que antes estaban debajo del mar. Así afloró a la superficie el puente del estrecho de Bering para comunicar Asia y Norte América. Estos puentes les permitieron a los animales y a los humanos migrar de un continente a otro.

Se cree que, en otra de las migraciones hacia fuera de África, hace unos 80.000 años, el Homo Sapiens pudo llegar a Asia en lo que es hoy la península Arábiga por el estrecho de Mandeb o Bab-el-Mandeb, que separa el Mar Rojo del Océano Índico. Es muy probable que el Homo Sapiens haya tenido que construir alguna especie de embarcación primitiva para navegar y cruzar el estrecho de Mandeb. Acto que los convertiría en los primeros navegantes. La travesía del estrecho se produjo en la época de la glaciación, como hemos dicho antes, por lo que el nivel del mar era más bajo que en la actualidad y el ancho del estrecho sería de unos 20 kilómetros. Tras cruzar el estrecho de Mandeb, los Homos Sapiens se extendieron por el sur de la Península Arábiga; cruzaron después lo que es hoy el golfo Pérsico, probablemente por el estrecho de Ormuz hasta llegar a la India de hoy hace unos 70.000 años. Luego atravesaron Indonesia para llegar a Australia hace unos 60.000 años.

También se cree que en una otra migración saliendo también de África hacia el norte, los Homo Sapiens cruzaron lo que hoy se conoce como el Istmo de Suez, una estrecha franja de tierra entre lo que es hoy el Mar Rojo y el Mar Mediterráneo. Este istmo conecta África y Asia. Después de atravesar el istmo de Suez hace unos 50.000 años, los Homo Sapiens se expandieron por todo el resto del mundo: Europa, Asia y las Américas. Cuando los Homo Sapiens llegaron a Europa hace unos 45.000 años tal vez lo hicieron por el sur hasta lo que es hoy Francia, en donde se establecieron según el registro de fósiles. Dado a que sus restos fueron encontrados en la cueva francesa Cromañón, a este grupo de Homo Sapiens se les refiere a veces como el *hombre de Cromañón*. Estos Homo Sapiens con características semejantes a las del hombre de hoy, tenían una estatura de 1,70 metros. Un cerebro bien desarrollado, un mejor lenguaje y una mejor organización social.

Estos Homo Sapiens tenían una planificación y tecnología superior. En cuanto a la caza tenían la capacidad de fabricar herramientas de largo alcance más eficientes como las lanzas. En cuanto a el almacenamiento y conservación de alimentos, sus procedimientos eran mucho más eficientes. En cuanto a sus relaciones con los demás, parece que manejaban mejor sus relaciones con otros grupos de pobladores de la región, lo que les permitía el intercambio de recursos esenciales en tiempo de escases. Los Homo Sapiens también podían talar árboles con hachas para construir sus casas y canoas. Podían fabricar vestimentas y adornos para usar orgullosamente en sus cuerpos. Además, se puede ver según las pruebas encontradas en sus cuevas que tenían una cultura desarrollada por sus pinturas rupestres, es decir pinturas prehistóricas en las rocas de las cavernas. En fin, los Homo Sapiens tenían mejor capacidad de pensamiento y eso fue más importante.

Durante su andar por Europa, el Homo Sapiens se encontró con otro grupo de humanos un tanto diferente de él: los *Neandertales*. Este nombre significa en alemán "valle del Neander" y se usó para llamar a este grupo de humanos, debido a que sus primeros restos fueron encontrados en el valle del Neander en Alemania. Se considera que los Neandertales también pertenecientes al género Homo, específicamente eran Homos Erectus, los cuales se habían establecido y desarrollado en esa parte de Europa muchísimo antes, provenientes de África en migraciones anteriores.

Los Neandertales eran de baja estatura, fuertes y de nariz ancha y eran también inteligentes y hábiles con un cráneo de un volumen similar al de los Homo Sapiens. Los Neandertales se habían adaptado muy bien al clima frío extremo de la glaciación, lo que tornó su piel clara. Además, dominaban el manejo del fuego, eran cazadores y fabricaban herramientas rústicas con huesos y piedras. También, vivían en grupos sociales y practicaban algunos actos culturales. Los registros fósiles indican que los Neandertales enterraban a sus muertos. En este sentido, se han encontrado restos rodeados de armas, alimentos y algunos utensilios. También practicaron el arte, pues se han encontrado pigmentos de colores, restos de polvo de ocre rojo en el lugar donde vivieron. Utilizaron cuevas para protegerse, lo que contribuiría a fortalecer los lazos familiares. Se cree que los Neandertales también tenían un tipo de lenguaje con ciertas limitaciones.

Un mejor lenguaje y una tecnología más avanzada del Homo Sapiens le permitió dominar el ambiente, dejando al Neandertal en desventaja. Se piensa que esa desventaja fue un factor decisivo en la extinción de los Neandertales hace unos 30 mil años. En el último descenso de la temperatura en Europa, el frío se intensificó y las glaciaciones cubrieron todo el norte de ese continente. Para sobrevivir en ese mundo tan inhóspito la comunicación y el lenguaje fueron críticos y al no contar con ese recurso, los Neandertales desaparecieron.

Después del interesante encuentro entre los Homo Sapiens y los Neandertales, algunos de los Homos Sapiens continuaron su andar por Asia Nororiental en donde habrían llegado hace unos 40.000 años. Después lograron atravesar el estrecho de Bering cuando este estaba muy accesible hace unos 30.000 años. Luego continuaron por el Continente Americano llegando a Norte América aproximadamente hace unos 15 mil años. Después continuarían atravesando Norte y Centro América para finalmente llegar hasta Sur América hace unos 12 mil años.

Las grandes migraciones humanas prácticamente terminaron con el final de la última edad de hielo hace unos 12 mil años. Al retirarse los glaciares, estos esculpieron el paisaje de la Tierra. Los continentes estaban en la misma posición donde están hoy con muy pocas variaciones en el movimiento de las placas tectónicas. Para ese entonces los humanos ya se habían esparcido por todas partes del mundo recolectando frutos silvestres, cazando y comiendo de los otros animales incluyendo los más grandes.

El período cuaternario es considerado como la edad de los humanos. El período de las grandes migraciones prehistóricas habría llegado a su fin. Pero quizás para más tarde emprender otras. Pues, aquellas migraciones prehistóricas de ayer tenían el mismo motor o causa de empuje que las migraciones de hoy: buscar el sustento para sobrevivir con unas mejores condiciones de vida. Así mientras algunos grupos humanos podían conformarse con quedarse a vivir en las nuevas regiones que habían colonizado, otros se veían empujados a ir a explorar nuevos territorios. Siempre hemos sido así.

Es importante resaltar aquí que a medida que el Homo se establecía en zonas distintas a África, este experimentaba cambios biológicos muy significativos para adaptarse a las condiciones de su hábitat. Uno de esos grandes cambios fue el color de su piel, sus ojos y su cabello. El pigmento relacionado con el color de la piel, los ojos y el cabello es conocido como la *melanina*. Cuando la piel se expone a la radiación solar, esto aumenta la producción de melanina. Mientras mayores sean los depósitos de melanina en el cuerpo, el color de la piel, los ojos y el cabello será más negro.

En zonas de clima caliente donde se recibe más radiación ultravioleta de la luz solar como en África, nuestros antepasados tendían a tener la piel más oscura con más melanina para protegerse de esas radiaciones. Sus ojos y sus cabellos eran también negros. Además, la piel negra protege de la destrucción del ácido fólico por la radiación ultravioleta. El ácido fólico es un nutriente importante en los años reproductivos y previene defectos genéticos. En las zonas climáticas frías, donde se recibe menos luz solar y menos radiación ultravioleta, la piel tiende a ser más clara o blanca ya que no se requiere de tanta protección. Los ojos y el cabello adquieren un color más claro con sus distintas tonalidades. Además, la piel blanca hace más fácil la producción de la vitamina D por el mismo organismo. La vitamina D es importante para el metabolismo del calcio y la formación de un esqueleto fuerte en zonas de insuficiente luz solar. Pueda entonces que el cambio de color de la piel del negro al blanco haya también surgido para lograr algunas ventajas en cuanto a la reproducción de aquellos humanos.

El cambio de color de la piel, los ojos y el cabello dio origen a una supuesta clasificación de la raza humana entre negros y blancos. Sin embargo, la evidencia científica indica que nuestra especie no ha tenido modificaciones biológicas significativas en los últimos 100 mil años. Esa clasificación de la raza produjo algunos prejuicios sociales hasta llegar a la discriminación entre humanos. No obstante, debemos recordar que solo hay una raza humana. Todos venimos del negro que salió del África y pobló y colonizó el resto del planeta y dio lugar a los humanos modernos a través de la evolución humana.

5.4 EVOLUCION HUMANA

En este subcapítulo sobre la evolución humana estaremos abordando los cambios y el progreso de la transformación de la especie humana. Entre los grandes cambios de esa transformación tenemos los originados como resultado del bipedismo, el cual nos permitió caminar erguidos por todas las etapas de nuestra evolución desde la prehistoria hasta nuestros días. Durante la prehistoria logramos desarrollar nuestro intelecto con el cual hicimos los primeros grandes inventos prehistóricos.

La Evolución Humana u hominización es el proceso de transformación de la especie humana desde su origen hasta nuestros días. Esta abarca todos los cambios evolutivos, así como todo el progreso que tuvo lugar en los miembros del orden de los primates y especialmente en la familia de los homínidos hasta llegar a la especie humana actual. Son miembros de la familia de los homínidos las especies del género Australopitecos y del género Homo, incluyendo los Homo Habilis, Homo Erectus, Homo Sapiens y los Humanos Modernos. Para llegar a lo que somos hoy, desde nuestros ancestros los Australopitecos hasta el hombre moderno, hemos pasado por muchos cambios e innovaciones a lo largo de los años que nos han hecho ser humanos. Una gran parte de esos cambios los empezamos a hacer en el continente africano, de acuerdo con el registro de fósiles encontrados. Una de las primeras características que definió al ser humano fue el bipedismo.

Bipedismo: Grandes Cambios

El bipedismo es el modo de caminar erguido sobre las dos patas traseras y con las dos patas delanteras libres convertidas en manos. Lograr esta nueva posición de andar implicaría una serie de cambios transcendentales en la evolución humana. La estructura ósea haría grandes modificaciones a raíz de la postura erguida y el bipedismo en los homínidos. Esas modificaciones habrían introducido ventajas adaptativas y habrían ayudado en la evolución de los primates hacia los seres humanos. Entre esas ventajas tenemos: la postura erguida favoreció la visualización para la búsqueda de alimento a grandes distancias en ambientes mixtos de selva y sabana, así como también para el transporte manual del alimento recogido en diferentes sitios; el bipedismo aumenta la altura y, por lo tanto, la capacidad de observar por encima de los pastos a los obstáculos del terreno para modificar el rumbo o protegerse de los depredadores; los machos bípedos podían transportar en sus manos alimentos para sus hembras y crías, quiénes podían permanecer en su morada y así establecer un vínculo más estrecho que favoreciera la supervivencia del grupo familiar. Este vínculo aún sigue en práctica en nuestros días: el padre provee el sustento, la madre cuida las crías y juntos forman una familia.

Las antiguas especies de homínidos se fueron adaptando a nuevos entornos para sobrevivir a medida que sus genes iban mutando, modificando de esa manera su anatomía o su estructura corporal, así como también su fisiología, la cual incluye los procesos físicos y químicos propios del funcionamiento del organismo. También el comportamiento de los primeros homínidos se fue modificando. A lo largo de grandes períodos de tiempo, esta evolución fue cambiando profundamente a estos seres y su forma de vida. Los cambios faciales hacia nuestra apariencia moderna vinieron mucho después. Nuestros rasgos o características faciales se terminaron de formar hace unos 100 mil años. Sin embargo, parte de su comportamiento aún sigue en nosotros. Por ejemplo, el hombre moderno y los monos son muy similares en muchos aspectos. La práctica sexual de los humanos modernos es muy parecida a la de los monos chimpancés.

Justo durante los cambios climáticos por los que pasaba África, surgieron los homínidos hace unos 7 millones de años y caminaban en el modo bípedo. La nueva forma bípeda de andar introdujo importantes modificaciones en los cuerpos de los homínidos que surgieron en África durante los mencionados cambios climáticos. Por su puesto, esas modificaciones también tendrían su impacto en las otras especies que evolucionaron de los homínidos, como los miembros del género Homo. Entre esos cambios tenemos que la columna vertebral en los simios es rectilínea, mientras que en el Homo Sapiens y en sus ancestros ha adquirido curvaturas que permiten soportar mejor el peso.

Este peso adicional producto de la posición erguida, causó que la pelvis en los descendientes de los homínidos se hiciera más estrecha, lo que hace que las crías nazcan prematuras para poder pasar por el canal de parto de la hembra. Si a eso también le agregamos el hecho de que los miembros del género Homo tenían un cráneo más grande, la dificultad del parto se hace mayor. Otros cambios corporales incluyen los de las piernas, las articulaciones, los pies y las manos. Las piernas y las articulaciones cambiaron para posibilitar la marcha sin necesidad de girar todo el cuerpo. El pie fue perdiendo la capacidad para aferrarse a los árboles, pasando a tener una función importante en el soporte de todo el cuerpo. Las extremidades superiores se trasformaron en manos, con las cuales podían prensar y agarrar cosas. Sin embargo, según el Discovery Channel los homínidos convirtieron sus dos patas delanteras en manos, por amor. Pues así ellos podrían hacerle el amor a su pareja, mucho mejor. ¡Que románticos e ingeniosos! Otros cambios muy significativos que nos han hecho ser humanos han sido: la expansión del cerebro, el uso del fuego, el desarrollo tan profundo de nuestras manos para la utilización y fabricación de herramientas. Otro factor ultra significativo fue el desarrollo del lenguaje. Aunque estas últimas características se desarrollaron más lentamente durante las etapas de la evolución humana.

Etapas de la Evolución Humana

Sobre la evolución que nos ha traído hasta donde estamos hoy, podemos decir que después que el primer pez salió del océano para así conquistar la superficie, los animales terrestres han vivido interesantes períodos de cambios evolutivos en un tiempo relativamente corto de unos 350 millones de años hasta convertirse en nosotros. Su proceso evolutivo se puede resumir de la siguiente forma:

> Bacterias ⇨ Peces ⇨ Anfibios ⇨
> Reptiles ⇨ Mamíferos ⇨ Primates ⇨
> Homínidos ⇨ Homos ⇨ Humanos

Después de su evolución de los mamíferos, los primates continuaron su proceso evolutivo por unos 7 millones de años hasta convertirse de homínidos a los hombres y mujeres de hoy como se puede ver en el siguiente cuadro evolutivo.

> **Australopitecos** ⇨ **Homo Habilis** ⇨ **Homo Erectus** ⇨ **Homo Sapiens** ⇨ **Humanos Modernos**

Como ya hemos dicho, la evolución humana abarca todos los cambios evolutivos por los que ha pasado la raza humana, así como también todo el desarrollo y progreso logrado desde su inicio con los primeros homínidos hasta llegar a la especie humana actual con los humanos modernos. Con la finalidad de facilitar su comprensión, la evolución humana se ha dividido comúnmente en dos grandes períodos basados en su desarrollo y progreso. Un primer período que abarca desde el surgimiento de los primeros homínidos que precedieron al Homo Sapiens hasta la aparición de la escritura. Este período es llamado la Prehistoria. El otro período llamado la Historia, propiamente dicha, abarca desde la invención de la escritura hasta nuestros días.

La Prehistoria

La Prehistoria comienza a partir de la aparición de los Homos en África hace unos 2,5 millones de años hasta el inicio de la invención de la escritura hace unos 6 mil años en la antigua Mesopotamia en el Medio Oriente, a donde el ser humano había llegado en sus grandes migraciones desde África. La prehistoria comprende un período de alrededor de 2 millones de años y debido a que no hay ningún registro escrito por supuesto, todo cuanto sabemos de ella, se lo debemos a la Arqueología. Esta ciencia basa su estudio en los restos de materiales encontrados hasta el momento en el mismo sitio de los acontecimientos. Estos materiales incluyen: vasijas, piedras talladas, armas, dibujos, restos humanos y sepulturas que permiten determinar los períodos de la evolución. La Prehistoria a su vez se divide en la Edad de Piedra y en la Edad de los Metales.

La Edad de Piedra

Es el período de la evolución humana cuando los primeros homínidos empezaron a usar y desarrollar sus propias herramientas, las cuales eran hechas de palos, huesos y de piedra principalmente. Es por eso por lo que ese período se le ha llamado la Edad de Piedra. Esta incluye básicamente dos períodos diferentes basándose en la sofisticación de las herramientas fabricadas por los antepasados nuestros. Estos períodos son el Paleolítico o período antiguo de trabajar la piedra y el Neolítico o el nuevo período de trabajar la piedra. En ocasiones se habla del Mesolítico como otro período más, pero este solo es una transición entre el Paleolítico y el Neolítico.

El Período Paleolítico empieza con la prehistoria hace unos 2,5 millones de años hasta el inicio del período Neolítico unos 12 mil de años atrás. El Paleolítico a su vez divide en *Paleolítico Inferior y Superior*. Durante el Paleolítico Inferior la forma habitual de obtener alimentos de los primeros homínidos era la recolección de frutos naturales, así como de la ingestión de insectos. Más tarde el Australopiteco en un intento de sobrevivencia incorporó la carne en su alimentación. Para asegurar el suministro de este nuevo componente de su dieta, inventó la caza, lo que lo llevó a hacer herramientas de palos, huesos y piedra para realizar con éxito esta nueva actividad. En el Paleolítico Inferior comienza la creación de herramientas de piedra tallada por parte del sucesor del Australopitecos: el Homo Habilis hace unos 2,5 millones de años.

Luego, el sucesor del Homo Habilis: el Homo Erectus con su desarrollo de la vida en grupo y la tecnología de caza y también la pesca pudo convertirse en un depredador de manadas de animales salvajes, como el mamut y el bisonte, o de peces una vez que inventó las redes para pescar. En esta época los Homo Erectus, al igual que sus antecesores, eran nómadas, es decir que nunca permanecían en un mismo sitio por largo tiempo. Cuando los alimentos que les proporcionaba el territorio que ocupaban escaseaban, se mudaban a otro lugar. La organización social del Homo Erectus consistía en pequeños grupos que vivían en campamentos en las orillas de los ríos donde se aseguraba el agua y la comida por un tiempo. Luego continuaban su migración en busca de alimentos. En tiempo de las glaciaciones la vida exigía nuevos retos para sobrevivir, pues muchos de los animales incluidos en la lista de cacería habían desaparecido. Esto llevó al Homo Erectus a afinar su estrategia de caza. Otro aspecto importante de este período fue que ya se manejaba muy bien el fuego. Eso marcó un avance muy importante en el mejoramiento de la vida de nuestros antepasados.

Ante las severidades del clima los hombres prehistóricos vivieron en cuevas que los protegían del frío y de los depredadores. Había cuevas que tenían áreas definidas para ciertas actividades. Tenían áreas para la hoguera; el trabajo de la piedra, hueso, madera, etc. Algunas de esas cuevas hasta llegaron a tener bebederos de agua naturales. Otras cuevas, tenían en su exterior zonas para trabajar y secar pieles, áreas de descuartizamiento de los animales cazados, fuegos de protección nocturna y chozas de estación cálida. Los Homo Erectus también vivían en cabañas construidas con diversos materiales como palos, huesos, pieles, etc. Estos grupos humanos generalmente se asentaban en ciertos lugares donde abundaba la comida, como zonas fértiles y donde vivían los animales de gran tamaño. Algunos de estos asentamientos fueron ocupados durante varios años.

Vivir en grupos genera la capacidad de defenderse de las amenazas externas, así como también lograr un mejor desarrollo de sus actividades para sobrevivir. En esta etapa de la evolución humana comenzó una diferenciación de labores entre hombres y mujeres. Las madres cuidarían a las crías, ya que estas necesitan los cuidados maternos hasta mucho después del nacimiento y los padres cargaron con la tarea de obtener el alimento cazando animales, una actividad prolongada y ardua que no realizaban las hembras porque tenían que cuidar a las crías. Sin embargo, la organización y planificación más avanzada habría llegado con la aparición del sucesor del Homo Erectus: el Homo Sapiens unos 200 mil años atrás.

Un aspecto de suma importancia en el desarrollo y progreso del Homo Sapiens fue el lenguaje, el cual les permitió organizarse para cazar o defenderse de otros animales, comunicar información sobre dónde ubicar nuevas fuentes de alimento y transmitir de una generación a otra estos conocimientos. Hace unos 40.000 años los Homo Sapiens habían perfeccionada la fabricación de utensilios. Se entró así al Período Paleolítico Superior de la evolución humana. En este subperíodo se desarrolló el arte rupestre para impulsar la cultura prehistórica. Ahora las cuevas donde antes vivían nuestros ancestros tendrían un aspecto muy especial: una especie de santuario lleno de arte rupestre en el que se practicarían las creencias de carácter mágico. Otras manifestaciones de esta transformación cultural son las rústicas esculturas y pequeñas estatuillas de hueso o arcilla.

El Período Neolítico comenzó hace unos 12 mil años hasta la invención de la escritura hace unos 6 mil años. Se caracterizó por la fabricación de herramientas de piedra pulida y de algunos artefactos de alfarería y cerámica. Se construyó en este período el gran templo de *Gobekli Tepe* en el tope de una montaña a unos 10 Km del antiguo asentamiento de Urfa, en el sureste de lo que hoy es Turquía, cerca de Siria. Este templo consistía en grandes pilares de piedra en forma de "T" decorados con una gran variedad de animales y una especie de símbolos religiosos tallados en relieve. Ver la ilustración siguiente.

En la ilustración, aún se puede ver el trabajo en progreso de un equipo liderizados por arqueólogos alemanes para terminar de descubrir lo que se cree que sería el templo más antiguo del mundo. Este equipo de arqueólogos lleva trabajando en este proyecto por más de una década. La antigüedad del templo de Gobekli Tepe es de unos 11 mil años, antes de descubrirse la agricultura, la cual apareció un año después de la construcción del gran templo durante el período Neolítico también.

Después de la última glaciación, las condiciones de vida de nuestros antepasados mejoraron enormemente: el agua abundante del deshielo de los glaciales produjo suelos más fértiles, lo cual hizo que la vegetación prosperara transformando algunas zonas ricas en frutos comestibles a tal punto que las plantas volvían a producir más frutos antes de que los de la cosecha anterior se agotaran. Al haber más vegetación comestible, los animales también prosperaron haciéndose más abundantes. De este modo poco a poco, nuestros ancestros fueron construyendo campamentos más estables hasta llegar a formar poblados dedicados a la recolección de frutos y a la caza de animales. Es así como nuestros ancestros empezaron a ser sedentarios. Catal Huyuk en la actual Turquía es el mejor ejemplo de estos primeros pueblos sedentarios de cazadores y recolectores. La abundancia de frutos llevó al Homo Sapiens a almacenar el excedente de la cosecha para comerlo cuando los necesitara. Al principio hacía un hueco en la tierra para el almacenamiento y allí llevaba los frutos que recolectaba. Nuestro hombre sabio, observó que algunos de los frutos del hueco y los que caían al suelo en el camino cuando los llevaba desde las plantas donde los obtenía, germinaban y formaban nuevas plantas. Esta gran observación llevaría más tarde al descubrimiento de la agricultura.

Es probable que la agricultura, se iniciara alrededor de estos primeros pueblos almacenadores de alimentos y que luego se fue extendiendo a lo largo de lo que se conoce como el Creciente Fértil del Medio Oriente, el cual va desde el valle del Nilo en Egipto en el noreste de África hasta la antigua Mesopotamia en el oeste de Asia. La antigua Mesopotamia comprendía la región entre los ríos Tigris y Éufrates. Según el registro, fue en esta región de Mesopotamia donde la agricultura y la domesticación de animales lograron el desarrollo más importante de esa época, lo que convirtió esas dos actividades en una verdadera revolución que cambió notablemente la forma de vivir de los Homo Sapiens, marcando un hito en la evolución humana.

La cría de animales empezó con la domesticación de estos. El primer animal en domesticar fue el perro cuando aún era lobo salvaje. En un proceso muy interesante de acuerdo con un relato del Discovery Channel. Según este, todo empezó cuando el lobo muy impresionado con las prácticas de cacería y con la forma de vida de los humanos decidió el mismo formar parte de ese equipo. El lobo se dio cuenta de la superioridad para cazar de los humanos. Quizás lo único que les podía faltar a estos sería el gran olfato del lobo para ser más exitosos al cazar y el lobo pensó aportar esto como su contribución a la sociedad que estaba a punto de nacer. ¿Ahora cómo haría el lobo para involucrarse con los humanos?

Estas dos especies de animales competían entre sí y además se podían comer una a la otra. Pues esta es la parte fascinante del relato: se cree que el lobo se dio cuenta del amor que los humanos sentían por su grupo, especialmente sus crías y en esto el lobo basó su plan. En una ocasión el lobo vio que una cría de humano había quedado un tanto distante del grupo. El lobo se le acercó y cuando los humanos se percataron de aquello todos se dirigieron a donde estaba la cría y el lobo. Los humanos pensaron que el lobo se comería la cría, pero al acercarse notan algo sorprendente, nunca antes visto: el lobo jugaba con la cría y mientras los humanos más se acercaban al sitio del evento, se dan cuenta que la cría se reía de felicidad plena por los besos y caricias del lobo.

Los humanos que para ese entonces habían desarrollado profundamente el amor y la compasión, vieron lo del lobo con su cría como un acto de amor y desde entonces hasta nuestros días el lobo pasó como perro a formar parte de nuestro grupo familiar en un acto de una gran inteligencia a un punto tal que pudiera parecer que tal vez fue el lobo el que domesticó al hombre y no al revés.

Bien... la domesticación de animales por parte del hombre continuó. La cría de otros animales como ovejas, cabras, vacunos y caballos empezaría inicialmente en las extensas estepas de Asia, con lo que los hombres se convirtieron en pastores. Con el tiempo y gracias a la agricultura podían proveer alimentos para los animales también

Otras actividades que también evolucionaron en el Neolítico fueron el trenzado y los telares. La técnica de trenzado de fibras evolucionó para fabricar cestos para la recolección y almacenamiento de frutos y otros productos. Los telares se utilizaron para fabricar tejidos para confeccionar las ropas. Estas nuevas actividades junto a la agricultura y la cría hicieron surgir entonces una actividad económica muy importante. Sin embargo, se continuó con la actividad de caza y pesca y la recolección de frutos. El Homo Sapiens en este período utilizaba herramientas más sofisticadas realizadas con huesos y piedras pulidas por frotación en vez del golpeteo tradicional y continuó con el desarrollo de la alfarería y la cerámica con las que fabricaron recipientes para líquidos, facilitándoles así el almacenamiento del agua. De esta manera no tenían que estar permanentemente, como antes, cerca de las fuentes de agua ni hacer tantos viajes a la fuente para abastecerse del preciado líquido. Los recipientes de barro cocido también les servían para almacenar granos, semillas y otros productos.

En este período, el Homo Sapiens se vuelve totalmente sedentario y la vida social se empieza a ser más compleja. El cultivo de la tierra y la domesticación de animales los forzó a instalarse permanentemente en un mismo lugar. En muchos sitios se organizaron aldeas o pequeños poblados con chozas y las primeras viviendas rectangulares con áreas separadas en su interior como cuando vivían en las cuevas. Las casas con habitaciones habían llegado. En este período surgió al gran invento de la rueda en Sumer, Mesopotamia para facilitar el transporte. Además del Gobekli Tepe al norte de la Media Luna Fértil, también se construyeron en este período, especialmente en Europa, otros grandes monumentos de piedra llamados dólmenes y menhires. La Edad de Piedra fue llegando a su fin a medida que los Homos comenzaron a utilizar los metales hace unos 7 mil años aproximadamente. Este fue un proceso que se dio en varios lugares diferentes del mundo en distintas épocas.

La Edad de los Metales

Este período de la prehistoria empieza al final del período Neolítico cuando los humanos comenzaron a utilizar el cobre para fabricar algunas herramientas y utensilios hace unos 7 mil años atrás. Por esta razón se le llama a esta parte de la evolución humana: edad de los metales, la cual se divide a su vez en tres etapas que reciben el nombre de los metales que el hombre fue utilizando progresivamente en cada una de ellas. La más antigua de estas etapas es la Edad del Cobre, debido a que este fue el primer metal trabajado, posteriormente vino la Edad del Bronce y por último la Edad del Hierro. Al igual que en el caso de la agricultura y la cría de animales, los metales no fueron descubiertos al mismo tiempo por todos los pueblos, por eso aquellos pueblos que utilizaron el cobre se impusieron a los que sólo utilizaban la piedra. Después los que descubrieron el uso del bronce y más tarde el hierro se impusieron a aquellos que se habían quedado atrás en cuanto a la tecnología.

Los humanos empezaron a utilizar primero los metales que aparecían en estado natural como el oro, la plata y el cobre. El oro sería uno de los primeros metales conocidos por el hombre, quizás por su brillo similar al del Sol, al cual se sentían siempre muy atraídos. El oro era encontrado en forma de pepitas en las arenas de los ríos, o bien en las vetas que contenían oro, hoy llamadas vetas auríferas, donde aparece también en estado natural. La plata también se encuentra en nódulos, completamente en estado natural, en la superficie de la Tierra. Pero tanto el oro como la plata era muy escasa y su distribución sobre la Tierra era muy irregular. Sin embargo, el cobre, al igual que el oro y la plata, se encuentra también en estado natural, pero con mayor abundancia y regularidad. Por lo que sería el cobre el primer metal utilizado en mayor cantidad.

La Edad del Cobre se inicia hace unos 7 mil años cuando los humanos empezaron a trabajar el cobre de una manera muy sencilla en la Península de Anatolia, al noroeste de la Media Luna Fértil, en la Turquía de hoy en el continente asiático. Luego se difunde por Mesopotamia y Egipto. Al principio, golpeaban con un martillo de piedra el cobre encontrado en estado natural o puro a la temperatura del ambiente. Posteriormente, el martilleado se empezó a hacer con el cobre en caliente, con el fin de evitar las fracturas y la pérdida del metal dando inicio a la forja. Quizás por accidente al sobrecalentar el cobre descubrieron que este puede pasar del estado sólido al líquido y que ese proceso era posible manejar al controlar el fuego del horno, dando paso de este modo a la fundición, proceso muy importante en la próxima etapa en la elaboración de herramientas y utensilios de metal. Al fundir el cobre en el horno podían darle la forma deseada al volcarlo en moldes. Cuando ya no podían obtener el cobre en estado puro en la superficie, entonces había que obtenerlo de las minas. Así nace la minería. Al extraer los materiales de las minas, fundirlos y alearlos con otros surge la Siderúrgica y luego al transfórmalos en objetos metálicos terminados surge la Metalurgia. Al parecer la Metalurgia del cobre se produce en varios lugares del Medio Oriente en Asia y de los Balcanes en Europa.

El cobre es un metal maleable, blando y de escasa utilidad para la fabricación de herramientas y utensilios. Por lo que con él se fabricaban más bien objetos de adorno como collares, brazaletes, anillos, joyas y alfileres, que servían como elementos de lujo o de prestigio social para quiénes los llevasen. No obstante, se han encontrado también flechas, puñales y hachas hechas de cobre. Sin embargo, dada la poca resistencia del cobre, las herramientas de piedra se seguían usando por ser más resistentes. No obstante, los humanos continuaron buscándole una solución al problema de la poca resistencia del cobre hasta que descubrieron un metal más resistente con el que se inicia otro período: la edad del bronce.

La Edad del Bronce es el período que se inicia con un gran descubrimiento. Al fundir el cobre los humanos vieron que era posible mezclar el cobre líquido con otros metales. Así descubrieron las aleaciones. De esta forma surge el bronce como una aleación del cobre y el estaño. El bronce es un metal mucho más duro que sus dos componentes y es más fácil de fundir y de trabajar que el cobre. El empleo del bronce se inicia unos 5 mil años atrás, en la parte norte de la Media Luna Fértil, en lo que hoy se conoce como Armenia en el continente asiático y luego en poco tiempo se extendería por Europa. Los primeros utensilios de bronce imitan las formas de piedra, y así las primeras hachas de metal, tenían la misma forma triangular y carecían de mango, como las de piedra.

Con el progreso en la utilización del bronce se lograron fabricar armas y utensilios lujosos. Entre las armas, aparece la espada, que va a ser un elemento que caracterizará el carácter guerrero que se desarrolló en esta etapa. Otras armas hechas de bronce fueron las dagas, los puñales, las corazas, los cascos, las puntas de lanza y los escudos para protegerse en el combate. Con respecto a los objetos lujosos, destacan los alfileres, los anillos, las joyas, los broches de cinturón, los collares y hasta la fabricaron de espejos, así como estatuillas de carácter mágico-religioso. Durante la mayor parte de la Edad del Bronce, los utensilios agrícolas siguieron siendo de piedra y de madera. Sólo al final del período se empezaron a utilizar hoces de bronce para cortar los cereales.

El bronce se había utilizado principalmente para fabricación de objetos de adorno y de algunas armas. Sin embargo, el hombre de entonces continuaría su búsqueda por hacer mejores herramientas, como lo había hecho desde su inicio hasta nuestros días. En este afán el hombre descubrió el hierro, el cual era más abundante. Pero había un pequeño detalle: se requerían temperaturas más altas para fundirlo y nuestros antepasados aun no estaban preparados para hacerlo. El hierro meteórico, es decir el que caía como meteorito sobre la superficie de la Tierra, ya se conocía desde mucho antes en ciertos lugares como en Egipto y Mesopotamia hace cerca de unos 4 mil años para fabricar pequeños objetos. Sin embargo, la fabricación de objetos de hierro exige unos conocimientos y una tecnología completamente distinta a la del bronce. Pero después de un largo proceso de ensayo y error lograron dominar la metalurgia del hierro también.

La Edad del Hierro empieza con la utilización de este metal. Con el hierro obtuvieron herramientas y armas mucho más resistentes y poderosas. Surgió una nueva artesanía y unas nuevas herramientas: las tenazas y el martillo de herrero. La nueva tecnología del hierro exigía el trabajo al rojo vivo, y constituía todo un secreto al principio. Los primeros en conocer este secreto fueron los hititas, habitantes de la Península Anatolia, en la actual Turquía, hace unos 3,5 mil años. Estos guardaron este secreto muy celosamente durante muchos años. Después de la caída de la supremacía hitita la nueva tecnología del hierro empezó a difundirse por otros lugares. El hierro contaba con dos ventajas respecto al bronce. La primera es la abundancia de este metal: casi todas las áreas geográficas disponen de mineral de hierro. En cambio, el bronce exigía la búsqueda, muchas veces en lugares muy lejanos, de sus dos componentes: cobre y estaño. En segundo lugar, las armas de hierro son más resistentes, y aunque debido a su flexibilidad se pueden deformar, es posible repararlas. En cambio, las armas de bronce eran frágiles y se rompían con frecuencia con el impacto. El hierro se emplearía para fabricar todo tipo de herramientas para el campo y para mejorar el trabajo y las condiciones de vida de los pueblos. No obstante, durante la Edad del Hierro se seguirán fabricando determinados objetos de bronce, tales como los cuencos y calderos o todos aquellos de carácter religioso o suntuario.

Los instrumentos fabricados con hierro fueron muy diversos: hachas, cuchillos, podadoras de plantas, pinzas, azadas o escardillas para cavar y remover tierra, hoces, arados, cinceles, martillos, tijeras, limas, navajas de afeitar, arneses de carreta. Como podemos ver, se trata de instrumentos destinados a la actividad agraria o a la vida cotidiana. En el armamento, destacan las espadas, las puntas de lanza, los puñales, los escudos de combate, los cascos y los bocados para el caballo. El bocado es la parte de la brida que se le pone al caballo en la boca para controlarlo. La fabricación de esta gran variedad de herramientas e instrumentos para hacer su vida más fácil nos da una idea del desarrollo del intelecto humano durante la prehistoria.

Desarrollo del Intelecto Humano durante la Prehistoria

El desarrollo intelectual de la especie humana ha determinado su forma de vida. Con el desarrollo se adquieren los conocimientos, habilidades, destrezas y costumbres necesarias para la supervivencia, la cual incluye la capacidad del ser de adaptarse al ambiente para lograr el sustento para vivir. Una vez que se aprenden los conocimientos básicos para sobrevivir, el talento humano seguirá evolucionando hasta llegar a inventar herramientas y técnicas que les permitan llevar una mejor vida.

En los primeros humanos, el desarrollo intelectual surge con la evolución de las prácticas para obtener su sustento y sobrevivir. Una de esas primeras prácticas empleadas por la especie humana, que la diferencia de las otras especies fue el uso y luego la fabricación de las herramientas; así como el uso y control del fuego. También dan muestra del desarrollo intelectual de los primeros humanos, el uso y fabricación de cuerdas, cestas, tejidos y cerámica; hasta llegar al descubrimiento y desarrollo de la agricultura. Estas nuevas prácticas se fueron desarrollando y perfeccionando a medida que también se iba desarrollando la inteligencia en los humanos. Aunque la puesta en marcha de las prácticas para satisfacer las necesidades básicas como alimentarse y protegerse, también contribuyó al desarrolló del intelecto.

La primera herramienta que usó el hombre debió ser, por instinto, un pedazo de palo de alguna rama de árbol, tal como lo habría hecho cuando aún era parte de los grandes monos; es decir, antes de evolucionar en humano. Estos monos siempre andaban de palo en palo y hasta llegaron a utilizar un palito de una pequeña rama para introducirlo en los hormigueros y atrapar hormigas para comérselas. Usando su instinto de manera similar los primeros homínidos utilizarían un pedazo de palo para defenderse de sus depredadores. Luego vieron que con ese mismo palo podían matar un animal pequeño para comérselo después de haber incorporado la carne a su dieta. Así, de esta manera, habían convertido aquel pedazo de palo en una herramienta que utilizaron para protegerse y conseguir su alimento.

Con el pasar del tiempo, también usaron su pedazo de palo como un garrote, el cual sería su gran compañero por muchos años y aún lo sigue siendo. También descubrieron que una punta afilada de su pedazo de palo podía pinchar y con el tiempo, los miembros del género Homos lograron afilar una punta del palo para convertirlo en una lanza, la cual podían arrojar a un animal a distancia y si acertaban podían tomarlo para comérselo. Con la lanza también podían pescar y de esta forma convirtieron la lanza en un arpón. Así comenzó a surgir el desarrollo intelectual de los primeros humanos y sus grandes inventos.

Probablemente en una de sus andanzas tratando de cazar algún animal, después de haber lanzado la lanza vio la necesidad de lanzarle algo más, pero quizás al buscar a su alrededor y no encontrar otro pedazo de palo, tomó una piedra y se la lanzó al animal. Surge entonces la idea de utilizar la piedra también como herramienta y con ello surge también la Edad de Piedra. Este período de la vida inicial de los primeros humanos incluye uno de los avances más importantes en el progreso de la evolución humana, la cual ocurrió cuando nuestros antepasados adquirieron la habilidad de usar y desarrollar sus propias herramientas, gracias a su intelecto, para así lograr sobrevivir. Al igual que el palo, la piedra le servía para defenderse y lograr alimento.

Las herramientas de piedra más antiguas que se han encontrado tienen unos 2,5 millones de años de antigüedad y fueron halladas en África. Con ellas los primeros homínidos y los primeros Homos, cazaban otros animales para comer y también las usaban para protegerse de los depredadores. La utilización de esas herramientas les permitió a nuestros antepasados sobrevivir en un ambiente lleno de retos. La piedra fue también usada para triturar los huesos de los animales para sacarles el tuétano y comérselo. Después descubrieron que la piedra con algún filo podía cortar la mano. Sobre esa idea, el hombre prehistórico le sacó filo a la piedra y la usó para cortar la piel y la carne del animal cazado. El hueso pelado fue también usado como herramienta y la parte del hueso que trituraban para sacarles el tuétano, como tenía filo, la usaron para hacer una herramienta con la que podían abrirle huecos al cuero para coserlo.

Al afilar el pedazo de palo, la piedra y el hueso, el hombre utiliza su intelecto para fabricar sus propias herramientas. Uno de los primeros humanos en utilizar herramientas de piedra fue el Homo Habilis, quién las usó y fabricó con gran habilidad durante la Edad de Piedra. Sin embargo, fue con la llegada del Homo Erectus que la Edad de Piedra experimentó su gran desarrollo. Se fabricaron hachas y cuchillos con una gran calidad, representando un salto enorme en la fabricación de herramientas de piedra. Esto sugiere que el Homo Erectus era bastante inteligente y capaz de planificar acciones con anticipación. Otra muestra de la enorme inteligencia del Homo Erectus fue la forma como llegó a dominar y controlar el uso del fuego.

El fuego en la superficie de la Tierra surgió después que aparecieron las primeras plantas y bosques, hace aproximadamente 400 millones de años. Pero ese fuego era iniciado por rayos al caer sobre el bosque. Al principio todos los animales le temían al fuego y huían de él, hasta que aparecieran los miembros del género Homo. Estos seres fueron los primeros que no huían del fuego. Ellos con su capacidad de pensamiento, lo observaron y analizaron hasta lograr manejarlo unos 700 mil años atrás para usarlo a su favor. Inicialmente podían tomar con mucho cuidado una rama encendida a algún lugar conveniente, la resguardaban y le agregaban leña para conservar el fuego. Si éste se les apagaba, iban y tomaban un trozo de leña o rama encendida de alguna otra fogata de cualquier grupo vecino o esperar que cayera otro rayo.

Le llevaría a los Homos muchos miles de años en aprender a encender el fuego, pero finalmente lo hicieron frotando un trozo de palo con madera seca. El gran maestro en el manejo y control del fuego fue el Homo Erectus. El fuego se convirtió en una gran bendición. Con el fuego los Homos podían tener luz por la noche y calor en invierno. El fuego asustaba a los otros animales, incluso a los depredadores, de manera que los seres humanos podían dormir tranquilos en el interior de una cueva que tuviese una hoguera en la entrada. Esto dio más seguridad a los humanos gracias a su desarrollo intelectual. Se han encontrado evidencia que los Homos también habían quemado huesos frescos llenos de tuétano y grasa para hacer antorchas para iluminarse en las cavernas y mantener calientes sus moradas cuando hacía frío, haciendo gala así de su gran intelecto.

Además, con el fuego se podía asar la carne, dándole mejor sabor y al mismo tiempo ablandando las fibras para que se pudiese masticar más fácilmente. El fuego además mataba los gérmenes y parásitos de la carne, reduciendo las enfermedades. Definitivamente, el fuego encendió el desarrollo intelectual de los humanos, el cual fue pasando de generación en generación, desde los primeros Homos hasta el Homo Sapiens, quién con su gran sabiduría nos trajo en sus grandes migraciones desde África hasta donde estamos hoy, viviendo una vida más cómoda que las de ellos gracias a la actual tecnología, la cual usa como base aquellos grandes inventos de nuestros antepasados de la prehistoria.

Grandes Inventos de la Prehistoria

A pesar del progreso que los primeros humanos habían hecho, su vida seguía siendo difícil. Durante la prehistoria, el hombre vivía de la caza, la pesca y la recolección de frutas silvestres y se agrupaba en pequeñas comunidades nómadas, que se movilizaban siguiendo a los animales que migraban buscando que comer o impulsados por los cambios del clima.

El hombre en la prehistoria unos 500 mil años atrás protegía su cuerpo del frío con pieles de los animales que cazaba y vivía en cuevas o en carpas de cuero que les brindaban protección y abrigo. Pero la vida no dejaba de ser dura, especialmente en la época de las glaciaciones. Era extremadamente difícil salir a cazar con un clima tan frío. Además, los animales que más abundaban para ese entonces eran muy feroces, como el mamut, bisonte, elefante, rinoceronte, el oso y el león. Pero ciertamente es la necesidad la que hace hábil al hombre, por lo que éste se vio forzado a desarrollar *armas y formas de cazar* más eficientes para lograr sobrevivir. Llegó a perfeccionar la práctica de usar *la lanza* a gran distancia hasta llegar más tarde al invento del arco y la flecha.

Otra muestra del desarrollo del intelecto humano ha sido el uso de *las cuerdas* o sogas y posteriormente su fabricación. Las cuerdas siempre han sido útiles y necesarias para atar y amarrar o sujetar cosas durante los quehaceres del día a día en cualquier etapa de la evolución humana. Por ejemplo, se pueden usar para unir cosas para transportarlas más eficientemente. Además, en la caza, la actividad más importante para esa época, las cuerdas se llegaron a usar para inventar *las trampas* y cazar algunos animales. También se usaron las cuerdas para inventar *las redes para pescar*. Además, se llegaron a usar las cuerdas para escalar la parte alta de algunas montañas o de alguna cueva como se ha evidenciado en Europa, en donde en una cueva se encontró una cuerda trenzada de esparto, usada al parecer para acceder a una zona alta en la que se encontraban una serie de pinturas rupestres, es decir se servían de la cuerda para bajar y subir para pintar o bien contemplar las representaciones artísticas hechas con anterioridad. La cuerda se encontraba atada a la parte alta de una estalagmita muy ancha, a unos 4 metros de altura. Esta cuerda, aunque data del Paleolítico hace más de 27 mil años, es impresionante el parecido a las que usamos hoy en día. También usaron las cuerdas para atar troncos de árboles para construir *balsas*, otro gran invento.

Quizás las primeras cuerdas usadas por los humanos durante la Prehistoria fueron algunos tallos en forma de vejucos que obtenían naturalmente de algunas plantas enredaderas. También usarían cuerdas sacadas de las cortezas de los tallos de algunos árboles o del raquis o eje central de las hojas de palmas. También usaron cuerdas de cuero y hasta llegaron a usar los ligamentos o tendones de los animales como cuerdas. Más tarde con el tiempo llegaron a desarrollar técnicas para hacer sus propias cuerdas. Lograron hacer cuerdas torcidas y trenzadas a partir de fibras vegetales obtenidas de plantas como los espartos, eneas, juncos, palmas, etc. Al principio fabricaron cuerdas torcidas bastante rústicas, aunque muy eficientes, a partir de esas fibras vegetales. Simplemente tomaban un haz de esas fibras, dependiendo del grueso de la cuerda que se quería hacer, y luego se torcía con las manos hasta formar parte de la cuerda. Para darle la longitud deseada a la cuerda empalmaban sucesivamente otros haces de fibra con la parte de la cuerda que ya habían hecho previamente. Al final harían un nudo en cada extremo de la cuerda para que ésta no se soltara. Posteriormente, mejoraron este diseño al entrelazar las fibras en vez de torcerlas para formar una cuerda trenzada, la cual es más fuerte y resistente que la cuerda torcida. Más tarde, también aprendieron a hacer sus cuerdas a partir de fibra animal como la lana.

  Las cuerdas fueron de gran importancia también para construir las *primeras viviendas*, *la vestimenta* y las *sandalias*. El trabajo inicial con las cuerdas dio paso a la *cestería* y esta a su vez dio paso a la técnica del *tejido*. Con la técnica de la cestería lograron inventar los cestos para cargar y almacenar alimentos sobre todo después de la agricultura. Con la técnica del tejido lograron inventar las telas utilizando para ello instrumentos como *el huso* y *el telar*, otros grandes inventos de la época. Hace unos 40 mil años el hombre logró mejorar su vestimenta al confeccionar vestidos más cómodos al cortar y coser gracias al invento de *la aguja con ojo*. Luego descubrieron *los tintes* obtenidos por un proceso de maceración en agua de la corteza de ciertos árboles que contienen taninos como el roble y el sauce.

Gracias al desarrollo progresivo de su inteligencia, los humanos fueron fabricando armas y herramientas de piedras, cuya técnica fueron paulatinamente perfeccionando. Llegaron a dominar la técnica de tallar la piedra en la fabricación de sus herramientas durante el Período Paleolítico de la Edad de Piedra. Con posterioridad, también perfeccionaron la técnica de pulir y perforar la piedra para la fabricación de herramientas más precisas durante el Período Neolítico. Estos avances junto con el *manejo del fuego* darían a los humanos una mejor forma de vivir al usar y combinar el palo, la piedra, el hueso y las cuerdas en la fabricación de herramientas compuestas más efectivas que la versión simple de la lanza, el hacha, etc.

La lanza compuesta fue hecha al utilizar las cuerdas para atar un cuchillo de piedra a la punta de un pedazo de palo. La lanza simple, es decir un simple pedazo de palo con una punta afilada, ha sido utilizada por el hombre desde hace unos 400 mil años. Esta es quizá una de las armas más antiguas usadas por el hombre. *El hacha compuesta* se utilizaba en la Prehistoria desde hace unos 250 mil años y eran hechas de piedras de sílice talladas en uno o en los dos extremos, la cual se sujetaba con cuerdas a un pedazo de palo formando un ángulo recto.

De forma similar, combinando el palo y las cuerdas lograron inventar *el arco* hace unos 30 mil años atrás al atar una cuerda flexible como la de un tendón de algún animal a ambos extremos de un pedazo de palo también flexible y tensionando la cuerda. El arco tensionado quedaría listo para disparar una flecha sobre un blanco distante. *La flecha* era la misma lanza cuyo tamaño era adaptado al del arco y por supuesto al alcance que se quería obtener. El arco y la flecha es producto de la evolución del pensamiento del hombre y lo lleva a cazar de una manera más inteligente que corriendo a su presa o lanzando una lanza con su propio brazo. Indudablemente el invento del arco y la flecha marca un punto en la prehistoria en donde ya las cosas no se descubren por casualidad, sino que hay un pensamiento mucho más avanzado. Se quiere lograr mayor alcance que una lanza, resguardarse del peligro y tener mayor puntería para tener un mayor porcentaje de éxito a la hora de cazar.

Estos nuevos inventos introdujeron grandes avances en *la tecnología prehistórica*. Los primeros humanos comenzaron a desarrollar su tecnología al convertir los recursos naturales en herramientas simples. La tecnología prehistórica abarca un conjunto de conocimientos, procesos y técnicas, que sirvieron para el diseño y fabricación de herramientas y objetos para satisfacer las necesidades humanas durante la Prehistoria. Otro aspecto de gran importancia en el desarrollo intelectual de los primeros humanos fue el surgimiento de su *arte*. Las expresiones iniciales del arte también nos dan cuenta del grado de desarrollo del intelecto humano durante el Período Paleolítico de la Edad de Piedra. El utilizar diversas técnicas como el grabado, el bajo y alto relieve, la escultura y la pintura por el artista prehistórico para realizar sus obras en las paredes más profundas de las cavernas, es muestra definitiva de su gran talento. Una de las manifestaciones artísticas más antiguas que se conocen son las Pinturas Rupestres de hace unos 45 mil años.

Gracias a su gran talento, el hombre había logrado aumentar el uso, dominio y control sobre los recursos naturales disponibles. Aprendió a hacer herramientas más finas y eficaces con la piedra que le permitieron cortar árboles y construir sus chozas de madera. También llegaron a fabricar balsas al unir con cuerdas varios troncos de árboles. Después fabricaron **canoas** con el tronco ahuecado de árboles, a las que después le agregaron remos para poder dirigirlas y moverlas de un lado a otro. Con el tiempo lograron ponerle velas a la canoa para convertirla en **barco**, el cual ya se usaban para navegar el Nilo hace unos 30 mil años. Las balsas, canoas y barcos de velas fueron usados para la pesca y emprender nuevas migraciones.

Al descubrir que el barro o arcilla se endurecía al fuego, empezaron a fabricar una gran variedad de objetos de barro como estatuillas y luego vasos, ollas, platos, recipientes y otros objetos como las fusayolas utilizadas en el huso y los telares. También inventaron *el ladrillo*, el cual fue utilizado en la construcción de casas. Este ladrillo consistía en una mezcla de barro y paja. Así surge *la alfarería* y para fabricar *las vasijas de arcilla* inventaron *el torno del alfarero*, el cual consistía en una plataforma giratoria operada manualmente sobre la que se le daba forma a la vasija al girar. La gran ventaja de los recipientes de arcilla sobre las cestas era que estos recipientes podían contener y transportar líquidos además de los otros productos que podían manejar con las cestas. Más tarde aparece el arte de *la cerámica* al cocer en una especie de horno a altas temperatura el objeto hecho de arcilla para lograr un recipiente suficientemente fuerte y resistente a la fuga del líquido. Luego desarrollaron técnicas para decorar las cerámicas con figuras y colores.

Gracias a sus inventos y avances, el hombre pudo dar un paso decisivo en la producción de sus propios alimentos mediante el descubrimiento de *la agricultura* y *la cría* de animales en la Media Luna Fértil del Medio Oriente. El hombre aprendió a sembrar la tierra y a domesticar y criar animales. Con la llegada de la Agricultura surge después alrededor de unos 5 mil años el invento del *arado de madera*, el cual es una herramienta utilizada para preparar y remover la tierra antes de sembrar las semillas. En un principio el arado era tirado o halado por personas, luego por bueyes, mulas y hasta caballos. Después que desarrolló los cultivos de los cereales llegó a inventar *la cerveza* con la fermentación, tal vez por accidente, de estos cereales hace unos 3,5 mil años. Estas primeras cervezas eran bebidas alcohólicas no destiladas de sabor amargo hechas de cebada o arroz. Más tarde desarrolló los cultivos de uva y luego inventó *el vino* con el zumo de uva fermentada. Es probable que el hombre prehistórico primero haya preparado jugo de frutas, que luego se fermentaban por acción natural después de algún tiempo.

También aprendió a hilar para hacer *hilo* a partir de una masa de fibra, de la cual halaba y torcía con sus manos hasta formar la hebra de hilo. Este hilo lo usaba para atar cosas. La fibra para hacer el hilo podía ser de origen animal como la lana, así como también fibras de origen vegetal como el lino. Más tarde inventó el huso para obtener un hilo más fino y uniforme. El huso prehistórico consistía en una varilla cilíndrica con una punta en el extremo de abajo sobre la cual podía girar como un trompo cuando se le imprimía un movimiento rotatorio en el extremo de arriba. De la masa de fibra se iniciaba con las manos una parte de la hebra la cual se ataba al extremo de arriba del huso. Al girar el huso la hebra se torcía para formar el hilo, el cual después se enrollaba en el huso. El huso del período Neolítico por lo general era de madera con un contrapeso o fusayola o malacate que podía ser normalmente de piedra o arcilla en la parte de abajo del huso. La función de la fusayola es la de mantener una inercia giratoria para conseguir formar el hilo a partir de una masa de fibras.

Con el tiempo el hombre descubrió que entrelazando las hebras de hilo podía hacer un tejido, el cual lo podía usar para confeccionar prendas de vestir. El hombre aprendió a tejer y luego inventó el telar. Aunque son muy pocas las evidencias arqueológicas sobre los telares usados en la Prehistoria, debido al carácter perecedero de la mayor parte de los materiales empleados en la confección del telar. Sin embargo, las fusayolas o pesas en piedra o barro cocido han sido la evidencia clave de telares usados para confeccionar vestidos y atuendos de nuestros antepasados. Según las fusayolas encontradas, los telares comenzaron a realizarse durante el Neolítico y han perdurado hasta nuestros días.

Un telar primitivo simple podía haber sido construido con unos 5 pedazos de palos que serviría para formar la estructura del bastidor del telar, cuyo tamaño dependería de las prendas a confeccionar. El bastidor podía estar constituido por 2 pedazos de palos largos colocados verticalmente y otros 3 pedazos de palo un poco más cortos colocados transversalmente. La unión y el atado de los palos se hacían con cuerdas. El bastidor configurado se podía apoyar en su parte superior de algún árbol. En el primer palo transversal de la parte de arriba se ataban los hilos colgantes y en el extremo inferior del hilo se ataban las fusayolas o pesas de telar hechas de piedra o de barro. Las fusayolas mantienen los hilos tensados. Luego se tomaba un rollo de hilo para irlo pasando entre cada uno de los hilos colgantes del travesaño superior del bastidor hasta formar una fila completa de tejido. Cada vez que se termine una fila, ésta se presiona hacia arriba para hacer el tejido más compacto y así sucesivamente hasta terminar con el tejido. El hombre desarrolló técnicas para hilar y tejer fibras. Ahora podía hacer sus propias telas, lo cual tendría un gran impacto en la confección de la vestimenta.

La vestimenta, al igual que las herramientas, les ayudó a nuestros antepasados a sobrevivir, ya que las prendas que cubrían sus cuerpos desnudos también les protegían y por tanto también les ayudaron a sobrevivir. La inteligencia de los primeros hombres les permitió desarrollar herramientas de piedra, dominar y controlar el fuego, y confeccionar su vestimenta. Sin embargo, su gran sentido de superación nunca acababa y por el contrario siempre andaba en busca de algo más que hiciera su vida más fácil. En esa búsqueda constante descubrieron que podían *trabajar los metales para hacer mejores herramientas.* El hombre prehistórico entró en la Edad de los Metales. Durante esa época, el hombre obtuvo los metales para trabajarlos de las minas, surgiendo así *la minería.* Al trabajar el cobre, el bronce y el hierro desarrolla *la fundición* para fabricar sus herramientas y utensilios. Con esta nueva técnica sólo tenía que volcar el metal fundido en un molde con la forma del objeto que quería hacer y listo. Al alear unos metales con otros surge *la Siderúrgica* y luego al transfórmalos en objetos metálicos terminados surge *la Metalurgia*. Con el hierro el hombre fabricó herramientas y armas mucho más resistentes y poderosas tanto para la agricultura, así como para el trabajo en general para mejorar las condiciones de vida de los pueblos.

Después de descubrir el bronce de una aleación entre el cobre y el estaño durante la edad del bronce, los humanos tuvieron que desarrollar la búsqueda del estaño, dando lugar a una importante ruta comercial por el Mediterráneo y el Atlántico en busca de este nuevo metal necesario para *la aleación*. Con el progreso de la Metalurgia durante la Edad del Bronce, aparece *el clavo*. Un invento revolucionario para ese tiempo. Este permitía unir los palos o vigas de madera para construir casas más sólidas. También aparece en esta época hace unos 7 mil años otro invento de una gran transcendencia en la vida del ser humano: *la rueda*. Una pieza mecánica circular que gira alrededor de un eje, sobre la misma idea que ya se había usado en fabricación de la pieza giratoria del torno alfarero. La rueda vendría a reemplazar el transporte de algunas cargas sobre troncos de palos en superficie plana. Este gran invento tendría un papel importantísimo en el desarrollo del transporte en la actividad comercial, así como en el militar. Con la domesticación del caballo, aparecieron las primeras *carretas de guerra.*

También se inventaron artículos de lujo como *el espejo* y *los cosméticos*. Los primeros espejos se usaron en Egipto unos seis mil años atrás. Estos estaban hechos de bronce, pero el reflejo de la imagen era borroso. Por ese mismo tiempo, se fabricaron los primeros cosméticos para mejorar la belleza, sobre todo del rostro. La fabricación de los productos de tocador siguió en ascenso, lo que hizo perfeccionar el invento del espejo con el uso de otros materiales para mejorar la definición de la imagen. Hasta lograr el descubrimiento del *vidrio* al fundir a alta temperatura la arena de sílice, carbonato de sodio y caliza: el espejo que reflejaba una muy buena luz e imagen. Pues, como podemos ver todo esto nos resulta muy familiar y la razón es porque los humanos modernos habían llegado.

5.5 LOS HUMANOS MODERNOS

El hombre moderno que habita el planeta Tierra proviene del Homo Sapiens. Este es un ser que pertenece a la clase de los mamíferos, a la orden de los primates, a la familia de los homínidos, al género homo y a la especie Sapiens. En este subcapítulo sobre los humanos modernos, estaremos hablando sobre la evolución de su comportamiento para controlar sus instintos, lo que hace a los humanos diferentes a los animales; su pensamiento, el cual les dio el poder a los humanos de conquistar el mundo. También estaremos hablando sobre sus creencias religiosas desde su origen para ayudarse a superar sus miedos, tal como lo hacemos hoy. Y finalmente hablaremos sobre su arte, su cultura y sociedad.

Evolución del Comportamiento Humano

Todos los impulsos sociales de los humanos se desarrollaron en él mucho antes de que él desarrollara el intelecto. Estos impulsos, como el amor de madre, la compasión, cooperación, curiosidad, invención, y competitividad son intuitivos y muy intrínsecos en el ser humano y amoldan su comportamiento. Todos estos impulsos sociales fueron necesarios en la sobrevivencia de los primeros homínidos y los humanos. A medida que los humanos evolucionaban, sus impulsos sociales podían ser modificados con entrenamiento para formar así un comportamiento social estándar en el grupo. El intelecto y el lenguaje, las cualidades que separan a los humanos del resto de los otros animales, se fueron desarrollando lentamente a través de los 7 millones de años de la evolución humana. Mientras más intelecto se desarrollaba en el ser, mejor era la comunicación entre ellos y más se convertían en humanos. Sin embargo, el intelecto no es único en los humanos, pues también se ha desarrollado en algunos otros animales. El intelecto se desarrolló como una forma de controlar los instintos de manera de tener un comportamiento más adaptable dentro del grupo social. Esto es sumamente importante saberlo, pues hoy parece ser ignorado.

A lo largo de su evolución, los humanos podían modificar cualquier comportamiento normalmente intuitivo para obtener algunos beneficios que les ayudarían a sobrevivir. Esto los hizo desarrollar una gran capacidad de adaptación, lo cual ha sido crucial en la sobrevivencia y evolución humana. A ese proceso de controlar los instintos se le conoce hoy como auto control o auto disciplina y es la mayor diferencia entre los humanos y los animales. Estos últimos usan sólo sus instintos en las decisiones sobre su comportamiento.

El auto control puede ser entonces una forma de medir el intelecto. Mientras más talento tengan los seres, más auto control pueden tener de sí mismos, lo que los hace mejores humanos. Por otro lado, mientras menos auto control tengan, más se parecerán a los otros animales, los cuales carentes de intelecto sólo actuarán por instintos. El instinto es la fuerza motriz en el comportamiento de un organismo y es determinado directamente por el código genético del organismo. Los primeros organismos de una sola célula, hace millones de años, desarrollaron sensores para detectar la luz y un instinto para nadar hacia esa luz. Otros organismos desarrollaron sensores que les indicaran cuando una presa estaba cerca. Cuando sus sensores les decían que la presa estaba cerca, sus instintos se disparaban para obtener una comida. Con el desarrollo de la reproducción sexual, el instinto del deseo sexual provee el impulso para la reproducción.

Evolución del Pensamiento

El pensamiento en los primeros humanos surgió de la percepción e interpretación que ellos empezaron a tener de su mundo externo. Las sensaciones percibidas podían ser agradables o desagradables. Por lo general siempre el interés se inclinaría más en experimentar las sensaciones agradables y en evitar las sensaciones desagradables. Este interés es lo que establece el mecanismo de la razón y el pensamiento.

Cuando se toca algún otro cuerpo se puede percibir su forma, su contextura, su temperatura y otras propiedades más. En este caso el tacto indica que esas sensaciones provienen del cuerpo que se toca. Todas las percepciones que los seres reciben del mundo exterior representan las ideas, las cuales pueden ser sensoriales o intelectuales. Las ideas sensoriales muestran los objetos que se están percibiendo en el mismo momento. Mientras, las ideas intelectuales se graban en la memoria y podemos operar con ellas, incluso cuando los objetos no se encuentran delante del ser. Se cree entonces que las sensaciones son la fuente de todos los pensamientos, con los cuales formamos juicios de valor sobre nuestro entorno. Como resultado podemos considerar que todo lo que surja de nuestra mente es un pensamiento.

Después que nuestros antepasados inventaron la imaginación hace más de 170 mil años, el pensamiento entra en su mejor etapa. El pensamiento del Homo Sapiens era más lógico que el de su predecesor debido a que el Homo Sapiens era más sabio, por lo que tenía mejor entendimiento de su mundo y su pensamiento era basado más en la razón. El pensamiento lógico le ayudó a analizar situaciones para encontrar soluciones a eventos adversos. A medida que el pensamiento lógico fue evolucionando, el pensamiento entró en una etapa de avance y generó el pensamiento creativo. Así el Homo Sapiens pudo crear en su mente una imagen de un objeto y visualizar las acciones que quería hacer de ese objeto imaginado para luego modificarlo hasta lograr su objetivo. En otras palabras, el Homo Sapiens ahora podía transferir sus acciones futuras a imágenes que solo estaban en su mente. Pues bien, transferir la acción a imágenes mentales significa pensar. En efecto, el pensamiento es la facultad de tener imágenes mentales y crear relaciones con estas imágenes. Así el ser humano empezó a pensar dentro de sí mismo y luego utilizó el lenguaje como medio para comunicar su pensamiento a otras personas.

Al principio gran parte de los pensamientos del Homo Sapiens eran positivos y basados en la razón, lo que les ayudaba a sobrevivir. Esto podía ser producto de que la mayoría de ellos tenía una realidad similar. A medida que incrementaban su conocimiento, también se ampliaba su capacidad de pensar y se volvieron creativos. Para ese entonces la relación del conocimiento y la capacidad de pensamiento aún estaba en equilibrio. Sin embargo, con el trascurrir del tiempo se iban presentando una gran variedad de nuevas experiencias, sobre todo con la llegada del chamanismo, el cual era un tipo de creencias practicadas por algunos miembros del género Homo hace unos 50 mil años para curar el sufrimiento con la ayuda de los espíritus. Con el chamanismo surgieron muchos pensamientos que el conocimiento no podía dar respuesta. Durante y después de este período de creencias y prácticas espirituales, nuestros antepasados empezaron a tener contacto con sustancias alucinógenas y comenzaron a experimentar estados de conciencia alterados. Por supuesto, esto también alteró sus pensamientos y muchos de ellos empezaron a distorsionar lo que hasta ese entonces había sido la realidad común, lo que introdujo cambios dramáticos en sus pensamientos.

Esta diferencia de pensamiento comenzó en cierta forma a dividir a los humanos. La nueva realidad de esa minoría incorporaba aspectos algo distante de la realidad real y sus pensamientos se alejaban de lo lógico, creándoles algunas limitaciones para lograr muchas cosas buenas necesarias para llevar una mejor vida. Sin embargo, la gran mayoría continuó utilizando el pensamiento para encontrar respuestas, resolver problemas e inventar a pesar de las adversidades de la vida misma, incluyendo la oposición del pensamiento basado en aquellos que habían alterado la realidad común. El gran pensamiento del Homo Sapiens continúo evolucionando a través de los años hasta perfeccionar el lenguaje. Gracias a estas dos herramientas fundamentales: el pensamiento y el lenguaje y gracias a la inteligencia y a la capacidad de adaptación de la mayoría de nuestros antepasados hemos conquistado al mundo.

El poder pasar sus pensamientos a otros introdujo inmensos beneficios en la vida del Homo Sapiens. Esto mejoró su relación con los miembros del grupo social, también mejoró la forma de obtener su sustento diario, su seguridad y su confort. El lenguaje ha sido una pieza de transcendental importancia en todos los logros de nuestros antepasados. Con él se transmitía de generación en generación el conocimiento necesario para garantizar la supervivencia de la raza humana. Definitivamente el lenguaje nos ha hecho concebir el mundo como nunca.

Origen y Evolución de las Creencias Religiosas

El objetivo de la vida siempre ha sido sobrevivir a como dé lugar. Por eso cada vez que nuestra supervivencia se encuentre ante alguna amenaza, se generan temores en el ser.

Desde mucho antes de evolucionar en seres humanos, aquellos antepasados nuestros pasaron por muchas situaciones difíciles para sobrevivir, debido a los cambios que se daban en su hábitat en África hace unos 7 millones de años. Después de llevar una vida cómoda encaramados en sus árboles en donde siempre tuvieron seguro su alimento, a nuestros ancestros les tocó hacer cambios drásticos en su vida para sobrevivir, cuando empezaron a perder sus bosques y luego tuvieron que caminar erguidos por el suelo en busca del sustento. En esta nueva etapa de su vida transitaban por caminos llenos de mucha incertidumbre, pues para ese entonces obtener su alimento no era tan fácil. Esto producía más temores y preocupaciones en el ser.

Al ir en busca de alimento podía convertirse en alimento de otro animal. Además de su temor por no encontrar que comer, también sentía temor por la muerte. Sintió temor además de la oscuridad, pues cualquier cosa podía pasar bajo el manto de la noche. Por eso al despertar cada día y poder ver la luz, se sentía vivo y por supuesto feliz. Y empezó a sentir una especie de adoración por la claridad del día sin entender aun lo que la produjera.

Quizás para mitigar un poco sus temores, estos antepasados nuestros empezaron a desarrollar algunas creencias para ayudarse a superar sus miedos y así seguir enfrentando la adversidad de la vida. Como lo seguimos haciendo hoy: justamente nos recordamos de nuestra creencia en Dios ante nuestros miedos y preocupaciones.

A medida que fueron desarrollando su intelecto, nuestros antepasados se convirtieron en hombres hábiles y sabios, capaces de formular pensamientos más complejos sobre la naturaleza y los fenómenos naturales, así como también sobre la vida y la muerte. Sin embargo, después de haber inventado la imaginación hace unos 170 mil años, haber perfeccionado la destreza de hacer mejores herramientas, utensilios y vestimenta para asegurar su sustento diario y llevar una mejor vida, haber perfeccionado el lenguaje y mejorado enormemente su vida en grupo social; el Homo Sapiens, el ser humano poseedor de una inteligencia tal que ningún ser había tenido antes, aun no podía dar explicación a muchas cosas que le intrigaban. Paradójicamente, como suele ocurrir a veces, que mientras más se sabe más se ignora.

Al exponerse a algún fenómeno natural imponente que pusiera en riesgo su supervivencia, como el rayo, el trueno, la lluvia, las erupciones volcánicas, el fuego, etc. y al ver que no podía hacer nada para defenderse de estos, ni mucho menos evitarlos, pues no tiene ningún control sobre ese tipo de eventos, su mente empezó a imaginar todo lo posible en busca de respuestas sobre cómo y porqué esos eventos ocurrían. Imaginemos como se pondrían nuestros antepasados, cuando les tocó ver uno de esos fenómenos luminosos atravesando el firmamento, a los que hoy llamamos meteoros producidos por meteoroides o cuerpos celestes pequeños, que por alguna razón se salen de sus orbitas normales. Pero su intriga no sólo llegaba hasta verlos venir, sino que luego de ver la piedra o meteorito que había caído sobre la superficie terrestre, púes esa piedra le bombardeaba la mente con más y más preguntas. Al contemplar aquella piedra de cierta forma y textura extraña, llegó a pensar que eso era obra de un poder sobrenatural y que había sido enviada a la Tierra en forma de mensaje tal vez.

Después de muchas frustraciones al tratar de buscar explicación sobre los fenómenos naturales, llegó a la conclusión que ese tipo de eventos obedecía a un poder mucho más grande que el de él y al no encontrar respuesta sobre el porqué de esos eventos, llegó a pensar que tal cosa podía estar relacionada con su comportamiento y empezó a sentir dudas sobre su forma de actuar y temor hacia ese poder supremo. Llegó a creer que los fenómenos naturales estaban regidos por espíritus. También creía que, en él, el ser, y en todo cuanto le rodeaba vivían espíritus o fuerzas ocultas que lo podían afectar de alguna forma.

Ante tantas fuerzas desbastadoras y amenazantes de la naturaleza el hombre prehistórico relacionó esos eventos con poderes sobrenaturales, como algo fuera de su control a los que se acostumbró a sentir temor ante la amenaza de su sobrevivencia y hasta respeto ante su gran poder. Hasta llegar, con el tiempo, a considerarlos dioses, a los que empezó adorar, tenerles fe y ofrecerles tributos para obtener algún favor o beneficio o para aplacar su ira, pues creía que cuando los fenómenos naturales eran desbastadores, la razón de ello era porque los dioses estaban furiosos. El hombre entonces llegó al extremo de ofrecerles sacrificios de seres vivos en un intento de complacer a sus dioses. Sintió entonces la necesidad de comunicarse con los espíritus de los dioses todopoderosos para influir ante ellos y para ello se valió de una especie de ritos que sus creencias habían creado, dando lugar así al surgimiento de la ritualidad, uno de los aspectos importantes del chamanismo y de lo que más tarde se llamaría religión.

Ante algunos otros fenómenos naturales como los cambios climáticos y las lluvias, aunque nuestros antepasados no podían evitarlos, si lograron desarrollar la habilidad de identificar patrones como el cambio de estaciones, lo cual le permitía migrar a otros lugares en ciertas épocas del año. Sus migraciones las acompañaba de una especie de ritual para pedirle al supuesto gran poder creador de esos eventos como la lluvia para que la iniciara cuando la necesitaban. Con la llegada de las lluvias podían ver la creación de ríos y lagos y que las plantas y los animales progresaban. Llegaron a creer entonces que los espíritus del agua eran buenos. Tan buenos que sin ellos las planta y los animales incluyéndolos a ellos perecerían. Adquirieron conocimiento de la vida y la muerte. Entendían que algunas cosas como las plantas y los animales vivían menos que otras como las piedras. Por ello quizás desarrollaron también la adoración por las piedras como veremos más tarde con la construcción de sus grandes monumentos de piedra.

Otro acontecimiento que tuvo un impacto de gran importancia en las creencias del ser humanos durante la prehistoria fue la muerte de otro ser. Una vez más, al no poder encontrar respuestas a su imaginación sobre lo que podría estarle pasando a la vida después de la muerte, empezó a tejer un enjambre de cosas y así llegar a creer que algo del ser, como su espíritu, se separaba del cuerpo y que luego el espíritu seguiría con vida y hasta podía ayudar a los vivos. Quizás esta idea hizo que nuestros antepasados enterraran a sus muertos con ciertos rituales durante el Paleolítico Medio para que sus espíritus les ayudaran a sobrevivir. Surge así una especie de culto o manifestaciones religiosas a los espíritus de los muertos para pedirles por ayuda. De esa relación de los vivos con los espíritus nace la espiritualidad, el otro aspecto importante del chamanismo y más tarde de la religión. Al enterrar a los muertos con sus enseres domésticos, alimentos y objetos ornamentales, podemos inferir que nuestros ancestros creían en la existencia de otra vida después de la muerte. Y aun hoy hay quienes siguen pensando igual.

La creencia en un ser supremo o dios con la capacidad de producir eventos que más nadie podía hacer que sucedieran, así como la creencia del chamanismo de que los espíritus de los muertos seguirían con vida aun después de la muerte; llevaría a los primeros hombres creyentes del chamanismo a crear una realidad superior irreal o imaginaria, sobre la cual fueron creando con el tiempo una serie de mitos o historias fantásticas para justificar sus creencias. A estos mitos se les logró dar una connotación de algo real y sagrado y los lograron sostener hasta nuestros días, pasando de generación en generación, a través del lenguaje oral al principio y luego del escrito.

Los mitos imponen una serie de rituales en las actividades más importantes de la vida del ser para sobrevivir y para procrear. Así por ejemplo los hombres prehistóricos se prepararían para la caza siguiendo rituales de acuerdo con sus mitos con la esperanza de que su cacería fuera productiva y así seguir sobreviviendo. Se disfrazaban del animal que querían cazar para imitarlo porque creían que de esa manera podían apoderarse de su espíritu o fuerzas ocultas que les permitiría dominar la caza del animal. También simulaban escenas de caza y danzaban al son de instrumentos musicales primitivos a la luz de las antorchas en frente de figuras de animales que habían pintado o esculpido en las paredes de las cavernas o moldeado en arcilla o piedra. Los hombres prehistóricos asociaron esos objetos o símbolos pintados, esculpidos o moldeados con espíritus y les atribuyeron poderes derivados en relación con los fenómenos naturales. Estos rituales se hacían antes de salir a cazar, lo cual era al principio su actividad más importante para lograr su alimento y sobrevivir.

Más tarde, con la llegada de la agricultura y la cría de animales, el hombre prehistórico también desarrolló rituales para pedir a los dioses por la fertilidad del campo para obtener buenas cosechas y buenos animales. Se desarrolló en esta época del Neolítico el culto a la fertilidad. Los agricultores de la época consideraban que la fuerza vital residía en la Naturaleza, que la mujer era el símbolo de la fecundidad humana y que la Tierra era la fuente de la fecundidad de todas las cosas sobre ella. La Madre Tierra se convierte en la diosa o deidad general. Sin embargo, para los pastores, la fecundidad residía en la virilidad, por eso sus dioses estaban asociados a la fuerza de animales vigorosos como el toro o el caballo.

Los rituales pretenden intervenir favorablemente en la voluntad del ser supremo con respecto a los fenómenos naturales como las lluvias que preocupaban al hombre prehistórico en sus actividades de supervivencia como la caza, las cosechas, la cría etc. Por esa razón, nuestros antepasados observaban y trataban de dar mejor explicación a los ciclos solares y lunares, así como a los cambios de estación y su relación con la fertilidad del campo a fin de tratar de determinar las distintas energías que podían afectar su bienestar y el del grupo. Con el desarrollo de la creencia, la ritualidad y la espiritualidad, surgieron las primeras manifestaciones del chamanismo y luego las de la religiosidad primitiva, muy unidas a la magia, la brujería y a la superstición, al pretender producir fenómenos extraordinarios contrarios a las leyes naturales, valiéndose de ciertos actos y rituales con la supuesta intervención de los espíritus. Aparece así, el culto religioso como una forma de mostrar veneración, devoción y respeto hacia algo que se cree y se considera poderoso y divino.

El ser humano para relacionarse con el ser supremo y obtener algún beneficio de él, se valió de manifestaciones religiosas como rituales o cultos, los cuales debían ser conducidos por personas con experiencia y conocimiento. Lo que hoy conocemos como religión se fundamenta en las creencias primitivas del hombre primitivo y tuvo su origen con la llegada del chamanismo, el cual era un tipo de creencias conducidas por un Chamán, uno de los primeros líderes religiosos dedicados al conocimiento de lo oculto. Este se dedicaba a curar el sufrimiento del ser humano con la ayuda de los espíritus o ánimas, con quiénes aseguraba podían mantener cierta relación. Del chamanismo surgen más tarde las religiones y del chamán las autoridades religiosas de hoy.

El hombre prehistórico creía que los espíritus o fuerzas ocultas de la naturaleza le permitirían cazar, tener hijos y poseer campos fértiles para seguir adelante. Fue tanta la fe en lo que creía que logró ver lo que quería, lo cual estimulaba aún más sus creencias. Por esta razón se aferró a ellas y trató de endiosar las fuerzas de la naturaleza como el Sol, la Luna, el viento, el agua, el fuego, etc. y representar en forma de símbolos a estos dioses para pedirles por ayuda. Pues creía que si podían tener la representación en forma de pintura o escultura o figuras de alguna cosa entonces también podían interferir con los espíritus de esa cosa a su conveniencia. Al tratar de representar en forma física a sus dioses, surge el arte con sus grandes pinturas como las encontradas en Europa, con esculturas de animales como el bisonte y el toro. Así como también figuras humanas femeninas como símbolo de fertilidad representada en la Venus de la Prehistoria. También con la construcción de sus grandes monumentos de piedras como los menhires y dólmenes.

Origen y Evolución del Arte

Al principio, la actividad más importante del Homo Sapiens fue la cacería, pues de ella dependía su sustento y el de su grupo familiar y social. Por eso tomaba muy en serio esta actividad. Al punto que se cree que antes de iniciar una jornada de caza ellos iniciaban algún tipo de ritual. El Homo Sapiens empezó a plasmar representaciones de la caza en algunas de sus pinturas rupestres en las paredes de las cuevas donde llegaron a vivir hacia finales de la última glaciación.

De esta forma surge el arte prehistórico con una función ritual y mágico-religiosa que fue cambiando con el correr del tiempo. Los orígenes del arte prehistórico, de acuerdo con los hallazgos realizados en África y Europa, se remontan a la etapa superior del Paleolítico hacia el final del período hace unos 30 mil años atrás

Las manifestaciones del arte que conocemos hoy como la pintura, escultura y el grabado, son técnicas artísticas que tienen un remoto pasado en las manifestaciones religiosas del Home Sapiens. Hoy sabemos con certeza que éste pintaba las impresiones o vivencias de su vida cotidiana, en las paredes de las cavernas o de las de cuevas de poca profundidad. El Homo Sapiens era un cazador altamente especializado, su vida y existencia como ser humano y como grupo estuvo vinculada, especialmente al principio, a la caza, por lo que sus obras artísticas naturalmente deberían reflejar y estar relacionadas con ella. Es por ello que los motivos de este arte en sus inicios son representaciones de animales o de escenas de caza.

El artista prehistórico utilizó diversas técnicas para realizar sus obras, desde el grabado, el bajo y alto relieve, la escultura, hasta la pintura. Hizo obras en las paredes más profundas de las cavernas o en las paredes poco profundas de las cuevas. Estas representaciones se conocen como *arte rupestre* e incluyen *petroglifos* y *pictografías*. Los primeros son dibujos grabados en la roca con incisiones logradas mediante la repetición de un punteado, ya sea intermitente o continuo, que termina formando un surco y que hace resaltar el tono natural más claro de la roca, lo cual destaca el dibujo del resto de la roca.

Las pictografías o pinturas son dibujos realizados también sobre la roca con la ayuda de materiales colorantes. Los dibujos más sencillos se hacían con barro o con trozos de carbón vegetal. Después también se hicieron con pintura, como materia colorante o pigmento, cuya aplicación sobre la roca se hacía con los dedos o usando algunos instrumentos, tales como plumas de pájaros o aves, ramitas, astillas de hueso y manojos de pelo animal en forma de pincel primitivo. Las pinturas se obtenían mezclando pigmentos minerales con algún aglutinante, el cual podía ser grasa, aceite, agua o algún otro fluido vegetal, animal o corporal. Los pigmentos podían obtenerse de ocres del suelo. El ocre es un mineral terroso consistente en óxido de hierro hidratado, que frecuentemente se presenta mezclado con arcilla, cuarzo, yeso, micas, etc. Para convertir el ocre en pintura, este se lava, se muele y luego se mezcla con el medio aglutinante que se desee emplear: aceite, grasa o agua. Los ocres tienen excelentes propiedades como pigmentos pues son estables y resistentes a la luz y a la humedad.

Los colores del ocre suelen ser amarillento, anaranjado o rojizo. Dependiendo del mineral que se oxida para dar la pigmentación del suelo. Para cambiar el color del ocre sólo basta con calentarlo o tostarlo y para obtener más variedad de colores se le puede mezclar con otros ocres y luego recalentar. Por ejemplo, calentando el ocre amarillo se producía un color rojo púrpura. Los colores negros de las pinturas en el Paleolítico se consiguieron con carbón y tierras con óxido de manganeso. El color blanco se lograba de la cal, mientras que el azul que se producía de una mezcla de arcilla y la planta de azul índigo. Sin embargo, al principio los colores más frecuentes eran el rojo, el blanco y el negro.

Además de los petroglifos y pictografías, el arte prehistórico también incluye combinaciones de grabado y pintura, en cuyas representaciones, el surco o incisión del dibujo grabado se rellenaba con pintura. Otro tipo especial de pintura consistía en pintar un objeto plano sobre la roca, produciendo una imagen en negativo de su contorno. También llegaron a bañar el objeto en la pintura y estamparlo en la roca para obtener una silueta o imagen en positivo. De esta manera se hicieron las famosas manos en negativo y positivo en varias cuevas alrededor del mundo.

El artista prehistórico logró plasmar en sus pinturas de animales o escenas de caza con figuras humanas, un alto nivel de realismo utilizando varios colores. Pero estas manifestaciones de arte no son las únicas que se han encontrados, pues también se han encontrado arte grabado sobre objetos como herramientas, utensilios o adornos. Algunas manifestaciones artísticas prehistóricas, se han encontrado en las paredes más profundas de las cavernas, que no parecen haber servido de vivienda al cazador paleolítico, sino que más bien eran lugares sagrados o de culto.

En el hombre primitivo existía la creencia de que era posible influir sobre los espíritus de las cosas o seres de los que dependía su sobrevivencia mediante su representación en un dibujo o pintura, por esa razón acudían a hacer estas representaciones para garantizar una caza abundante, de allí que gran parte de los hallazgos de arte rupestre que se han hecho estuvieron asociadas a la denominada "magia de la caza" El arte prehistórico poseía un carácter sagrado y de adoración. Las cuevas en las que se realizaron las demostraciones eran casi inaccesibles y las pinturas se han realizado en los lugares más profundos y difíciles de las cuevas, lo que hizo necesario que el artista paleolítico utilizara algún medio artificial de luz, tal vez algunas antorchas para realizar su trabajo. En algunas cuevas con arte prehistórico, si bien las pinturas han sido realizadas en lugares pocos profundos, estos no fueron morada habitual del hombre primitivo, sino lugares de culto a donde se acudía en peregrinación en determinadas épocas. En la siguiente ilustración podemos ver toda la majestuosidad del arte prehistórico: una pintura rupestre tomada de la Cueva de Altamira, España y que se conserva en el Museo Nacional y

Centro de Investigación de Altamira. Utilizada en este libro con permiso y licencia de Shutterstock.

Muchas de las representaciones hechas por el hombre de la edad de piedra estuvieron asociadas a su actividad cotidiana mediante la "magia de la caza". El hombre del Paleolítico Superior era un cazador especializado, cuya existencia giraba principalmente en torno a la caza, la actividad que le permitía sobrevivir. Es por eso por lo que acudió al arte, como una forma para garantizar su suministro constante de alimentos a través de sus rituales. De esta forma el arte rupestre floreció vinculado directamente a las creencias de estos grupos primitivos.

Además de las pinturas rupestres, el arte prehistórico también incluye el *arte de las figurillas* que consistía en la creación de figurillas hechas de arcilla, piedra, hueso o marfil, para representar a seres o cosas con espíritus influyentes en las actividades de las que dependía su supervivencia. Un ejemplo de estas figurillas es la figura femenina como símbolo de la fecundidad llamada la *Venus Prehistórica* de hace unos 22 mil años. Éstas son estatuillas de mujeres de cabeza sin rostro y con una exageración fuerte en el tamaño del vientre, los senos y las piernas. También se conoce esta estatuilla como la Venus de Willendorf, por haber sido encontrada cerca de esta localidad en Austria. Ver en la ilustración de abajo.

Durante el Neolítico surgió también el *arte megalítico* con sus inmensos monumentos formados por grandes piedras labradas y erguidas con fines religiosos como en el templo de Gobekli Tepe a unos 13 Kilómetros de la antigua ciudad de Urfa, lugar de nacimiento del patriarca Abraham de la Biblia, en Turquía. Este templo está compuesto de estructuras megalíticas con círculos de pilares en forma de T y construido por cazadores y recolectores hace 11 mil años. Los grandes pilares labrados de piedra en forma de T y decorados con animales y símbolos religiosos tallados en relieve están enterrados en la tierra. Estos pilares tienen una altura de unos 5 metros con un peso de hasta 20 toneladas, están entrelazados entre sí por unos muros bajos de piedra y en conjunto forman la estructura circular. Los pilares están mirando hacia el centro del círculo en donde hay dos grandes columnas de casi 6 metros y de unas 40 toneladas. Como se puede ver en la ilustración de la página 282.

Mucho después de la construcción de Gobekli Tepe, se construyeron otros monumentos formados por grandes piedras labradas toscamente y erguidas solas o en combinación para formar estructuras levantadas bien con fines de investigación, religiosos o bien como lugares de enterramiento de muertos o como monumentos conmemorativos de sucesos importantes. Los principales monumentos megalíticos de estos tipos incluyen: *el menhir, dolmen* y *el crómlech*. El menhir, también llamado monolito es una gran piedra clavada verticalmente en el suelo. El dolmen es un monumento formado por varios menhires sobre los que descansan horizontalmente otras grandes piedras. Muchos de estos dólmenes servían como cámara funeraria. El crómlech es una estructura en forma de círculo formado por varios dólmenes y menhires. Los mejores ejemplares de estos monumentos se encuentran Europa Occidental, siendo el más famoso el Cromlech de Stonehenge construido hace unos 5 mil años in Gran Bretaña, como se puede ver en la ilustración de la página siguiente.

Otro aspecto importante del arte es el arte de la música, lo cual también se conoce hoy como el séptimo arte. La música acompaña la vida del ser humano desde la aparición de éste. Hacer música es el arte de combinar los sonidos armoniosamente de manera que esta resulte lógica, coherente y agradable al oído. La organización de los sonidos requiere de la armonía, la melodía y el ritmo. El arte de la música surge quizás a partir del intento del ser humano de imitar con su voz los sonidos que existían en la naturaleza y sonidos provenientes de la parte interna del ser humano, como el latido de su corazón. Se cree que la música aparece

con el lenguaje pues un cambio del timbre de voz produce un canto al prolongar y elevar los sonidos del lenguaje. Más tarde llegaría a golpear con sus manos su pecho o golpear las palmas de sus manos como en un aplauso para producir un sonido para acompañar su voz. A medida que cantaba y tocaba, también empezó a danzar. La música durante sus inicios tenía un propósito mágico que servía para los rituales de cacería. Con el tiempo el hombre prehistórico iría inventando los instrumentos musicales para seguir desarrollando la música y la danza.

Se cree que los primeros instrumentos musicales han sido los de percusión, quizás por su simplicidad. Desde los golpes de palo contra palo, piedra contra piedra o piedra contra palo, pasarían varios siglos para llegar a fabricar los primeros instrumentos de percusión más complejos provenientes de la percusión sobre animales muertos y la resonancia de la caja torácica de estos animales. De esta manera se comenzó a utilizar luego el cuero estirado, primero sobre los mismos huesos de los restos animales, pero la duración de este instrumento era muy corta debido a la descomposición del cuero. Sin embargo, cuando el hombre descubrió el secado y curtido del cuero enseguida utilizó este arte para construir instrumentos de percusión de más duración, lo cual posibilitó una continua mejora de estos instrumentos de los cuales no existen vestigios pues el paso del tiempo terminó por deshacerlos. Sin embargo, se piensa que el cuerpo de estos instrumentos era de madera con el cuero tensado.

Así el hombre primitivo fue descubriendo algunos principios básicos de la acústica: cuanto más grande es el cuerpo del instrumento o su caja de resonancia, más grave será el sonido. Con esta gama de sonidos percutidos se empezó a desarrollar la música como un medio quizás para dominar o controlar fenómenos de la naturaleza y sus espíritus. El hombre prehistórico creía que si la naturaleza producía un ruido y caía agua entonces imitando ese ruido también debía caer agua. Los instrumentos percutidos graves tienen una frecuencia baja, la cual espantaba más a los depredadores como lo hacía el rugido de un león, ya que ello produce en el organismo una liberación de adrenalina y esto produce temor. Obviamente el hombre prehistórico iba aprendiendo estas cosas con el pasar del tiempo por ensayo y error. De manera similar, los sonidos percutidos agudos producen una sensación de inquietud y nerviosismo y los medios una mezcla de ambos, por lo tanto, se empezaron a emplear con fines de producir sensaciones y estados de ánimo mucho mejor que antes. Las diferentes mezclas de frecuencias producían diferentes respuestas en el ánimo y por lo tanto podía emplearse para la guerra, la caza o la ritualidad.

Los instrumentos musicales que surgen luego de la percusión son los instrumentos de viento, los cuales aparecieron durante el Paleolítico Superior. Este gran avance de la música prehistórica es también visto como un gran avance evolutivo del hombre. Quizás este instrumento pudo haberse descubierto por el uso de cerbatanas o alguna otra arma o herramienta en la cual era necesario soplar y por supuesto se producía un sonido. Se han encontrado flautas de tres agujeros construidas hace más de 35.000 años. Después de los instrumentos de viento aparecen los de cuerdas, los cuales nacen del arco o arma para disparar flechas. El arco como instrumento, al parecer es inventado durante el período Paleolítico hace más de 11 mil años. Este instrumento se utiliza para crear un sonido particular diferenciado de los instrumentos de viento y percusión.

Después de haber descubierto los tres instrumentos básicos para producir su música, al igual que se siguen usando hoy, el hombre prehistórico continuó utilizando el principio básico de la percusión en todo lo demás: cuanto más largo el tubo de un instrumento de viento, más grave es el sonido que produce; cuanto más larga una cuerda, más grave es el sonido que produce y viceversa. Así pudo tener una amplia gama de sonidos: graves, medios y agudos. Este principio fue la base de toda una cultura musical que cada comunidad evolucionaría por diferentes caminos. El contacto entre comunidades favorecía la propagación de los descubrimientos y el intercambio cultural, pues tanto el culto como el arte son componentes de la cultura y la sociedad.

Evolución de la Cultura y la Sociedad

Desde su aparición, el ser humano como todas las otras especies, ha estado en una constante lucha para sobrevivir. Como hemos visto el hombre en la prehistoria tuvo que usar herramientas de palo, piedra y metal para buscar el sustento diario. La vida humana evoluciona de acuerdo con nuevas formas de pensamiento que dan lugar a la aparición de nuevas ideas para ir desarrollando mejores formas de hacer las cosas para lograr una mejor vida. Ese conjunto de ideas y conocimientos que la gente desarrolla a lo largo de su vida y que se va pasando de generación en generación a través del lenguaje para lograr el sustento y bienestar de la gente es lo que llamamos "cultura". Este concepto incluye entre otras cosas las tradiciones, costumbres, creencias y el arte de la gente.

Gracias a la cultura y la gran capacidad de aprendizaje y adaptación de nuestros antepasados, para casi finales de la última glaciación, hace unos 13 mil años, ya habían colonizado prácticamente todo el planeta, desde África, Asia, Europa hasta América. Durante esta proeza nuestros antepasados se habían adaptado a todos los climas del planeta y habían conseguido desarrollar pautas de conducta tan estructuradas que le permitían explotar con éxito los recursos disponibles en cada uno de esos territorios. Con el desarrollo y el progreso durante la colonización hay un incremento significativo de la diversificación cultural al final del Paleolítico con beneficios extraordinarios para la gente. Con respecto a las actividades para lograr el sustento, el hombre prehistórico ya dominaba la fabricación de una gran variedad de armas y herramientas. Con la diversificación de la cultura surge otro aspecto importante, el cual, sin duda, es el Arte Paleolítico. Las pinturas, las estatuillas femeninas como la Venus Paleolíticas, las sepulturas y los enterramientos tanto en las cuevas como al aire libre que representan una gran variedad de ritos.

Otro aspecto relevante de la colonización fue el demográfico, pues este experimentó un incremento significativo de los asentamientos al aire libre llegando en algunos casos a formar campamentos y comunidades hasta crear con el tiempo la sociedad. La sociedad es un conjunto de individuos que comparten una cultura con sus conductas y objetivos, y que interactúan entre sí en plena cooperación. Toda sociedad tiene su cultura y toda cultura es puesta en práctica por las personas que se interrelacionan en la sociedad. La cultura tiene un aspecto individual y otro social. En el plano individual, la gente con los aprendizajes de la socialización, van diferenciando su forma de vida y su propia identidad. En lo social transmitimos lo que aprendemos a otros miembros de la sociedad y de esta manera nos vamos transformando en gente y pueblos diferentes de los demás. Esto es un aspecto fundamental de la cultura. La cultura es la base y el fundamento de lo que somos y tendrá un papel muy influyente en la vida futura de las sociedades y toda su organización social, espiritualidad, arte, filosofía, normatividad ética y jurídica, ciencia y tecnología, economía y comercio, educación, lengua y literatura, etc. Este conjunto de disciplinas y vivencias forman la identidad cultural de los pueblos y les provee los instrumentos necesarios para su desarrollo. Una de las formas en la que los pueblos fortalecen su cultura y mantienen su identidad es a través del conocimiento y la práctica de sus mismos valores, cosa que parece ser olvidada hoy día. Es importante destacar que el idioma es el pilar fundamental sobre el cual se apoya la cultura, siendo este el vehículo de la adquisición y transmisión de los conocimientos y valores culturales de los pueblos.

Un factor clave para tener y mantener una cultura estable y sólida va a ser la organización de la sociedad. La sociedad del hombre prehistórico se encontraba organizada de modo jerárquico, en donde el poder estaba concentrado en un jefe, quizás el más sabio o fuerte del grupo. A lo largo de la Prehistoria la forma de organización de las sociedades fue experimentando algunas variaciones. Por tal razón, tanto la cultura como la sociedad está en constante evolución, porque con el tiempo se ven influenciadas por nuevas formas de pensamiento en el desarrollo humano. Hace unos 12.000 años, se produjo en la región de la Media Luna Fértil del Medio Oriente, la Revolución Neolítica, la cual es uno de los procesos más importantes generados por el Homo Sapiens hacia la transformación de la sociedad humana. Esta revolución dio paso a nuevas formas de vida que transformaron al ser humano de nómada a sedentario y de cazador-recolector a productor de su propio alimento. Esto como consecuencia del descubrimiento de la agricultura y luego a la domesticación de animales. Estas dos nuevas actividades llegaron a producir más alimento que el requerido para alimentar a toda la población. Ese excedente introduce otros cambios en la sociedad: la división del trabajo, pues no toda la población era requerida para trabajar en la agricultura y la cría. Los que no eran agricultores y criadores podían dedicarse a otras actividades tales como la cerámica para fabricar recipientes para guardar semillas y productos de las cosechas, el telar para fabricar la ropa para abrigarse, así como también podían dedicarse a la construcción de viviendas. Todo este progreso generó el empuje necesario para que los pueblos lograran ese gran desarrollo para convertirse en las primeras ciudades viviendo en una sociedad organizada y rigiéndose por sus propias leyes y con gobiernos centrales para el bien común. Con la agricultura surge también el concepto de propiedad y los humanos al considerar la tierra como su propiedad y de su grupo estarían dispuestos a protegerla. La agricultura y la cría trajeron enorme progreso de la sociedad haciendo surgir el desarrollo de nuevas costumbres y tradiciones, creencias religiosas y nuevas formas de vida.

    Con la llegada de los metales, se fabricaron armas de gran resistencia, principalmente de hierro. Con estas armas defendían sus tierras y demás propiedades hasta con su propia vida. Esto daría inicio a las guerras. Para combatir las injusticias por parte de los amigos de lo ajeno y mantener el orden social se vieron en la obligación de hacer las leyes necesarias. Definitivamente, la vida en sociedad requiere establecer reglas para que los hombres se rijan por ellas. Al principio, las leyes eran basadas en el uso y las costumbres o derecho tradicional que se transmitía en forma oral, ya que aún no se había inventado la escritura. La escritura, uno de los inventos más fascinantes del intelecto humano, introdujo también cambios cruciales en la cultura y la sociedad para dar inicio a la civilización

Con la escritura termina la prehistoria y se inicia la historia de la humanidad. También termina con la prehistoria nuestro relato de tratar de responder la gran interrogante de como llegamos aquí. Este es el final del quinto capítulo y el del libro también. Recorrimos en 327 páginas unos 13.7 mil millones de años para descifrar nuestro pasado y responder como llegamos aquí. Hemos visto cómo se formó todo, el universo, el sistema solar, la Tierra, la vida en ella, como esa vida salió del agua para habitar la superficie y como continuó evolucionando hasta llegar a convertirse en nosotros los seres humanos. Definitivamente hemos visto como llegamos aquí.

Con la llegada de la escritura la humanidad ha podido escribir su propia historia. Sin embargo, a juzgar por los resultados de más de 7 mil años de civilización, nos asalta otra nueva interrogante: ¿Hacia dónde va esta Civilización? Pero esto será el tema de nuestro próximo libro.

ACERCA DEL AUTOR

Ivanni Delgado es ingeniero graduado en la Universidad de Tulsa, Oklahoma, con una maestría en negocios de la Universidad NSU de Talehquah, Oklahoma. Es miembro de la Asociación de Autores de Texas. Y es también el autor del libro La Vida Bajo Una Nueva Perspectiva, el cual escribió con el propósito de ayudar a la gente en la difícil tarea de vivir. En este nuevo libro, Como Llegamos Aquí, Ivanni trata de responder una de las más importantes preguntas sobre la existencia del ser humano: Pues piensa que, con esta repuesta, aparte de mostrar todo el proceso evolutivo por el que hemos pasado para llegar a donde estamos ahora, la respuesta también nos ayudara a tener una mejor comprensión de lo que somos y de dónde venimos. Conocer la historia del ser para ser humano es realmente fascinante y nos dará un gran sentido de logro al saber lo que hemos hecho y por todo lo que hemos pasado para ser nosotros. Saber de dónde venimos nos ayudará a elegir mejor hacia dónde ir. Como Llegamos Aquí es una mirada iluminada al pasado que puede cambiar tu futuro.

NOTAS

Capítulo 1

The Universe, The History Channel, 2007

The Universe, NASA
https://science.nasa.gov/astrophysics/focus-areas/what-powered-the-big-bang/

The Universe, NASA
http://starchild.gsfc.nasa.gov/docs/StarChild/universe_level1/universe.html

The Solar System
https://solarsystem.nasa.gov/solar-system/our-solar-system/overview/

The planets, NASA
https://solarsystem.nasa.gov/planets/

Capítulo 2

How the Earth Was Made, History Channel, 2007

The planets, NASA
https://solarsystem.nasa.gov/planets/earth/in-depth/

Capítulo 3

The Violent Past, Miracle Planet, The Science Channel, 2005

Snowball Earth, Miracle Planet, The Science Channel, 2005

New Frontiers, Miracle Planet, The Science Channel, 2005

Extinction and Rebirth, Miracle Planet, The Science Channel, 2005

Survival of the Fittest, Miracle Planet, The Science Channel, 2005

Capítulo 4

Evolve, The History Channel, 2008

New Frontiers, Miracle Planet, The Science Channel, 2005

Capítulo 5

Human Evolution, Smithsonian National Museum of Natural History, 2015 http://humanorigins.si.edu/evidence

Ilustraciones

Licencia Shutterstock

NASA

Carmen & Son